Arbeitnehmer und ihr Recht

Was Arbeitnehmer wissen müssen

In der gleichen Reihe erschienen

Eichhorn
Abmahnung – was tun?
Der Ratgeber für Arbeit-
nehmer und deren Interessen-
vertretungen

Esser/Wolmerath
Mobbing
Der Ratgeber für Betroffene
und ihre Interessenvertretung

Neubarth
Erfolgreiche Bewerbung
Der Ratgeber rund um
die Bewerbung

Dachrodt
Zeugnisse lesen und verstehen
Formulierungen und ihre Be-
deutung

Wir freuen uns über ihr Interesse an diesem Buch. Gerne stellen wir ihnen kostenlos zusätzliche Informationen zu diesem Programmsegment zur Verfügung.

Bitte sprechen Sie uns an:

e-mail: service@bund-verlag.de
http://www.bund-verlag.de

Bund-Verlag GmbH · Theodor-Heuss-Allee 90-98
60486 Frankfurt/Main
Telefon 0 69/79 50 10-0 Fax 0 69/79 50 10-10

Rainer Fuchs

Arbeitnehmer und ihr Recht

Was Arbeitnehmer wissen müssen

Bund-Verlag

Die Deutsche Bibliothek – CIP-Einheitsaufnahme

Fuchs, Rainer:
Arbeitnehmer und ihr Recht : was Arbeitnehmer wissen müssen /
Rainer Fuchs. – Frankfurt am Main : Bund-Verl., 2000
ISBN 3-7663-3187-6

© 2000 by Bund-Verlag GmbH, Frankfurt am Main
Herstellung: Inga Tomalla, Frankfurt am Main
Umschlag: Angelika Richter, Heidesheim
Satz: jürgen ullrich typosatz, Nördlingen
Druck: Freiburger Graphische Betriebe, Freiburg
Printed in Germany 2000
ISBN 3-7663-3187-6

Vorwort

Wohl kaum ein Rechtsgebiet betrifft täglich Millionen von Menschen so direkt wie das Arbeitsrecht. Aber wohl kaum ein anderes Rechtsgebiet unterliegt einem vergleichbaren steten Wandel und einer vergleichbaren Unübersichtlichkeit wie das Arbeitsrecht. Als wesentlicher Faktor für den Wirtschaftsstandort Bundesrepublik Deutschland in einer immer enger zusammenrückenden Welt ist das Arbeitsrecht immer häufiger und immer schneller Begehrlichkeiten der unterschiedlichen Interessengruppen ausgesetzt. Denken Sie nur an die Diskussionen um die Neuregelung der geringfügigen Beschäftigung (»630-Mark-Jobs«) oder an die erst kürzlich erfolgte erneute Änderung im Bereich der Scheinselbständigkeit. Mit Wirkung zum 1.5.2000 ist das Arbeitsgerichtsbeschleunigungsgesetz in Kraft getreten, das neben anderen Neuerungen nunmehr in § 623 BGB die Schriftform für alle Kündigungen, für Auflösungsverträge und für befristete Arbeitsverträge zwingend vorschreibt. Die Vielzahl der Faktoren, die auf das Arbeitsrecht einwirken, reichen von der Rechtssetzung durch die Europäische Union, der Rechtsprechung des Europäischen Gerichtshofes, der deutschen Gesetzgebung und der Rechtsprechung der Arbeitsgerichte (insbesondere der des Bundesarbeitsgerichts) bis hin zur Regelung der Arbeitsbedingungen durch die verschiedenen (Tarif- und Einzel-) Vertragspartner.

Dieser Ratgeber begleitet Sie vom Beginn bis zum Ende eines Arbeitsverhältnisses. Sie erhalten Informationen und praktische Tipps zu einer erfolgreichen Bewerbung bis hin zu den Problemen des Kündigungsschutzes und der einvernehmlichen Beendigung eines Arbeitsverhältnisses und deren sozialversicherungs- und steuerrechtlichen Konsequenzen. Die Vielzahl der Probleme, die im Verlaufe eines Arbeitsverhältnisses entstehen können, so die Entgeltfortzahlung im Krankheitsfall, das Lohnrisiko bei Arbeitskämpfen, die besonderen Haftungsregeln im Arbeitsrecht, werden ebenso behandelt, wie stets der Bezug zum Europäischen Arbeitsrecht und zum Betriebsverfassungsrecht hergestellt wird.

Verlag und Verfasser waren bemüht, den Ratgeber in einer Sprache zu formulieren, die sowohl den Ansprüchen des juristischen Laien als auch denen des juristisch allgemein vorgebildeten Lesers entspricht. Demnach ist der Ratgeber sowohl für Arbeitnehmerinnen und Arbeitnehmer, für Mitglieder von Betriebs- und Personalräten als auch für Studenten und Praktiker, die sich für einen ersten Einstieg oder ein schnelles Nachlesen zu Themen des Arbeitsrechts interessieren, geeignet.

Die aktuelle Gesetzeslage wurde bis einschließlich Februar 2000, die aktuelle europäische Rechtsprechung ebenfalls bis einschließlich Februar 2000 und die nationale Rechtsprechung bis Ende 1999 berücksichtigt.

Ich danke besonders Susanne Kuhn und Dunja Kurarari, ohne deren Mithilfe und Geduld dieser Ratgeber nicht zustande gekommen wäre. Meinem Sozius in der Kanzlei Schmidt & Fuchs, Herrn Rechtsanwalt Franz Schmidt, danke ich für seine große Geduld. Zum Schluß möchte ich mich noch bei meinem universitären Lehrherrn, Herrn Prof. Dr. G. Jahr bedanken, der mir die Liebe und das Verständnis für das Privatrecht mit großer Ausdauer gegeben hat.

Ottweiler im April 2000

Rainer Fuchs
Rechtsanwalt

Inhaltsverzeichnis

Abkürzungsverzeichnis

A.	Auflage
a. A.	andere(r) Ansicht
a. a. O.	am angegebenen Ort
Abs.	Absatz
AG	Aktiengesellschaft
Alt.	Alternative
AP	Arbeitsrechtliche Praxis (Nachschlagewerk des Bundesarbeitsgerichts)
ArbG	Arbeitsgericht
ArbGG	Arbeitsgerichtsgesetz
Art.	Artikel
ArbnErfG	Gesetz über Arbeitnehmererfindungen
ArbPlSchG	Arbeitsplatzschutzgesetz
ArbuR	Arbeit und Recht (Zeitschrift)
ArbZG	Arbeitszeitgesetz
ARST	Arbeitsrecht in Stichworten (Zeitschrift)
ATG	Altersteilzeitgesetz
AuA	Arbeit und Arbeitsrecht (Zeitschrift)
AÜG	Arbeitnehmerüberlassungsgesetz
AVE	Allgemeinverbindlicherklärung
BAG	Bundesarbeitsgericht
BAGE	Amtliche Sammlung der Entscheidungen des Bundesarbeitsgerichts
BAT	Bundes-Angestelltentarifvertrag
BB	Der Betriebs-Berater (Zeitschrift)
BBiG	Berufsbildungsgesetz
BErzGG	Bundeserziehungsgeldgesetz
BeschFG	Beschäftigungsförderungsgesetz
BetrAVG	Gesetz zur Verbesserung der betrieblichen Altersversorgung

BetrVG	Betriebsverfassungsgesetz
BGB	Bürgerliches Gesetzbuch
BGH	Bundesgerichtshof
BMT-G II	Bundesmanteltarifvertrag für Arbeiter gemeindlicher Verwaltungen und Betriebe
BPersVG	Bundespersonalvertretungsgesetz
BRD	Bundesrepublik Deutschland
BUrlG	Bundesurlaubsgesetz
BVE	Betriebsvereinbarung
BVerfG	Bundesverfassungsgericht
bzw.	beziehungsweise
DB	Der Betrieb (Zeitschrift)
d. h.	das heißt
DKK	Däubler/Kittner/Klebe, BetrVG – Kommentar für die Praxis
EG	Europäische Gemeinschaft
EGV	Vertrag zur Gründung der Europäischen Gemeinschaft
Entgeltfort-zahlungsG	Entgeltfortzahlungsgesetz
EstG	Einkommensteuergesetz
etc.	et cetera (und so weiter)
EU	Europäische Union
EuGH	Europäischer Gerichtshof
EuroAS	Europäisches Arbeits- und Sozialrecht, Informationsdienst
EWG	Europäische Wirtschaftsgemeinschaft
EWS	Europäisches Wirtschafts- und Steuerrecht (Zeitschrift)
EzA	Entscheidungssammlung zum Arbeitsrecht
FA	Fachanwalt Arbeitsrecht

f./ff.	folgende
FKHE	Fitting/Kaiser/Heither/Engels, Kommentar zum BetrVG
GbR	Gesellschaft bürgerlichen Rechts
GG	Grundgesetz
GmbH	Gesellschaft mit beschränkter Haftung
GS	Großer Senat (Zuständig für die Entscheidung über unterschiedliche Rechtsmeinungen einzelner Senate des BAG)
HAG	Heimarbeitergesetz
HGB	Handelsgesetzbuch
HRG	Hochschulrahmengesetz
Hrsg.	Herausgeber
HS.	Halbsatz
IG	Industriegewerkschaft
InsO	Insolvenzordnung
i. S. d.	im Sinne des
i. V. m.	in Verbindung mit
i. w. S.	im weiteren Sinne
JarbSchG	Jugendarbeitsschutzgesetz
KG	Kommanditgesellschaft
KSchG	Kündigungsschutzgesetz
LAG	Landesarbeitsgericht
LG	Landgericht
LGG	Landesgleichstellungsgesetz
MTArb	Manteltarifvertrag für Arbeiterinnen und Arbeiter des Bundes und der Länder

MuSchG	Mutterschutzgesetz
NachwG	Nachweisgesetz
n. F.	neue Fassung
NJW	Neue Juristische Wochenschrift (Zeitschrift)
NJW-RR	NJW-Rechtsprechungs-Report Zivilrecht
Nr.	Nummer
NZA	Neue Zeitschrift für Arbeitsrecht
NZA-RR	NZA-Rechtsprechungs-Report Arbeitsrecht
OHG	offene Handelsgesellschaft
PersR	Der Personalrat (Zeitschrift)
RdA	Recht der Arbeit (Zeitschrift)
Rdnr.	Randnummer
Rspr.	Rechtsprechung
S.	Seite
SAE	Sammlung arbeitsrechtlicher Entscheidungen
SGB	Sozialgesetzbuch
SchwbG	Schwerbehindertengesetz
sog.	so genannt
TV	Tarifvertrag
TVG	Tarifvertragsgesetz
u. a.	unter anderem
UmwG	Umwandlungsgesetz
u. U.	unter Umständen
UWG	Gesetz gegen den unlauteren Wettbewerb
VermBG	Vermögensbildungsgesetz
vgl.	vergleiche

VO	Verordnung(en)
z. B.	zum Beispiel
ZDG	Zivildienstgesetz
ZfA	Zeitschrift für Arbeitsrecht
ZPO	Zivilprozessordnung

Literaturverzeichnis

AP; Arbeitsgerichtliche Praxis (Nachschlagewerk des Bundesarbeitsgerichts)

ArbuR; Arbeit und Recht (Zeitschrift)

ARST; Arbeitsrecht in Stichworten (Zeitschrift)

AuA; Arbeit und Arbeitsrecht (Zeitschrift)

BB; Der Betriebs-Berater (Zeitschrift)

Becker/Etzel/Friedrich/Gröninger/Hillebrecht/Rost/Weigand/M. Wolf/J. Wolf; Gemeinschaftskommentar zum Kündigungsschutzgesetz, 5. Auflage, 1998

Däubler/Kittner/Klebe; Kommentar zum Betriebsverfassungsgesetz, 7. Auflage, 2000

DB; Der Betrieb (Zeitschrift)

Erman; Handbuch zum Bürgerlichen Gesetzbuch, 9. Auflage, 1993

EWS; Europäisches Wirtschafts- und Steuerrecht (Zeitschrift)

EzA; Entscheidungssammlung zum Arbeitsrecht

FA; Fachanwalt für Arbeitsrecht (Zeitschrift)

Fitting/Kaiser/Heither/Engels; Kommentar zum Betriebsverfassungsgesetz, 19. Auflage, 1998

Hueck/von Heyningen-Huene; Kommentar zum Kündigungsschutzgesetz, 12. Auflage, 1997

JUSLetter; EG-Recht (Informationsblätter)

Kempen/Zachert; Kommentar zum Tarifvertragsgesetz, 3. Auflage, 1997

Krimphove; Europäisches Arbeitsrecht, 1996

Küttner (Hrsg.); Personalbuch, 5. Auflage, 1998

NJW; Neue Juristische Wochenschrift (Zeitschrift)

NZA; Neue Zeitschrift für Arbeitsrecht (Zeitschrift)

NZA-RR; Rechtsprechungs-Report der NZA

Palandt; Bürgerliches Gesetzbuch, Kommentar, 57. Auflage, 1998

PERSONAL; Zeitschrift für Human Resource Management

PersR; Der Personalrat (Zeitschrift)

RdA; Recht der Arbeit (Zeitschrift)

SAE; Sammlung Arbeitsrechtlicher Entscheidungen (Zeitschrift)

Schaub; Arbeitsrechtshandbuch, 9. Auflage, 2000

Schünemann (Hrsg.); Die Rechtsprobleme von AIDS, 1988

I. Einleitung:
Arbeitsrecht – was ist das?

Wenn Sie sich über *das Arbeitsrecht* informieren wollen, stoßen Sie schon zu Beginn auf ein großes Problem: Es gibt – trotz klaren Auftrags an den Gesetzgeber im Einigungsvertrag bis heute – kein Arbeitsrechtsgesetzbuch. Das Arbeitsrecht besteht aus einer Vielzahl verschiedener Rechtsquellen. Diese Rechtsquellen stehen nicht immer gleichberechtigt nebeneinander, sondern sind wie in einem Machtgefüge, in einer Hierarchie zueinander geordnet. Der Verwirrung für den arbeitsrechtlichen Laien nicht genug, wird das Arbeitsrecht stark durch die Rechtsprechung der für Streitigkeiten aus dem Arbeitsverhältnis ausschließlich zuständigen (besonderen) Arbeitsgerichtsbarkeit und hier insbesondere durch die Rechtsprechung des Bundesarbeitsgerichts (BAG) geprägt. Aber auch damit nicht genug: Zunehmend spielen auch die Europäische Union (EU) durch ihre Verordnungen und Richtlinien zum Arbeitsrecht, sowie die Rechtsprechung des Europäischen Gerichtshofes in Luxemburg eine gewichtige Rolle im deutschen Arbeitsrecht.

Die Einleitung zu diesem Ratgeber ist demnach in drei große Abschnitte gegliedert. Im ersten Abschnitt finden Sie einen Überblick über die verschiedenen Rechtsquellen des Arbeitsrechts, sowie deren wechselnden Auswirkungen aufeinander (die Normenhierarchie), dann, im zweiten Abschnitt, lesen Sie von einer arbeitsrechtlichen Besonderheit, dem Günstigkeitsprinzip, welches die Normenhierarchie durchbricht, und schließlich wird im dritten Abschnitt die zunehmende Bedeutung des Europäischen Arbeitsrechts für unser nationales Arbeitsrecht dargestellt.

1. Die unterschiedlichen Rechtsquellen und ihre Wechselwirkungen (Normenhierarchie)

Die Gesetzessystematik in der Bundesrepublik Deutschland ist gekennzeichnet durch eine so genannte Rangfolge, die Normenhierarchie, durch die die Wertigkeit und die Abhängigkeit der Gesetze zueinander geregelt wird.

An erster Stelle in dieser Hierarchie steht unsere Verfassung, **das Grundgesetz der Bundesrepublik Deutschland.** Dieses enthält in Artikel 3 den Grundsatz der Gleichbehandlung, der sich in vielen arbeitsrechtlichen Vorschriften (so etwa in § 611a und § 611b BGB) wiederfindet. In Artikel 5 ist das Recht auf freie Meinungsäußerung normiert. Das Recht der Koalitionsfreiheit, welches u. a. das Recht, Mitglied in einer Gewerkschaft zu sein und sich z. B. an einem Streik zu beteiligen, definiert, findet sich in Artikel 9 Abs. 3. Beide Grundrechte werden ausdrücklich durch das so genannte Maßregelungsverbot des § 612a BGB geschützt. Danach darf kein Arbeitnehmer, der in zulässiger Weise von seinen Rechten Gebrauch macht, vom Arbeitgeber deswegen benachteiligt werden. Artikel 12 Abs. 1 GG schützt das Recht, Beruf, Arbeitsplatz und Ausbildung frei zu wählen, eingeschränkt natürlich durch die Anforderungen, die der Arbeitsmarkt an die Qualifikation jedes Einzelnen stellt und durch das Angebot des Arbeitsmarktes.

Unterhalb des Grundgesetzes stehen die so genannten **formellen und materiellen Gesetze,** also die Gesetze, die im formellen Gesetzgebungsverfahren in den zuständigen Parlamenten beschlossen und anschließend verkündet (in Kraft gesetzt) werden. Da das Arbeitsrecht überwiegend Bundesrecht ist, werden die meisten Arbeitsgesetze durch den Deutschen Bundestag beschlossen. *Das Recht der Arbeit* ist dem Bereich des Zivilrechts und hierbei dem Bürgerlichen Gesetzbuch (BGB), das am 1. Januar 1900 in Kraft getreten ist und seitdem mehrfach – allerdings weniger in den arbeitsrechtlichen Vorschriften – aktualisiert wurde, zugeordnet. In den §§ 611 bis 630 BGB finden Sie das Korsett des deutschen Arbeitsrechts. Wie Grundgesetz und BGB zusammenwirken, haben Sie schon an den Verbindungen zwischen Artikel 3 GG und § 611a und § 611b BGB gesehen. Ebenfalls als Beispiel für die Frage der gesetzlich zulässigen inhaltlichen Gestaltung eines Arbeitsvertrages soll an dieser Stelle vorab das Arbeitszeitgesetz genannt werden. In diesem Gesetz werden so wichtige Bestimmungen wie z. B. die tägliche Höchstarbeitszeit, Ruhezeiten und Ruhepausen, die Zulässigkeit von Nacht- und Schichtarbeit oder das generelle Arbeitsverbot an Sonn- und Feiertagen (angesichts der aktuellen Diskussion um die Ladenschlusszeiten von besonderer Bedeutung) geregelt. Sie finden weitere Ausführungen zu diesen Schutzgesetzen unter *Besondere Schutzgesetze – Das Arbeitszeitgesetz* ab S. 200.

Den formellen und materiellen Gesetzen folgen die **Rechtsverordnungen (VO)**, die aufgrund besonderer Ermächtigungen in Gesetzen erlassen werden. Diese Rechtsquellen finden sich verstärkt im Bereich des besonderen Arbeitsschutzes, wie etwa die Verordnung über Arbeitsstätten, in der die Beschaffenheit der Arbeitsumgebung (Lüftung, Beleuchtung, Raumtemperatur, Gase und vieles mehr) beschrieben wird. Oder die Verordnung zum Schutze der Mütter am Arbeitsplatz, die die Arbeitsplatzgestaltung unter dem besonderen Aspekt des Schutzes werdender oder stillender Mütter behandelt.

Einen wesentlichen Schwerpunkt im Arbeitsrecht stellt das **Vertragsrecht** dar. Die Parteien des Arbeitsvertrages, Arbeitgeber und Arbeitnehmer, sollen im Wesentlichen autonom (selbständig und ohne Einfluss von anderen, insbesondere des Staates) die Bedingungen des Arbeitsvertrages aushandeln können. Diese **Vertragsfreiheit** wird allerdings eingeschränkt durch die in der Normenhierarchie oberhalb des Vertragsrechts angesiedelten Rechtsquellen. So darf etwa kein Arbeitsvertrag gegen den Gleichbehandlungsgrundsatz des Artikel 3 Abs. 1 GG verstoßen, indem er z. B. für gleiche Arbeit unterschiedliche Löhne für Frauen und Männer vorsieht. Grundsätzlich ist es auch nicht möglich festzulegen, dass täglich mehr als acht Stunden gearbeitet werden soll.

Zu den Verträgen, die das Arbeitsverhältnis insgesamt ausmachen, zählen auch die **Tarifverträge**, die die Tarifvertragsparteien abschließen, und die Verträge, die Arbeitgeber und Betriebsräte miteinander abschließen, die so genannten **Betriebsvereinbarungen** (dazu ausführlich unter *Der Abschluss des Arbeitsvertrages – Die Rechtsgrundlage Betriebsvereinbarung (BVE)* ab S. 81.

Der Bereich der autonomen Inhaltsgestaltung wird ergänzt durch die Regeln der **betrieblichen Übung**. An dieser Stelle soll der Begriff der Vollständigkeit halber nur kurz erwähnt werden. Der Inhalt des Arbeitsvertrages, die Gesamtheit der Regeln, die zwischen Arbeitgeber und Arbeitnehmer gelten sollen, mithin *das Arbeitsverhältnis*, wird neben dem geschriebenen oder gesprochenen Recht ergänzt durch das tatsächliche Handeln. So kann z. B. ein Anspruch auf Zahlung einer Prämie oder Gratifikation (Umsatzprämie oder Weihnachtsgeld) dadurch entstehen, dass der Arbeitgeber drei Jahre hintereinander ohne irgendeinen Vorbehalt ein Weihnachtsgeld an seine Mitarbeiter und Mitarbeiterinnen auszahlt. Z. B. kann sich der Inhalt der vom Arbeitnehmer zu erbringenden, im Arbeitsvertrag nur allgemein als kaufmännische Tätigkeit beschriebenen Arbeitsleistung durch jahrelange (Aus-)Übung zur Buchhaltertätigkeit konkretisieren, mit der Folge, dass eine einseitige Veränderung durch den Arbeitgeber nur bedingt zulässig ist (dazu ausführlich unter *Änderungskündigung* ab S. 212).

Als letzte Stufe der Rechtsquellen des Arbeitsrechts ist das **Direktionsrecht** des Arbeitgebers zu nennen. Kraft Direktionsrecht kann der Arbeitgeber konkrete Anweisungen im Zusammenhang mit der Ausführung des Arbeitsvertrages an den Arbeitnehmer geben.

2. Die Ausnahme von den Regeln der Normenhierarchie: das Günstigkeitsprinzip

Nachdem Sie das Grundprinzip der Normenhierarchie und die Wechselwirkung der einzelnen Hierarchieebenen kennengelernt haben, folgt direkt die Ausnahme des Rangprinzips, die mit einem Schlagwort umschrieben wird: **das Günstigkeitsprinzip.**

Eine gesetzliche Grundlage findet die Lehre zum Günstigkeitsprinzip in § 4 Abs. 3 Tarifvertragsgesetz (TVG). Danach kann von an sich zwingenden Vorschriften eines Tarifvertrages dann abgewichen werden, wenn der Tarifvertrag dies ausdrücklich erlaubt (sog. Öffnungsklauseln) oder aber die getroffene Vereinbarung für den Arbeitnehmer günstiger ist. Dies erklärt sich damit, dass Tarifverträge lediglich Mindeststandards beinhalten. Arbeitgeber und Arbeitnehmer dürfen dann nicht weniger, wohl aber mehr Lohn, Urlaub u. a. vertraglich vereinbaren.

Gleiches gilt im Ergebnis aber in Bezug auf die gesamte Normenhierarchie. Immer dann, wenn eine höherrangige Norm den Inhalt des Arbeitsverhältnisses nicht abschließend regeln will, sondern lediglich bestimmte Interessen der Arbeitnehmer zumindest schützen will, kann mit einer in der Hierarchie tiefer stehenden Vereinbarung zu Gunsten der Arbeitnehmer abgewichen werden. So ist es durchaus zulässig, dass entgegen der Vorschrift des § 3 Bundesurlaubsgesetz (BUrlG), wonach der jährliche Urlaubsanspruch *mindestens* 24 Werktage ausmacht, durch Tarifvertrag oder Einzelvertrag erhöht wird; er darf allerdings nicht verkürzt werden. Sie finden die gesetzlich verankerte Grundlage des Günstigkeitsprinzips folgerichtig somit in § 13 Abs. 1 Satz 3 BUrlG, der einen größeren Urlaubsanspruch zulässt.

Praktische Probleme bereitet allerdings die Vergleichsgrundlage. So mag es für einen Arbeitnehmer, der gerade in finanziellen Schwierigkeiten ist, durchaus günstiger sein, mehr als die tarifvertraglich vereinbarten 40 Stunden in der Woche gegen Entgelt zu arbeiten. Dagegen ist es für den finanziell gut sortierten Arbeitnehmer, der mehr Wert auf Freizeitbeschäftigung legt, ungünstiger, länger zu arbeiten. Ist die nach § 622 Abs. 5 Satz 2 BGB zulässige Verlängerung der durch § 622 Abs. 1 bis 3 BGB – mindestens – vorgeschriebenen Kündigungsfrist günstiger, oder angesichts des Wunsches, möglichst flexibel auf neue Angebote reagieren zu können, aus Sicht eines Arbeitnehmers ungünstiger?

In der jüngsten Vergangenheit hat in diesem Zusammenhang insbesondere der so genannte Viessmann-Fall für Aufsehen in der Tagespresse gesorgt. Dieser Fall steht gleich für zwei aktuelle Probleme, wenn über den Einfluss des Arbeitsrechts auf den Wirtschaftsstandort Deutschland diskutiert wird. Einmal spiegelt er das Problem wider, welche Befugnisse Arbeitgeber und Betriebsrat vor Ort bei Themen haben, die kraft Gesetzes unter dem Vorbehalt der Regelungskompetenz der Tarifvertragsparteien Arbeitgeber(-Verbände) und Gewerkschaften nach § 4 Abs. 1 TVG und § 77 Abs. 3 BetrVG stehen und deswegen nur nach § 4 Abs. 3 TVG im Falle einer so genannten Öffnungsklausel durch die betrieblichen Partner vor Ort vertraglich geregelt werden dürfen. Dann steht er aber auch für die kontrovers diskutierte Frage, welchen Umfang das Recht zur Selbstbestimmung des einzelnen Arbeitnehmers gegenüber so genannten Kollektivregeln gerade unter dem Aspekt des Günstigkeitsprinzips einnimmt.

Auf das Problem, ob das Günstigkeitsprinzip im Verhältnis Tarifvertrag und Betriebsvereinbarung zur Geltung gelangt, soll hier nicht näher eingegangen werden (Interessierte finden hierzu einen Aufsatz von Kort, NJW 1997, 1476 ff. mit weiteren Nachweisen).

> Der Fall:
> Unternehmensleitung und Betriebsrat vereinbaren ein *Konzept zur Sicherung des Standortes* mit dem Inhalt, dass der Unternehmer auf die geplante Produktionsverlagerung ins Ausland und die Schließung seines Werkes in Deutschland verzichtet hat, und der Betriebsrat im Gegenzug dafür die Erhöhung der tarifvertraglich vereinbarten Wochenarbeitszeit ohne Lohnausgleich vereinbarte.

Das Landesarbeitsgericht Baden-Württemberg (Urteil vom 28. 7. 1997 –
15 Sa 29/97 –, ArbuR 1999, 155 f.; vgl. auch BAG vom 10. 2. 1999 – 2
AZR 422 –, ArbuR 1999, 108) hat in einem dem Grunde nach ähnlich
gelagerten Fall im Einklang mit der Vorinstanz entschieden, dass durch
die vertragliche Vereinbarung zwischen Betriebsrat und Unternehmens-
führung gegen den Tarifvorrang des § 77 Abs. 3 BetrVG verstoßen wird,
da die Tarifvertragsparteien keine Öffnungsklausel hinsichtlich der Wochenarbeitszeit vorgesehen hätten, mithin das Thema Wochenarbeitszeit
abschließend und ausschließlich durch die Tarifvertragsparteien geregelt
ist und nicht durch Arbeitgeber und Betriebsrat geregelt werden
kann.

Wenn Sie diesen komplexen juristischen Sachverhalt lesen, erinnern Sie
sich vielleicht auch noch an die zur Zeit der Bearbeitung dieses Ratgebers
aktuellen Schwierigkeiten des Sanierungsbeitrags der Belegschaft des
Holzmann-Konzerns. Auch da spielte bei dem beabsichtigten Lohnverzicht der Belegschaft diese Rechtsfrage eine wichtige Rolle: Können Arbeitgeber und Betriebsrat von tarifvertraglich abschließend (mithin ohne
Öffnungsklausel) geregelten Arbeitsbedingungen (hier: Entgelt) zu Ungunsten der Arbeitnehmer abweichen? Antwort der Rechtsprechung:
Nein!

Aber, so das LAG weiter, auch unter dem Gesichtspunkt des Günstigkeitsprinzips könne kein anderes Ergebnis gesehen werden. Wenn Vereinbarungen, die in der Normenhierarchie tieferrangig sind (hier: Betriebsvereinbarung), gegen Normen höherrangigeren Rechts (hier:
Tarifvertrag) verstoßen, so sind diese unwirksam und können somit
nicht als Vergleichsgrundlage zur Abwägung der Günstigkeit dienen.
Damit stellte sich die Frage nicht, ob eine Kombination von Lohnverzicht und Arbeitsplatzerhalt günstiger ist als kein Lohnverzicht und damit drohende Arbeitslosigkeit.

Das LAG macht dann Ausführungen zu den Grundsätzen der Vergleichbarkeit im Rahmen der Günstigkeitsbetrachtung. Danach kann nur ein
sog. **Gruppenvergleich** stattfinden. So kann ein Verzicht auf Arbeits-
platzabbau, also Fragen des Kündigungsschutzes, nicht mit Fragen, die
das Arbeitsentgelt betreffen, verglichen werden. Gehören die zu vergleichenden Regelungen der gleichen Gruppe an, etwa weil mit der Vereinbarung ein anderer Lohn als der des Tarifvertrages rechtswirksam
verhandelt wird, so ist in einem zweiten Schritt zu fragen, ob die Verein-

barung nach objektiven Kriterien, d. h. nicht nach dem Empfinden des Einzelnen, günstiger ist. Sie sehen, wie kompliziert die Anwendung des Günstigkeitsprinzips in der Praxis ist. Zu Recht setzt auch hier die Kritik an dieser Rechtsprechung und Literaturmeinung an. Im Kern geht es allein um die Frage, ob das Grundrecht der Koalitionsfreiheit aus Art. 9 Abs. 3 GG höher zu bewerten ist als das Recht des Einzelnen auf Selbstbestimmung aus Art. 1 und 2 GG. Dies ist aber weniger abschließend eine juristische, als vielmehr eine gesellschafts- und rechtspolitische Frage, die – wie andere Grundsatzfragen auch – dem Wandel der Gesellschaft unterliegt (dazu finden Interessierte einen Aufsatz von Joost, ZfA 1984, 173, oder Adomeit, NJW 1984, 595. Zu empfehlen ist auch die Kommentierung von Kempen/Zachert in TVG-Kommentar, 3. A., Bund-Verlag 1997, § 4 Rdnr. 192 ff.).

Das Bundesarbeitsgericht (BAG) hat in einem kürzlich veröffentlichten Urteil vom 10. 2. 1999 (– 2 AZR 422/98 –, FA 1999, 205) diese Rechtsprechung sowohl bezüglich der Frage des Regelungsvorbehaltes des Tarifvertrages, als auch zur Frage der Günstigkeitsbetrachtung dem Grunde nach bestätigt. Durch Beschluss vom 20. 4. 1999 (– 1 ABR 72/78 –, SAE 1999, 253) spricht das BAG den zuständigen Gewerkschaften in den Fällen des Verstoßes gegen die Regelungssperre der § 77 Abs. 3 BetrVG einen Unterlassungsanspruch gegenüber dem Arbeitgeber zu.

3. Der Einfluss des Europäischen Rechts

Eine sowohl unter Juristen wie auch unter Laien in der täglichen Wahrnehmung nur langsam beachtete Rechtsquelle des Arbeitsrechts stellen die Regelungskompetenz der Europäischen Union (EU) und die Rechtsprechung des Europäischen Gerichtshofes (EuGH) dar. Es können Ihnen hier nur die wesentlichen Regelungskompetenzen der EU und die wichtigsten Urteile des EuGH aufgezeigt werden.

a) Der Einfluss der Wirtschaftsordnung auf das Arbeitsrecht – und umgekehrt

Die Entwicklung des Europäischen Arbeitsrechts verdeutlicht eindringlich, dass neben den Ihnen schon bekannten Rechtsquellen ein weiterer Faktor eine entscheidende Rolle für die Ausgestaltung des Arbeitsrechts bildet: die geltende Wirtschaftsordnung. Mit dem Bekenntnis der Bundesrepublik Deutschland zur sozialen Marktwirtschaft ist zugleich der Rahmen für das nationale Arbeitsrecht mitbestimmt worden. Daraus folgt, dass dem Prinzip der Eigenverantwortlichkeit der handelnden Menschen und Organisationen (Arbeitnehmer, Arbeitgeber, Tarifvertragsparteien) Priorität eingeräumt wird.

b) Arbeitsrecht als Schutzgesetz der Schwächeren und als Ergebnis demokratischer Grundregeln

Das Recht, Verträge inhaltlich frei zu gestalten, wird nur unter sozialen Gesichtspunkten eingeschränkt: Nur dann, wenn das Übergewicht einer Vertragspartei zu groß ist, muss ein (staatlicher) Regulierungsmechanismus korrigierend, d.h. zum Schutze des Schwächeren, eingreifen. Damit ist aber auch der Grundstein für eine demokratische Grundordnung des Arbeitsrechts gelegt: das Tarifvertragsrecht und das Betriebsverfassungsrecht. Während sich das Tarifvertragsrecht durch den Grundsatz der Staats-(Regulierungs-)ferne auszeichnet, verdeutlicht das Betriebsverfassungsgesetz durch den Mitbestimmungsgedanken die soziale Partnerschaft zwischen Arbeitgebern und Arbeitnehmern.

c) Der Einfluss der Europäischen Union auf das nationale Arbeitsrecht gewinnt an Bedeutung

Stand viele Jahre die Schaffung des gemeinsamen Binnenmarktes innerhalb der Mitgliedsstaaten der EU im Vordergrund, so gewinnt der Gedanke des sozialen Schutzes der Arbeitnehmer seit dem Maastrichter Vertrag aus dem Jahr 1993 und insbesondere seit dem Amsterdamer Vertrag aus dem Jahr 1997 zunehmend an Bedeutung. Die Mitgliedsstaaten der EU haben erkannt, dass nur eine ausgeglichene Wechselwirkung zwischen Wirtschafts- und Sozialordnung die Schaffung einer politisch und wirtschaftlich funktionierenden Staatsunion ermöglichen kann.

Der EGV (primäres Recht) als Ausgangspunkt des (subsidiären) Europäischen Arbeitsrechts

Im Vertrag zur Gründung der Europäischen Gemeinschaft (EGV) selbst finden sich nur ansatzweise Regeln zum Arbeitsrecht. So ist in Art. 39 (alt: Art. 48 ff.) die Garantie der Freizügigkeit innerhalb der Gemeinschaft geregelt, die das Recht umfasst, unter den im jeweiligen Mitgliedsstaat geltenden Rechtsvorschriften eine Beschäftigung auszuüben und sich dort auch auf Dauer aufzuhalten. Zu nennen ist auch Art. 141 (alt: Art. 119), der die Lohngleichheit zwischen Männern und Frauen garantiert.

Mit dem Abschluss des Amsterdamer Vertrages hat die Gemeinschaft die Förderung der Beschäftigung, ein hohes Maß an sozialem Schutz und die Gleichberechtigung von Männern und Frauen in Art. 2 durch die Neuaufnahme des Titels VIII und IX zur gemeinsamen Beschäftigungs- und Sozial-(Arbeitsrechts-)politik als vorrangiges Ziel der gemeinsamen Politik definiert.

Dennoch gilt im Verhältnis Europäisches Arbeitsrecht zu nationalem Arbeitsrecht der Grundsatz der Subsidiarität. Danach kommt der EU gegenüber den Nationalstaaten nur eine eingeschränkte Regelungskompetenz zu (dazu finden Interessierte eine empfehlenswerte Darstellung bei Krimphove, Europäisches Arbeitsrecht, Vahlen Verlag 1996).

d) Eingriffe des deutschen Gesetzgebers in die europaweite Öffnung der Märkte

Dass die Folgerungen der Öffnung der Märkte aus Sicht der Nationalstaaten nicht immer nur segensreich sind, sehen Sie z. B. daran, dass neben anderen Mitgliedsstaaten auch die Bundesrepublik Deutschland auf die Tätigkeit ausländischer Firmen, insbesondere im Bau- und Reinigungsgewerbe, im jeweiligen Inland mit dem sog. Arbeitnehmer-Entsendegesetz für das Bauhaupt- und Baunebengewerbe reagiert hat. Danach müssen ausländische Firmen, die mit ausländischen Arbeitnehmern in Deutschland Leistungen erbringen, das nach deutschem Tarifvertrag geltende Mindestentgelt, den Mindesterholungsurlaub, das Urlaubsentgelt etc. gewähren. Ob dieses Gesetz, welches Wettbewerbsnachteile für deutsche Unternehmen aufgrund ausländischer Dumpingpreise ausgleichen will, mit den europäischen Rechtsvorschriften und/oder dem Grundgesetz der Bundesrepublik Deutschland vereinbart werden kann, muss stark bezweifelt werden (dazu finden Interessierte einen Aufsatz von Blanke, ArbuR 1999, 417 ff.).

e) Die Regulierungsmittel der EU

Die praktische Umsetzung des Vertragsauftrages erfolgt primär durch **Verordnungen** (EWG-VO), die in all ihren Teilen verbindlich sind und unmittelbar in jedem Mitgliedsstaat gelten. Diese EWG-VO verdrängen entgegenstehendes nationales Recht (so etwa die EWG-VO 1612/68 über die Freizügigkeit der Arbeitnehmer innerhalb der Gemeinschaft vom 15. 10. 1968).
Dann folgen die sog. **Richtlinien**. Diese geben den Mitgliedsstaaten

verbindlich das zu erreichende Ziel vor, lassen ihnen aber bei der Auswahl der Form und der Mittel Gestaltungsfreiheit. Richtlinien gelten also niemals direkt, sondern bedürfen immer der nationalen Umsetzung (Transformation). Als Beispiele seien nur genannt die Entgeltrichtlinie Nr. 75/117/EWG vom 10. 2. 1975, die Gleichbehandlungsrichtlinie Nr. 76/207/EWG vom 9. 2. 1976, die Richtlinie zum Betriebsübergang Nr. 98/50/EWG vom 29. 6. 1998, die Arbeitszeitrichtlinie Nr. 93/104/EWG vom 13. 12. 1993 oder die Bildschirmrichtlinie Nr. 90/270/EWG vom 29. 5. 1990.

f) Der Einfluss der Rechtsprechung des EuGH auf das nationale Arbeitsrecht

Nach der Rechtsprechung des EuGH können sich die einzelnen EU-Bürger in Fällen, in denen das Mitgliedsland die Richtlinie nicht fristgemäß oder nur unzulänglich umgesetzt hat, dennoch auf diese Richtlinie berufen. Gelangt der einzelne EU-Bürger durch die Berufung auf die Richtlinie in diesen Fällen dennoch nicht zu seinem Recht, so hat er nach Rechtsprechung des EuGH einen Schadensersatzanspruch gegenüber dem Staat (EuGH vom 19. 1. 1991 – Rs. 8/81 – und vom 19. 11. 1991 – Rs. 6/90 –, NJW 1992, 165).

Aber der EuGH nimmt mit seiner Rechtsprechung noch weitergehend Einfluss auf das nationale Recht. So wirkt sich insbesondere die Verpflichtung der nationalen (Arbeits-)Gerichte zur Vorlage an den EuGH bei der streitigen Vereinbarkeit nationaler Vorschriften mit Regeln der EU (*richtlinienkonforme Auslegung*) im Wege der sog. Vorabentscheidung nach Art. 234 (alt: Art. 177) EGV nachhaltig auf das deutsche Arbeitsrecht aus. Hierzu einige wesentliche Entscheidungen des EuGH:

- Der Fall Decker (EuGH vom 8. 11. 1990 – Rs. C-177/88 –):
  Die Nichteinstellung einer schwangeren Frau allein wegen der Schwangerschaft ist diskriminierend (Verstoß gegen Art. 3 Abs. 2 GG). Das BAG hat daraus abgeleitet, dass Fragen nach der Schwan-

gerschaft in Einstellungsgesprächen grundsätzlich unzulässig sind (BAG vom 15. 10. 1992 – 2 AZR 227/92 –).

- Fälle Colson und Harz (EuGH vom 10. 4. 1984 – Rs. 14/83 – und vom 10. 4. 1984 – Rs. 79/83 –):
  Die Verletzung des nach § 611a Abs. 1 BGB normierten Benachteiligungsverbotes bewirkt bei einer verschuldeten Missachtung durch den Arbeitgeber einen Schadensersatzanspruch der benachteiligten Person. Die vom deutschen Gesetzgeber festgeschriebene Schadensersatzhöhe von höchstens drei Monatsverdiensten hält der EuGH für nicht ausreichend.
- Im Fall Birds Eye Walls Limited (EuGH vom 9. 11. 1993 – Rs. C-132/92 –) wird in Fortführung des Falles Harz mittels der Anwendung einer EWG-Richtlinie direkt in das Arbeitsverhältnis, d. h. in das Vertragsverhältnis zwischen Bürger der EU eingegriffen (sog. horizontale Wirkung). Adressat der Richtlinien ist jedoch der Mitgliedsstaat im Verhältnis zu seinem Bürger.
- Von besonderer Bedeutung ist die Rechtsprechung des EuGH für den bereits nach deutschem Recht komplizierten Bereich des sog. Betriebsübergangs nach § 613a BGB. Damit sind die Fälle des Wechsels in der Person des Arbeitgebers und deren Rechtsfolgen auf das Arbeitsverhältnis gemeint. In den Fällen Schmitt (EuGH vom 14. 4. 1994 – Rs. C-329/92 –) und Rask/Christensen (EuGH vom 12. 11. 1992 – Rs. C-209/91 –) hatte der EuGH eine Ausweitung des Begriffs »Betriebsteil« vorgenommen, der zu einem Aufschrei in der deutschen Rechtsmeinung führte. Zwischenzeitlich hat der EuGH seine Rechtsprechung nach kontroverser Diskussion mit dem BAG relativiert (EuGH vom 11. 3. 1997 – Rs. 13/95 – Ayse Süzen). Danach reicht die alleinige Nachfolge in der Funktion (Aufgabenübernahme) durch einen Dritten nicht mehr aus, um einen Betriebsübergang im Sinne der Richtlinie 77/187/EWG und des § 613a BGB zu bejahen. Es ist vielmehr erforderlich, dass der Dritte neben der Übernahme der Tätigkeit (Produktion, Dienstleistung) materielle (Maschinen etc.) oder immaterielle (Kunden, Know-how) Betriebsmittel oder einen nach Zahl und Sachkunde wesentlichen Teil des Personals im Zuge der Vertragsübernahme mit übernimmt.
- Einen besonders starken Einfluss hat der EuGH mit seiner Rechtsprechung zur Gleichberechtigung von Männern und Frauen. Dabei

nimmt der EuGH nicht nur Stellung zur offenkundigen Ungleichbehandlung, sondern auch zur sog. **mittelbaren Diskriminierung.** Damit sind im Wesentlichen die Fälle gemeint, in denen eine Vorschrift dazu führt, dass ein Geschlecht im Vergleich zum anderen Geschlecht überproportional benachteiligt wird. So finden sich vor allem Urteile des EuGH in diesem Zusammenhang zum Problem der Teilzeitbeschäftigung, die in Deutschland prozentual von mehr Frauen als Männern ausgeübt wird. Als Beispiel mag das Urteil des EuGH in Sachen Rinner-Kühn (vom 13. 7. 1989 – Rs. 171/88 –) dienen, das zur Streichung des alten § 1 Abs. 3 Nr. 2 Lohnfortzahlungsgesetz führte. Nach dieser Vorschrift hatten Teilzeitbeschäftigte mit wöchentlich bis zu zehn oder monatlich bis zu 45 Stunden keinen Anspruch auf Lohnfortzahlung im Krankheitsfall. Da empirisch nachzuweisen ist, dass von dieser Regelung prozentual mehr Frauen als Männer betroffen waren, sah der EuGH einen mittelbaren Verstoß gegen das Diskriminierungsverbot des Art. 141 (alt: Art. 119) EGV und die Richtlinie 76/207/EWG.

In einem erst kürzlich in der Presse zitierten Urteil (vom 3. 2. 2000 – C-207/98 –, FA 2000, 84) stellt der EuGH im Wege der sog. Vorabentscheidung fest, dass die Ablehnung einer schwangeren Bewerberin für eine unbefristete Beschäftigung mit dem Hinweis auf (gesetzliche) Beschäftigungsverbote (dazu unter *Die Folgen der Arbeitsverhinderung – Arbeitsrechtliche Sonderfälle* ab S. 146, 168) gegen das Verbot der unmittelbaren Geschlechterdiskriminierung verstößt. Es bleibt abzuwarten, wie die arbeitsrechtliche Praxis auf dieses folgenschwere Urteil reagieren wird. Es verwundert, dass ausgerechnet der Bereich des öffentlichen Dienstes, wo man »Gesetzesnähe« vermuten sollte, mehrfach Anlass für den EuGH war, klare Aussagen zur mittelbaren Frauendiskriminierung zu machen. So auch in seinem Urteil Freers/Speckmann vom 7. 3. 1996 – Rs. C-278/93 –, DB 1996, 887. In diesem Fall ging es um die Frage, ob einer nur teilzeitbeschäftigten Mitarbeiterin, die in ihrer Funktion als Personalratsmitglied an einer ganztägigen Schulungsmaßnahme teilnimmt, ein Anspruch auf Zahlung der »Mehrstunden« zusteht. Der EuGH hat dies bejaht. Dagegen urteilte das BAG (vom 12. 11. 1997 – 7 AZR 563/93 –, BB 1997, 2218), dass kein Verstoß gegen das Verbot der mittelbaren Diskriminierung von Teilzeitbeschäftigten besteht, wenn diese in ihrer Funktion als Betriebsratsmitglied an einer ganztägigen Schulungsmaßnahme teilnehmen. Damit sieht sich das BAG in direkten Widerspruch zu der klaren Aussage des EuGH.

Wie augenscheinlich Diskriminierung sein kann und dennoch über Jahre praktiziert wird, zeigt das Urteil des EuGH vom 7.2.1991 – Rs. C-184/89 –. Grundlage war die Vorschrift im Bundesangestelltentarifvertrag (BAT), wonach Teilzeitbeschäftigte mit der hälftigen oder einer geringeren Wochenarbeitszeit eine doppelt so lange Bewährungszeit zum Aufstieg in eine höhere Vergütungsgruppe als vollzeitbeschäftigte Mitarbeiter/innen zurücklegen mussten. Der EuGH sah darin einen Verstoß gegen Art. 141 (alt: Art. 119) EWG-Vertrag.

Zu erwähnen ist auch das Urteil des EuGH vom 13.3.1997 – Rs. C-197/96 – zum Verbot der Nachtarbeit für Frauen. Mit allen Urteilen zur mittelbaren Diskriminierung öffnet der EuGH den nationalen Gesetzgebern allerdings immer ein Hintertürchen: Sofern die Ungleichbehandlung zum Erreichen eines legitimen sozialpolitischen Zieles als geeignet und erforderlich erscheint, ist diese gerechtfertigt. Der Nachweis obliegt dem jeweiligen Mitgliedsstaat (EuGH vom 7.3.1996 – Rs. C-278/93 –; EuGH vom 9.2.1999 – Rs. C-167/97 –, in EuroAS 1999, 4 ff.).

II. Arbeitsrecht –
Schutzgesetze für Arbeitnehmer

Für das Verständnis des Arbeitsrechts ist es unerlässlich, dessen Grundgedanken zu verstehen. Der Arbeitsvertrag ist ein schuldrechtlicher Vertrag im Sinne der Vorschriften des BGB (insbesondere §§ 305 ff., sowie die Spezialvorschriften §§ 611 ff.). Zwei Vertragspartner, Arbeitgeber und Arbeitnehmer, verpflichten sich zur Leistung (Arbeitsleistung) und zur Gegenleistung (Entgelt), wobei der eine (Arbeitnehmer) in der Regel zur Vorleistung verpflichtet ist (§ 614 BGB). Da nach deutschem Zivilrecht die sog. Vertragsautonomie herrscht (§ 305 BGB), mithin Verträge grundsätzlich in ihrer Inhaltsgestaltung frei sind und nur durch Gesetze (§ 134 BGB) und durch die jeweils aktuelle Moralvorstellung in unserer Gesellschaft (§ 138 BGB) eingeschränkt werden, der Arbeitgeber aber in der Regel in der stärkeren Ausgangsposition beim Verhandeln des Vertragsinhalts ist, bedarf der schwächere Arbeitnehmer des Schutzes durch das Arbeitsrecht.

Da die Anwendbarkeit der vielfältigen arbeitsrechtlichen Vorschriften aber von der Eigenschaft einer Person als Arbeitnehmer abhängig ist, wird im ersten Abschnitt der (nationale und europäische) Arbeitnehmerbegriff in Abgrenzung zum Selbständigen definiert. Der Begriff des Selbständigen wiederum wird in einem zweiten Abschnitt zur sog. (*neuen*) Scheinselbständigkeit abgegrenzt. In einem dritten Abschnitt wird zusammenfassend auf die Folgen der fehlenden Arbeitnehmereigenschaft verwiesen und schließlich werden im vierten Abschnitt noch die Gruppe der arbeitnehmerähnlichen Personen und die Heimarbeiter vorgestellt.

1. Arbeitnehmereigenschaft – ein Rechts- problem mit Folgen für den Berufsalltag

In der jüngeren Vergangenheit wurden von den Medien des Öfteren Entscheidungen deutscher Gerichte zu der Frage **wer und was ist ein Arbeitnehmer?** veröffentlicht und kommentiert. Vielleicht erinnern Sie sich an den so genannten Eismann-Fall (BGH Urteil vom 4.11.1998, DB 1998, 2529 und BAG vom 16.7.1997, NZA 1997, 1126 ff.), der zu einer öffentlichen Diskussion unter dem Begriff der so genannten Scheinselbständigkeit geführt hat. Oder Sie erinnern sich an die nach dem Bosman-Urteil des EuGH (15.12.1995 – Rs. C-415/93 –) zunehmenden Vertragsstreitigkeiten von Profifußballern, die vor verschiedenen Arbeitsgerichten stattfanden. Seit Jahren beschäftigt sich die Rechtsprechung mit der Frage, ob Journalisten bei Funk, Fernsehen oder Printmedien Arbeitnehmer sind (so etwa das BAG vom 16.6.1998 – 5 AZR 154/98 – oder vom 22.4.1998 – 5 AZR 191/97 –). Gleiches gilt für Dozenten an Volkshochschulen. Die Liste der Fragen und Entscheidungen ließe sich beliebig fortsetzen. Nun ist die Auseinandersetzung mit dem Problem kein Zeitvertreib für Juristen, sondern von entscheidender praktischer Bedeutung:

a) Der Weg zum richtigen Gericht

Wenn Sie bei einem deutschen Gericht um Rechtsschutz nachsuchen, dann haben Sie keine Wahl, zu welchem Gericht Sie gehen. Sind Sie etwa Opfer eines Verkehrsrowdies geworden, so reichen Sie Ihre Klage auf Ersatz Ihres Schadens beim Zivilgericht ein. Die polizeilichen Ermittlungen werden von der Staatsanwaltschaft federführend bearbeitet und die Anklage erfolgt beim Strafgericht. Wollen Sie sich gegen die Versagung einer Baugenehmigung zur Wehr setzen, müssen Sie Klage beim Verwaltungsgericht einreichen. Ihren Rechtsstreit gegen das Finanzamt führen Sie vor dem

Finanzgericht. Die zunehmenden Streitigkeiten über die Gewährung von Hilfen nach dem Gesetz zur Pflegeversicherung werden vor dem Sozialgericht ausgetragen.

Wenn Sie sich aber gegen eine nach Ihrer Ansicht ungerechtfertigte Kündigung Ihres Arbeitsvertrages durch den Arbeitgeber wenden, wenn Sie ausstehenden Lohn erhalten wollen oder mit einem erteilten Zeugnis nicht einverstanden sind, so müssen Sie nach § 2 des Gesetzes über die Arbeitsgerichtsbarkeit (ArbGG) vor dem Arbeitsgericht klagen. Dieser Gerichtszweig ist ausschließlich zuständig für bürgerliche Rechtsstreitigkeiten, die ihren Ursprung im Arbeitsverhältnis haben. Voraussetzung ist also, dass ein Arbeitsverhältnis besteht, d. h. Sie müssen Arbeitnehmer im rechtlichen Sinne und nicht Selbständiger sein.

b)   Wer und was sind Arbeitnehmer?

Leider ist der Begriff des Arbeitnehmers nicht abschließend definiert. So sagt etwa § 5 Abs. 1 Satz 1 ArbGG lapidar,

| ! | »Arbeitnehmer im Sinne dieses Gesetzes sind Arbeiter und Angestellte sowie die zu ihrer Berufsausbildung Beschäftigten.« |

Als Arbeitnehmer im Sinne des ArbGG gelten u. a. auch die sog. Heimarbeiter und die sog. arbeitnehmerähnlichen Personen (dazu unten). Auch diese Vorschrift trägt dazu bei, dass in einer Vielzahl von konkreten Einzelfällen die Entscheidung nicht einfach ist. Welche juristischen Blüten dies in der Praxis treiben kann, sehen Sie etwa an einem Fall, den das Hessische Landesarbeitsgericht (vom 12. 8. 1997 – 16 Ta 231/97 –) zur Frage der Arbeitnehmereigenschaft einer in einem Saunaclub beschäftigten Prostituierten entschieden hat. Zwar bezweifelt das LAG nicht die Tatsache, dass grundsätzlich jedes menschliche Verhalten im Rahmen der Gesetze und der Sitte Gegenstand einer Arbeitsverpflichtung sein könne, allerdings fehle im konkreten Fall der Nachweis, dass die Prostituierte verpflichtet war, ihre Arbeitsleistung gegenüber dem Inhaber der Sauna und nicht Dritten gegenüber zu erbringen (nicht nur für Juristen lesenswert, FA 1998, 90).

Aber zusätzlich erschweren auch neue Formen der Arbeitsverhältnisse zunehmend die Abgrenzung zur Selbständigkeit. Denken Sie nur an den Begriff der *Telearbeit* (dazu ausführlich unter *Der Abschluss des Arbeitsvertrages – Besondere Vertragstypen* ab Seite 78, 108). Der betreffende Mitarbeiter erbringt seine vertraglich geschuldete Leistung nicht mehr – ausschließlich oder überwiegend – im Unternehmen, sondern mittels moderner Kommunikationsmittel von einem anderen Ort aus. Ihm werden auch keine Auflagen bezüglich der täglichen Arbeitszeit gemacht; allein der Termin zur Abgabe des vereinbarten Auftrags steht fest.

c) Die Selbständigkeit nach § 84 HGB und der Versuch einer Begriffsdefinition

In § 84 Abs. 1 Handelsgesetzbuch (HGB) findet sich eine Vorschrift, die den selbständig arbeitenden Handelsvertreter definiert. Danach ist selbständiger Handelsvertreter,

> **!** »... wer ... im Wesentlichen frei seine Tätigkeit gestalten und seine Arbeitszeit bestimmen kann.«

Wem diese Freiheit fehlt, der ist nach Abs. 2 des § 84 HGB nichtselbständiger Handelsvertreter. Aus dieser Vorschrift hat sich im Laufe der Jahre eine Grundlage zur **Definition des Arbeitnehmerbegriffs** gebildet (so etwa **BAG** vom 22. 3. 1995, NZA 1993, 823 und vom 16. 7. 1997, EzA § 2 ArbGG 1979 Nr. 24):

> ! »Arbeitnehmer ist, wer sich vertraglich verpflichtet hat, abhängige fremdbestimmte Arbeit zu leisten.«

Wichtiges Indiz ist dabei die Festlegung von Arbeitszeit, Ort und Inhalt der Arbeit durch den Arbeitgeber. Meist wird der Arbeitnehmer auch in den Betriebsablauf integriert (persönliche Abhängigkeit). Nach Auffassung des **EuGH** (vom 3.7.1986 – Rs. 66/85 –) sprechen folgende Merkmale für das Vorliegen eines Arbeitsverhältnisses im Sinne des Art. 39 (alt: Art. 48 ff.) EGV:

- Verpflichtung zur Leistungserbringung für einen anderen während einer bestimmten Zeit und
- nach dessen Weisungen,
  sofern hierfür
- seitens des anderen eine Gegenleistung (Entgelt) versprochen wird.

Da der EuGH nicht auf eine privatrechtliche Verpflichtung abstellt, erfasst der Arbeitnehmerbegriff des EuGH im Gegensatz zum nationalen Arbeitsrecht auch die Gruppe der Beamten.

Keine Arbeitnehmer nach nationalem Recht sind **Beamte**, Heimarbeiter, **freie Mitarbeiter**, Werkunternehmer/Subunternehmer, Studenten im Praktikum, **Handelsvertreter**, die Organe juristischer Personen (Vorstandsmitglieder einer AG, Geschäftsführer einer GmbH – das ist allerdings streitig).

Dagegen sind die sog. **leitenden Angestellten** Arbeitnehmer. Ihnen kommt aber im Unternehmen eine besondere Stellung zu. Ausdrücklich erwähnt und aus dem Schutzbereich ausgenommen werden sie z. B. in § 5 Abs. 3 und 4 BetrVG, § 17 Abs. 5 KSchG und § 18 Abs. 1 Nr. 1 ArbZG. Ihnen ist ein eigenständiges Mitbestimmungsrecht im Unternehmen gesetzlich durch das Sprecherausschussgesetz garantiert. Das BAG hat die Pflichten der leitenden Angestellten erheblich ausgedehnt. So kommt ihnen ein erhöhtes Maß an Treuepflichten zu, die bei geringster Verletzung zur Kündigung des Arbeitsverhältnisses führen können.

Hier, wie **im gesamten Arbeitsrecht, kommt es nicht auf die Bezeichnung an,** die die Vertragsparteien gewählt haben, **sondern darauf, wie das Arbeitsverhältnis konkret ausgeübt wird** (so etwa BAG vom 30.9.1998 – 5 AZR 563/97 –, SAE 1999, 164). So bewirkt etwa die Bezeichnung »leitender Angestellter« nicht automatisch, dass es sich rechtlich um ein solches Vertragsverhältnis handelt. Gleiches gilt für die oft vorkommende Formulierung AT-(Außertariflicher) Angestellter. Auch hier handelt es sich um Arbeitnehmer, deren Arbeitsverhältnis sich entweder ausschließlich nach Einzelvertrag bestimmt, dann spricht man zu Recht von AT-Angestellten, oder bei denen einzelne Regeln des ansonsten geltenden Tarifvertrages zu Gunsten des Arbeitnehmers einzelvertraglich abgeändert wurden. Im letzteren Fall handelt es sich nicht um AT-Angestellte, sondern um Tarifangestellte mit übertariflichen Leistungsvereinbarungen.

Die alte – sozialversicherungsrechtlich relevante – Unterscheidung der Arbeitnehmer in Angestellte und Arbeiter ist in der heutigen Zeit weder nachvollziehbar noch gerechtfertigt. Es ist offenkundig, dass die ursprüngliche Unterscheidung in »Hand- und Kopfarbeit« in einer zunehmend technisierten Arbeitswelt nicht durchführbar ist. Die Kündigungsfristen sind nach einem Urteil des BVerfG (vom 30.9.1990, NJW 1990, 2246) ebenso angeglichen wie die Regeln der Entgeltfortzahlung. Das BAG hat mehrfach entschieden, dass ungleiche Behandlungen im Bereich der sozialen Nebenleistungen ohne sachlichen Grund (welchen?) gegen Art. 3 GG verstoßen (so etwa vom 19.11.1992, NZA 1993, 405 ff.). Sie finden die Unterscheidung auch noch im BetrVG und in den verschiedenen Mitbestimmungsgesetzen des öffentlichen Dienstes.

2. Das Problem der Scheinselbständigkeit

Der Gesetzgeber hat das neue Gesetz zur Bekämpfung der so genannten Scheinselbständigkeit, welches am 1.1.1999 als *Gesetz zu Korrekturen in der Sozialversicherung und zur Sicherung der Arbeitnehmerrechte* in Kraft getreten ist, durch das *Gesetz zur Förderung der Selbständigkeit* vom 12.11.1999 (Drucksache 14/1855) rückwirkend zum 1.1.1999 bereits wieder geändert. Die bereits seit Jahren von der Rechtsprechung und Wissenschaft entwickelten grundsätzlichen Abgrenzungskriterien zwischen abhängiger und selbständiger Tätigkeit wurden somit normiert (Interessierte finden dazu einen übersichtlichen Aufsatz von Reiserer, BB 2000, 94 ff.). Zwar betrifft dieses Gesetz in erster Linie das Sozialversicherungs- und nicht das Arbeitsrecht, allerdings wird die Prognose gewagt, dass die Definition des neuen § 7 Abs. 4 SGB IV zukünftig auf das Arbeitsrecht Einfluss haben wird (so auch das LAG Berlin – 18 Sa 20/97 –, allerdings vom BAG vom 30.9.1999 – 5 AZR 563/97 –, SAE 1999, 161 ff. aufgehoben).

Nach der Vorschrift des § 7 Abs. 4 SGB IV ist Schein- und damit eben kein Selbständiger, wer in einem Beschäftigungsverhältnis, insbesondere in einem Arbeits- oder Berufsausbildungsverhältnis, nichtselbständige Arbeit ausübt. Für das Vorliegen eines Beschäftigungsverhältnisses spricht nach Abs. 1 Satz 2 der Umstand, dass eine Tätigkeit nach Weisungen und eine Eingliederung in die Arbeitsorganisation des Weisungsgebers ausgeübt wird.

Bei Personen, die erwerbsmäßig tätig sind, d. h. die Tätigkeit zum Bestreiten ihres Lebensunterhaltes ausüben, spricht der Gesetzgeber eine **Vermutung aus**. Danach (§ 7 Abs. 4 SGB IV) übt – bis zum Beweis des Gegenteils – eine nichtselbständige Tätigkeit aus, wer

- im Zusammenhang mit seiner Tätigkeit keine versicherungspflichtigen Arbeitnehmer, deren Arbeitsentgelt aus dieser Tätigkeit regelmäßig im Monat 630 DM übersteigt, beschäftigt,

- auf Dauer und im Wesentlichen nur für einen Auftraggeber tätig ist,

- Tätigkeiten ausübt, die der Auftraggeber oder ein vergleichbarer Auftraggeber ansonsten (regelmäßig) durch von ihm beschäftigte Arbeitnehmer verrichten lässt,
- eine Tätigkeit ausübt, die nicht typische Merkmale unternehmerischen Handelns erkennen lässt,
- eine Tätigkeit ausübt, die dem äußeren Erscheinungsbild nach der Tätigkeit entspricht, die zuvor bei demselben Auftraggeber aufgrund eines Beschäftigungsverhältnisses ausgeübt worden ist.

Werden **mindestens drei dieser fünf Merkmale** erfüllt, geht der Gesetzgeber von einer abhängigen Beschäftigung und damit von Scheinselbständigkeit aus. Allerdings kann diese Vermutung durch den Scheinselbständigen widerlegt werden.

Zur Klärung der Rechtsfrage können die Beteiligten (Auftraggeber und Scheinselbständiger) eine Anfrage an die Bundesversicherungsanstalt für Angestellte richten, die dann nach Anhörung und Erörterung mit den Beteiligten rechtsverbindlich entscheidet. Gegen diesen Bescheid kann Widerspruch und ggf. Klage vor den Sozialgerichten erhoben werden (§ 7a SGB IV).

3. Die Folgen fehlender Arbeitnehmereigenschaft

Das Vorliegen der Arbeitnehmereigenschaft ist von entscheidender Bedeutung für die Anwendbarkeit der Arbeitnehmerschutzgesetze. So finden etwa das Arbeitszeitgesetz mit den Regeln zur täglichen Arbeitszeit, Ruhezeit und Ruhepausen, das Bundesurlaubsgesetz mit dem gesetzlichen Mindesturlaub, das Bundeserziehungsgeldgesetz mit den Regeln zum Erziehungsurlaub, das Entgeltfortzahlungsgesetz mit den Regeln zur Entgeltzahlung im Krankheitsfall oder etwa das Kündigungsschutzgesetz mit den Regeln zum Arbeitsplatzschutz, nur Anwendung, wenn Sie Arbeitnehmer sind. Von dieser Regel gibt es **Ausnahmen:**

a) Die Gruppe der arbeitnehmerähnlichen Personen

Einige dieser Schutzgesetze für Arbeitnehmer finden auch Anwendung auf Personen, die mangels persönlicher Abhängigkeit keine Arbeitnehmer sind, aber wegen ihrer wirtschaftlichen Abhängigkeit besonders schutzwürdig sind. Diese Personen werden als *arbeitnehmerähnliche Personen* bezeichnet. § 12a TVG enthält eine sog. Legaldefinition des Begriffes. Hier finden Sie eine dem § 7 Abs. 4 SGB IV vergleichbare Begründung für den sozialen Schutz wirtschaftlich abhängiger Menschen. Auch dort soll derjenige, der regelmäßig und im Wesentlichen nur für einen Auftraggeber tätig wird, durch das (Sozial-)Gesetz geschützt werden.

Nach Ansicht des BAG handelt es sich um **Selbständige, die im Gegensatz zu den Arbeitnehmern nicht oder in geringerem Maße persönlich** (Weisungsgebundenheit, Eingliederung in die betriebliche Organisation des Auftraggebers) **abhängig sind.** An die Stelle der persönlichen Abhängigkeit tritt **jedoch** die **wirtschaftliche Abhängigkeit** von einem oder überwiegend von einem Auftraggeber (vgl. BAG vom 17. 6. 1999 – 5 AZb 23/98 –, BB 2000, 98).

Nach § 5 ArbGG sind für Klagen dieser Personen die Arbeitsgerichte zuständig. Ein gesetzlicher Anspruch besteht nach § 2 BUrlG auf den Mindesturlaub. Es gelten die Kündigungsfristen des BGB bzw. Heimarbeitsgesetzes (HAG), dagegen nicht der besondere Kündigungsschutz nach dem KSchG. Im Krankheitsfall besteht ein Zahlungsanspruch nach § 616 BGB.

Praktisch relevant ist dies für den sog. Einfirmenhandelsvertreter, für den Freiberufler (Rechtsanwalt, Architekt, Journalist, Künstler, Schriftsteller etc.), der nur für einen Auftraggeber tätig wird. In diesem Zusammenhang ist das Problem der Scheinselbständigkeit auch gegeben.

b) Die Besonderheiten des Heimarbeitsgesetzes

Das Heimarbeitsgesetz (HAG) regelt den besonderen Schutz für Heimarbeiter, Hausgewerbetreibende und für die sog. Gleichgestellten. Die in § 2 HAG erfolgte Begriffsdefinition lautet:

> **!** »Heimarbeiter ... ist, wer in selbstgewählter Arbeitsstätte ... allein oder mit seinen Familienangehörigen ... im Auftrag von Gewerbetreibenden ... erwerbsmäßig arbeitet, jedoch die Verwertung der Arbeitsergebnisse dem unmittelbar oder mittelbar auftraggebenden Gewerbetreibenden überlässt.«

> **!** »Hausgewerbetreibender ... ist, wer in eigener Arbeitsstätte ... mit nicht mehr als zwei fremden Hilfskräften oder Heimarbeitern im Auftrag von Gewerbetreibenden ... Waren herstellt, bearbeitet oder verpackt, wobei er selbst wesentlich am Stück mitarbeitet, jedoch die Verwertung der Arbeitsergebnisse dem unmittelbar oder mittelbar auftraggebenden Gewerbetreibenden überlässt.«

Da diese Personengruppen über ihre Zeiteinteilung und Arbeitsdurchführung selbständig disponieren, unterscheiden sie sich insoweit praktisch kaum etwa von den Arbeitnehmern, die über einen Telearbeitsplatz (dazu ausführlich ab Seite 108) verfügen. Insoweit kommt es im konkreten Einzelfall bei der Frage der Anwendbarkeit konkreter Schutzgesetze (insbesondere des KSchG) auf die tatsächliche Ausgestaltung der Vertragsbeziehung an. So ist etwa die Gleichstellung von Telearbeitnehmern als Heimarbeiter nach § 1 Abs. 2 a) HAG vorstellbar.

Für diese Personengruppe sieht § 12 BUrlG einen besonderen Urlaubsanspruch vor, das BetrVG behandelt sie, wenn sie im Wesentlichen nur für einen Betrieb arbeiten, wie Beschäftigte (§ 6 Abs. 1 Satz 2, Abs. 2 Satz 2), es gelten die Kündigungsregeln der §§ 622 und 626 BGB und für Streitigkeiten sind die Arbeitsgerichte zuständig (§ 5 Abs. 1 Satz 2 ArbGG).

III. Arbeitsrecht – Der Arbeitgeber als Vertragspartner

Im ersten Abschnitt erfolgt eine Definition für den Arbeitgeberbegriff. Im zweiten Abschnitt werden Probleme bei der Bestimmung des Arbeitgebers, insbesondere im Rahmen der sog. Arbeitnehmerüberlassung dargestellt, wobei auch die oft schwierige Abgrenzung zu sog. Scheinwerkverträgen diskutiert wird. In einem dritten Abschnitt wird der gewillkürte Arbeitgeberwechsel im Fall des Betriebsübergangs einschließlich der betriebsverfassungsrechtlichen Probleme dargestellt.

1. Der Arbeitgeberbegriff

Während die Bestimmung als Arbeitnehmer in Einzelfällen schwierig sein kann, erscheint die Bestimmung als Arbeitgeber einfacher:

> [!] »Arbeitgeber ist, wer einen anderen in abhängiger Stellung gegen Entgelt beschäftigt und diesem gegenüber Weisungsrecht besitzt. Dieses Weisungsrecht kann vom Arbeitgeber an andere Personen delegiert werden.«

Dass dem in der Praxis nicht so ist, zeigen viele Entscheidungen der Arbeitsgerichte. Denken Sie etwa an die häufig vorkommende Situation, dass sich zum Bau eines großen Gewerbezentrums mehrere Firmen zu einer so genannten Arbeitsgemeinschaft (Arge) zum Zweck der gemeinsamen Erstellung dieses Zentrums zusammenschließen (rechtlich werden diese als Gesellschaften des Bürgerlichen Rechts im Sinne der §§ 705 ff. BGB angesehen – vgl. BGH,

NJW-RR 1993, 1443). Wenn nun der Bauleiter (selbständiger Architekt) dem Maurerpolier der Firma Bruch und Dalles eine Arbeitsanweisung erteilt, so muss dieser der Aufforderung nachkommen. Bei einer Gesellschaft in Form der Arbeitsgemeinschaft gelten als Arbeitgeber alle Gesellschafter (BAG, NJW 1989, 961). Im Ergebnis gilt gleiches für die Fälle, dass Sie in ärztlichen Gemeinschaftspraxen oder in Anwaltskanzleien arbeiten, die von mehreren Anwälten gemeinsam geführt werden (Sozietäten).

Immer häufiger kommt es vor, dass ein Unternehmer mehrere Betriebe führt, die wirtschaftlich und persönlich (gleiche Geschäftsführung) miteinander verflochten sind. Die für juristische Laien nur schwer nachvollziehbare Unterscheidung der Begriffe *Betrieb* und *Unternehmen* finden Interessierte u. a. in Palandt, Kommentar zum BGB, Beck-Verlag, 57. A. 1998 Rdnr. 14, Einf. V. § 611 und Rdnr. 9 zu § 613a. Innerhalb dieser Verflechtungen werden oft einzelne Arbeitnehmer zwischen den einzelnen Betrieben »ausgetauscht«. Problematisch kann dann die Frage sein, wer Arbeitgeber ist. So entschied das LAG Köln (Urteil vom 9. 1. 1988 – 11 Sa 155/97 –, FA 1998, 357) in einem Fall, in dem es der Unternehmer versäumt hatte, die Position des Arbeitgebers innerhalb seiner Betriebsgemeinschaft klar festzulegen, dass es Sache des Unternehmers ist, die Arbeitgeberposition nachzuweisen.

2. Das Problem der Arbeitnehmerüberlassung einschließlich der Folgen aus dem BetrVG

Eine besondere Form der arbeitsrechtlichen Beziehungen hat sich in den letzten Jahren auch in Deutschland herausgebildet und verfestigt: die so genannten Zeitarbeitsfirmen, die gewerbsmäßig Arbeitnehmer an andere Firmen verleihen. Ohne auf das soziologische Problem der Definition des Menschen als Handelsware einzugehen, bedingen diese Vertragsgestaltungen rechtliche Probleme.

- Gesetzlich geregelt ist das **gewerbsmäßige Entleihen** von Arbeitnehmern im Arbeitnehmerüberlassungsgesetz (**AÜG**), welches eine Reihe
von Bedingungen an die Erlaubnis zur gewerbsmäßigen Überlassung
knüpft. Juristen bezeichnen diese Arbeitsverhältnisse als **unechtes
Leiharbeitsverhältnis.** Die arbeitsrechtlichen Beziehungen bestehen
ausschließlich zwischen der Verleiherfirma und dem Arbeitnehmer.
Lediglich die Arbeitsleistung wird örtlich im Betrieb des Entleihers ge-
schuldet. Folge dieser Verlagerung ist, dass das Weisungsrecht des Arbeitgebers (Direktionsrecht) ganz oder teilweise kraft vertraglicher
Vereinbarung auf den Entleiher übertragen wird. Ohne diese Übertragung könnte eine Eingliederung in den täglichen Betriebsablauf nicht
erfolgen. Den Entleiher treffen allerdings gegenüber dem entliehenen
Arbeitnehmer verschiedene Nebenpflichten. In diesem Zusammenhang sind vor allem die Arbeitsschutzbestimmungen zu nennen. Im
Gegenzug trifft den entliehenen Arbeitnehmer gegenüber dem Entleiher die Treue- und Verschwiegenheitspflicht.

Die Auswirkungen auf das BetrVG

Nach § 14 AÜG verbleibt der entliehene Arbeitnehmer auch im Sinne
des Betriebsverfassungsgesetzes (BetrVG) Arbeitnehmer des Verleihers und kann somit bei Wahlen zum Betriebsrat im Entleiherbetrieb
weder wählen noch gewählt werden. Da die Arbeitsleistung jedoch im
Entleiherbetrieb erbracht wird, also auch nur dort arbeitsalltägliche
Probleme entstehen, können sich die Leiharbeitnehmer an den Betriebsrat im Entleiherbetrieb wenden (§§ 81, 82 Abs. 2 und 84 bis 86
BetrVG). Damit der Betriebsrat des Entleiherbetriebes über die Eingliederung von Leiharbeitnehmern in den Betrieb informiert ist, muss
der Entleiher diesen nach § 99 BetrVG beteiligen. So kann der Betriebsrat des Entleiherbetriebes die Zustimmung zur Eingliederung in
den Betrieb etwa versagen, wenn die Überlassung für mehr als zwölf
aufeinander folgende Monate erfolgt (vgl. § 99 Abs. 2 Nr. 1 BetrVG
i. V. m. § 3 Abs. 1 Nr. 6 AÜG). Dieser hat auch gegenüber den Leiharbeitnehmern darauf zu achten, dass die geltenden Gesetze eingehalten werden, insbesondere etwa die Arbeitszeiten, sowie in allen sozialen Angelegenheiten mitzubestimmen (so zu Recht die Auffassung von
FKHE, Rdnr. 78 zu § 5).

- Von dem durch das AÜG erfassten Leiharbeitsverhältnis zu unterscheiden, ist das sog. **echte – nicht gewerbsmäßige – Leiharbeitsverhältnis**. Das echte Leiharbeitsverhältnis unterscheidet sich vom unechten Leiharbeitsverhältnis dadurch, dass der Leiharbeitnehmer überwiegend im Unternehmen des Verleihers tätig wird und nur gelegentlich bei Ausfall von Arbeitskräften oder vorübergehendem Bedarf im Unternehmen des Entleihers arbeitet. Diese als Abordnung bezeichnete Ausleihe ist nur möglich, wenn sie von vornherein im Arbeitsvertrag geregelt ist, oder der Arbeitnehmer später zustimmt. Der Verleiher bleibt Arbeitgeber, lediglich das Direktionsrecht wird zwischen Verleiher und Entleiher aufgespalten.

Die Auswirkungen auf das BetrVG
Die Beteiligungsrechte des Betriebsrats gelten im gleichen Umfange wie beim unechten Leiharbeitsverhältnis (zutreffend Becker/Wulfgramm, Kommentar zum AÜG, 3. A. 1986, Rdnr. 13 f. zu § 14).

Wie wichtig eine umfangreiche Beteiligung des Betriebsrats bei der Beschäftigung von Dritten im Betrieb ist, zeigt die Praxis. Oft werden nur zum Schein Werk- oder Dienstverträge mit Reparatur- und Wartungsfirmen oder mit selbständigen Einmannfirmen abgeschlossen, obwohl es sich in Wirklichkeit um Arbeitnehmerüberlassungen handelt. Die Abgrenzung ist oft sehr schwierig, hat aber für die Belegschaft Folgen. So werden eigene Wartungsabteilungen geschlossen und durch Mitarbeiter von Fremdfirmen ersetzt. Firmeneigene Softwareentwickler werden entlassen und auf dem Firmengelände siedelt sich eine neue Firma (Tochterunternehmen) mit eigenen (billigeren) Beschäftigten an, die dann für das (Mutter-) Unternehmen arbeiten.

Das BAG entscheidet diese Fälle seit Jahren unter dem Stichwort der Eingliederung in den Betrieb. Lediglich dann, wenn die fremden Arbeitnehmer dem Weisungsrecht des Betriebsinhabers auch bezüglich Ort (wo) und Zeit (wann) unterliegen, liegt eine Einstellung im Sinne des § 99 Abs. 1 BetrVG und damit ein Leiharbeitsverhältnis vor (BAG vom 18.10.1994 – 1 ABR 9/904 –, NZA 1995, 281 f.).

3. Der Betriebsübergang einschließlich der Folgen aus dem BetrVG

Nun kann es zu Situationen im Arbeitsleben kommen, in denen der Arbeitgeber wechselt, ohne dass Sie etwas dazu beitragen. Denken Sie an die Fälle, in denen etwa ein Firmeninhaber stirbt und von Dritten beerbt wird. Viel größere Probleme bereitet in der Praxis aber der Fall des so genannten Betriebsübergangs. Dazu hat das BGB in § 613a eine Regelung geschaffen, die beim ersten Lesen des Absatzes 1 noch einigermaßen verständlich erscheint. Dort heißt es im ersten Satz:

> **!** »Geht ein Betrieb oder Betriebsteil durch Rechtsgeschäft auf einen anderen Inhaber über, so tritt dieser in die Rechte und Pflichten aus den im Zeitpunkt des Übergangs bestehenden Arbeitsverhältnissen ein.«

Verkauft also der alte Betriebsinhaber seinen Betrieb an einen Nachfolger, so wird dieser kraft Gesetzes neuer Arbeitgeber mit allen Rechten und Pflichten, die auch der alte Arbeitgeber hatte. Umgekehrt treffen Sie nun alle Pflichten aus Ihrem Arbeitsverhältnis gegenüber dem neuen Inhaber. Natürlich stehen Ihnen nun auch alle Rechte gegenüber *dem Neuen* zu.

Was aber geschieht, wenn der Betrieb nicht verkauft, sondern nur verpachtet wird? Was, wenn er verschenkt wird? Was, wenn der alte Inhaber den Betrieb ganz schließt und ein neuer Unternehmer vielleicht Monate später an gleicher Stelle Gleiches oder nur Ähnliches produziert? Wie ist die Rechtslage, wenn der Betrieb in der sog. Insolvenzphase erworben wird?

Was meint der Gesetzgeber mit Betrieb und Betriebsteil? Wie kann ein Übergang aussehen?

Die Vielzahl der durch das BAG entschiedenen Fälle, die Vielzahl der Rechtsmeinungen von Juristen und die Entscheidungen des

EuGH zu diesem Rechtsproblem könnten ein eigenes Buch füllen. Uns sollen aber nur die Grundstrukturen des Betriebsübergangs und die wesentliche Rechtsprechung des BAG und des EuGH interessieren.

Auf Grund eines Rechtsgeschäftes findet ein Betriebsinhaberwechsel in folgenden Fällen statt:

- Bei Kauf, Schenkung, Verpachtung (BAG zur Verpachtung, BB 1987, 972 und BAG vom 16. 7. 1998 – 8 AZR 81/97 –).
- Bei Betriebs- oder Unternehmensumwandlung nach dem Umwandlungsgesetz (UmwG). § 613a BGB findet gem. § 324 UmwG Anwendung (hierzu finden Interessierte einen praxisbezogenen Aufsatz von Willemsen, NZA 1996, 791 ff.).
- Im Fall einer Verwaltungsvereinbarung (BAG vom 7. 9. 1995 – 8 AZR 928/93 –).
- Auch im Bereich des öffentlichen Dienstes kann § 613a BGB zur Anwendung gelangen. Dies ist aber dann nicht der Fall, wenn der Übergang kraft Gesetzes oder kraft Hoheitsaktes erfolgt (EuGH vom 15. 10. 1996 – Rs. C-298/94 –, NJW 1997, 2668 und PersR 1997, 85 ff.).

Wenn es im Zuge eines Insolvenzfalles zu der Veräußerung eines Betriebes oder Betriebsteiles an einen neuen Inhaber kommt, so treten die Rechtsfolgen des § 613a BGB ein. Dabei ist es grundsätzlich unerheblich, ob der Übergang mit oder ohne, vor oder nach der Eröffnung eines Insolvenzverfahrens erfolgt. Erfolgt dagegen die Veräußerung nach Eröffnung des Insolvenzverfahrens durch den Insolvenzverwalter, so haftet der Erwerber nicht für Verbindlichkeiten, die vor der Eröffnung des Insolvenzverfahrens entstanden sind (BAG vom 17. 1. 1980 – 3 AZR 160/79 –, ArbuR 1980, 55 = NJW 1980, 1124 ff.).

Die neue Richtlinie 98/50/EG des Rates zur Wahrung von Ansprüchen der Arbeitnehmer beim Übergang von Unternehmen, die die alte Richtlinie 77/187/EWG geändert hat, differenziert nunmehr zwischen Liquidation (Insolvenzverfahren mit dem Ziel der Vermögensauflösung) und sonstigen Sanierungsverfahren (Art. 4a Abs. 2). Nur bei Liquidationsverfahren können die Mitgliedsstaaten die Betriebsübergangsregelungen völlig ausschließen, da insoweit vorrangiges Ziel die Liquidation des Vermögens des Veräußerers und nicht der Erhalt des Betriebs und damit der Arbeitsplätze ist. Soweit aber die nationalen Gesetzgeber keine einschränkenden Regelungen getroffen haben, wie etwa der deutsche Gesetzgeber nur spärlich in § 128 Abs. 2 InsO, verbleibt es bei der grundsätzlichen Anwendbarkeit des § 613a BGB. Dagegen erlaubt die Richtlinie bei anderen Sanierungsfällen lediglich die Milderung der Rechtsfolgen des Betriebsübergangs durch den Ausschluss der Haftung des Erwerbers für Ansprüche, die vor Eröffnung des Verfahrens entstanden sind. Damit steht die Rechtsprechung des BAG im Einklang mit der Richtlinie.

Sowohl nach der Richtlinie als auch nach der Rechtsprechung des BAG sind sog. Veräußerungskündigungen zulässig und verstoßen nicht gegen das Kündigungsverbot nach § 613a Abs. 4 BGB. Dabei handelt es sich um betriebsbedingte Kündigungen (dazu ausführlich unter *Die Beendigung des Arbeitsverhältnisses – Die betriebsbedingte Kündigung* ab S. 203, 227), die im Rahmen eines Rationalisierungskonzepts (Verkleinerung) der Verbesserung der Verkaufschancen des Betriebs dienen. Grund der Kündigung ist demnach nicht der Betriebsübergang, sondern die Rationalisierung, ohne die der Betrieb stillgelegt werden müsste (BAG vom 18. 7. 1996 – 8 AZR 127/94 –, ArbuR 1996, 504 = DB 1996, 2288 f.).

Kein Betriebsübergang ist gegeben, wenn sich lediglich die Rechtsform des Betriebs oder Unternehmens (§ 324 UmwG nimmt etwa ausdrücklich den Rechtsformwechsel aus dem Geltungsbereich des § 613a BGB aus) oder sich die Zusammensetzung der Gesellschafter ändert. Damit löst etwa die Übernahme der Anteile an einer GmbH oder einer AG nicht die Rechtsfolgen nach § 613a BGB aus.

a) Die Kriterien des EuGH und des BAG zum Betriebsübergang

Der Begriff des Betriebes oder des Betriebsteils ist leider nicht gesetzlich definiert. Hinzu kommt, dass die Rechtsprechung des EuGH in den letzten Jahren zusätzlich für Unsicherheiten gesorgt hat (so insbesondere die sog. Christel Schmitt-Entscheidung vom 14. 4. 1994 – Rs. C-329/92 –, DB 1994, 1370). Nachdem die nationale Rechtsmeinung heftigen Widerstand gegen die anfängliche Rechtsprechung des EuGH geübt hatte, besteht inzwischen Einigkeit über die Voraussetzungen eines Betriebs- oder Betriebsteilüberganges im Sinne der Richtlinie 77/187/EWG – nun 98/50/EG vom 17. 7. 1998 – und damit der richtlinienkonformen Anwendung der Begriffe in § 613a BGB (so BAG vom 24. 4. 1997 – 8 AZR 197/94 –, ArbuR 1995, 221 und BAG vom 11. 12. 1997 – 8 AZR 426/94 –, DB 1998, 885).

Danach ist für die Anwendung der Richtlinie entscheidend, **ob** durch die Veränderung **die wirtschaftliche Identität des betreffenden Betriebes oder Betriebsteils gewahrt bleibt**. Dies ist dann der Fall, wenn der Betrieb bzw. der Betriebsteil tatsächlich weitergeführt oder wieder aufgenommen wird. Kriterien dieser Identität sind:

- die Art des betreffenden Unternehmens oder Betriebes,
- der Übergang oder Nichtübergang der materiellen Aktiva wie Gebäude oder Maschinen etc.,
- der Wert der immateriellen Aktiva (Know-how),
- die Übernahme oder Nichtübernahme der Hauptbelegschaft durch den neuen Inhaber,
- der Übergang oder Nichtübergang der Kundschaft,
- das Ausmaß der Ähnlichkeit zwischen der vorher und nachher ausgeübten Tätigkeit,
- die Dauer einer eventuellen Unterbrechung dieser Tätigkeit.

Mithin stellt nunmehr allein die Funktionsnachfolge in Form des Auftragsverlustes an einen Mitbewerber keinen Betriebsübergang mehr dar (Interessierte finden einen Überblick über die Rechtsprechung des BAG zu § 613a BGB, PersR 1998, 359 ff. und einen Aufsatz mit den wichtigsten Entscheidungen von BAG und EuGH zu dieser Problematik, SAE 1998, 204 ff.).

b) Der Betriebs(-teil)übergang nach erfolgter Stilllegung

Entschieden ist auch die Frage, ob ein Betriebsübergang noch bejaht werden kann, wenn der Betrieb bzw. Betriebsteil stilllegt, die betroffenen Mitarbeiter gekündigt wurden, nach einer gewissen Zeit aber dann der Betrieb doch durch einen anderen Inhaber wieder aufgenommen wird. Nach EuGH vom 11. 3. 1997 (– Rs. C-13/95 –, DB 1997, 628 ff.) und nach BAG vom 27. 4. 1995 (– 2 AZR 140/97 –, NJW 1998, 23 ff.), sowie BAG vom 21. 11. 1998 (– 8 AZR 265/97 –, NJW 1999, 1132 ff.) findet trotz Fortführung des vorher stillgelegten Betriebs (oder Betriebsteils) nur dann kein Übergang statt, wenn zwischen Stilllegung und Wiederaufnahme eine wirtschaftlich erhebliche Zeitspanne der Betriebsruhe liegt. Wann dieses Kriterium erfüllt ist, ist Einzelfallfrage. In Betrieben, in denen es im Wesentlichen auf die menschliche Arbeitskraft ankommt, ist danach eine neunmonatige Unterbrechung als wesentlich anzusehen. Dagegen spricht eine baldige Wiederaufnahme der Produktion eindeutig gegen eine ernsthafte Stilllegungsabsicht (BAG vom 27. 4. 1995 – 8 AZR 197/94 –, SAE 1996, 292).

Im Rahmen der Betriebs-(Teil-)Stilllegung und anschließenden Weiterführung durch den neuen Inhaber stellen sich aber auch **kündigungsrechtliche Fragen**. Hat der alte Betriebsinhaber ernsthafte Stilllegungsabsichten, so ist er nicht gehalten, die notwendigen betriebsbedingten Kündigungen der Arbeitnehmer erst nach Durchführung der Stilllegung auszusprechen. Denn dann müsste er Arbeitsentgelt zahlen, ohne die Möglichkeit der Beschäftigung zu haben (Annahmeverzug nach § 615 BGB). Vielmehr kann er die Kündigungen aussprechen, wenn die Stilllegungsabsicht endgültig von ihm getroffen worden ist. Kommt es aber dann doch noch – während des Laufs der Kündigungsfristen! – zu einem Inhaberwechsel, so werden die zum Zeitpunkt des Zugangs rechtmäßigen Kündigungen nicht rückwirkend unwirksam. Allerdings steht nunmehr den gekündigten Arbeitnehmern ein Weiterbeschäftigungsanspruch gegen den alten und/oder neuen Betriebsinhaber zu. Dies gilt allerdings dann nicht, wenn der Betriebsinhaber bezüglich des Arbeitsplatzes bereits Dispositionen, wie etwa Streichung der Stelle oder Verkauf von Maschinen, getroffen hat und ihm die unveränderte Weiterbeschäftigung nicht zumutbar ist (BAG vom 27.2.1997 – 2 AZR 160/96 –, NJW 1997, 2257 ff. und BAG vom 4.12.1997 – 2 AZR 140/97 –, NJW 1998, 2379 ff.; BAG vom 12.11.1998 – 8 AZR 265/97 –, NJW 1132 ff.; LAG Hamm vom 11.11.1998 – 2 Sa 1111/98 –, NZA-RR 1999, 576 ff.).

c) Das Widerspruchsrecht gegen den Übergang

BAG (vom 7.4.1993 – 2 AZR 160/96 –, NZA 1993, 795) und EuGH (vom 25.7.1991 – Rs. C-362/89 – und vom 16.12.1992 – Rs. C-132/91 –, BB 1993, 860) sprechen dem Arbeitnehmer ein Recht auf Widerspruch gegen den Übergang des Arbeitsverhältnisses mit der Folge zu, dass das Arbeitsverhältnis mit dem bisherigen Arbeitgeber fortgesetzt wird. Dem Arbeitnehmer soll nicht durch den Inhaberwechsel ein neuer Arbeitgeber gegen seinen Willen aufgezwungen werden. Dies folgt zwingend aus dem verfassungsrechtlich gebotenen Schutz des allgemeinen Persönlichkeitsrechts und findet sich in auch § 415 BGB (Genehmigung einer Schuldübernahme durch den Gläubiger) wieder. Will der Arbeitnehmer widersprechen, so muss der Widerspruch bis zum Zeitpunkt des Überganges erfolgen. Danach kann der Arbeitnehmer in Kenntnis des Überganges nur noch unverzüglich, d.h. innerhalb von drei Wochen, dem Übergang widersprechen (BAG vom 19.3.1998 – 8 AZR 139/97 –, NZA 1998, 750 ff.). Nach erfolgtem Widerspruch bleibt das Arbeitsverhältnis mit dem bisherigen Arbeitgeber weiter bestehen. Allerdings besteht in Folge des Betriebs- oder Betriebsteilüberganges die Gefahr der betriebsbedingten Kündigung, da nunmehr für den widersprechenden Arbeitnehmer u. U. kein Arbeitsplatz mehr vorhanden ist.

Das Recht zum Widerspruch kann jedoch vertraglich ausgeschlossen werden (BAG a. a. O.).

d) Die Fortgeltung tarifvertraglicher und betriebsverfassungsrechtlicher Regeln

Kompliziert und nur schwer nachzuvollziehen ist auch die Regelung in § 613a Abs. 1 Satz 2 BGB bezüglich der Weitergeltung von Tarifverträgen und Betriebsvereinbarungen:

> **!** »Sind diese Rechte und Pflichten (die nach Satz 1 übergehen, Anm. d. Autors) durch Rechtsnormen eines Tarifvertrages oder durch eine Betriebsvereinbarung geregelt, so werden sie Inhalt des Arbeitsverhältnisses zwischen dem neuen Inhaber und dem Arbeitnehmer und dürfen nicht vor Ablauf eines Jahres nach dem Zeitpunkt des Übergangs zum Nachteile des Arbeitnehmers geändert werden.«

Wird die Tarifzuständigkeit durch den Betriebsübergang verändert, wandeln sich die Regeln, die auf Grund eines Tarifvertrages (etwa Lohn- und Urlaubsregeln) für den Arbeitsvertrag Geltung hatten, um und werden nun direkt Bestandteil der Arbeitsverträge. Gleiches gilt für die Regeln einer Betriebsvereinbarung (etwa zu Fragen der Verteilung der täglichen Arbeitszeit). Die Tarifzuständigkeit ändert sich immer dann, wenn der erworbene Betrieb oder Betriebsteil in einen bestehenden Betrieb oder Betriebsteil eingegliedert wird, der keinem oder einem anderen Tarifbereich zuzuordnen ist. So etwa, wenn der Betrieb oder Betriebsteil aus dem Metall- in den Chemiebereich wechselt. Beim Wechsel in einen anderen Tarifbereich gilt aber die Sondervorschrift des Satzes 3 des § 613a Abs. 1 BGB (dazu unten).

Die Veränderungssperre von einem Jahr

Will der neue Arbeitgeber diese Regeln ändern, so ist sein Verhandlungspartner in Folge der Umwandlung nun aber nicht mehr die Gewerkschaft bzw. der Betriebsrat, sondern direkt der einzelne Arbeitnehmer. Allerdings verbietet das Gesetz eine (jede) Veränderung zum Nachteil des Arbeitnehmers vor Ablauf von einem Jahr seit Betriebsübergang.

Diese Veränderungssperre gilt aber nach Satz 4 des § 613a Abs. 1 BGB dann wiederum nicht, wenn der nach Satz 2 übergegangene Tarifvertrag bzw. die übergegangene Betriebsvereinbarung durch Zeitablauf oder durch Kündigung nicht mehr gelten, oder der neue Arbeitgeber mit dem Arbeitnehmer die Geltung eines anderen Tarifvertrages einzelvertraglich vereinbart. Letzteres ist aber nur möglich, wenn weder der Arbeitgeber noch der Arbeitnehmer tarifgebunden sind. Damit darf der Arbeitgeber nicht Mitglied des entsprechenden Arbeitgeberverbandes und der Arbeitnehmer nicht Mitglied der entsprechenden Gewerkschaft sein.

Kein Übergang tarifvertraglicher und betriebsverfassungsrechtlicher Regeln

Kein Übergang der tarifvertraglichen Rechte und Pflichten sowie die Weitergeltung der Regeln der Betriebsvereinbarung finden nach Satz 3 statt, wenn in dem Betrieb des neuen Inhabers die bestimmten Rechte und Pflichten bereits durch einen anderen Tarifvertrag oder eine andere Betriebsvereinbarung geregelt sind. In diesem Fall gelten nur diese.

e) Der besondere (?) Kündigungsschutz beim Betriebsübergang

Nach Abs. 4 des § 613a BGB ist jede Kündigung, die ihren Anlass im Betriebsübergang hat, unwirksam. Kündigungen aus anderen Gründen sind durchaus möglich. Kündigt der neue Arbeitgeber bestimmten Arbeitnehmern unter Einhaltung der Fristen betriebsbedingt, weil er nach Eingliederung des neuen Betriebsteils in seinem bestehenden Betrieb Personal abbauen will, kommt jeder neutrale Beobachter zu dem Ergebnis, dass diese Kündigungen ihren Ursprung im Betriebsübergang haben. Dennoch sollen diese Kündigungen nicht wegen des Betriebsübergangs ausgesprochen worden sein. Relevant wird die Vorschrift insbesondere in den Fällen, in denen mittels Aufhebungsvertrag zwischen bisherigem Arbeitgeber und Arbeitnehmer der Betriebsübergang und damit der Kündigungsschutz bewusst umgangen werden soll. Das ist der Fall, wenn gleichzeitig mit dem Aufhebungsvertrag der Abschluss eines neuen Arbeitsvertrages mit dem neuen Betriebsinhaber vereinbart wird bzw. verbindlich in Aussicht gestellt wird (BAG vom 19. 3. 1998 – 8 AZR 324/97 –, ARST 1999, 187).

f) Die gemeinsame Haftung des bisherigen und des neuen Inhabers

Für Verbindlichkeiten (insbesondere Löhne, Gratifikationen etc.), die vor dem Übergang entstanden sind und vor Ablauf von einem Jahr nach dem Übergang fällig werden, haften Veräußerer und Erwerber gemeinsam als Gesamtschuldner. Danach können Sie wählen, ob Sie den bisherigen oder den neuen Arbeitgeber oder aber beide in Anspruch nehmen (§ 613a Abs. 2 BGB). Die sog. gesamtschuldnerische Haftung ist in §§ 412 ff. BGB geregelt.

g) Das Übergangsmandat des Betriebsrats beim Teilübergang

Bleibt die Betriebsidentität bestehen, wird der Betrieb mithin nicht stillgelegt, so arbeitet auch ein gewählter Betriebsrat, dessen Schicksal an das Bestehen eines Betriebes nach § 1 BetrVG gebunden ist, weiter als Interessenvertretung der Mitarbeiter. Wird der Betrieb oder ein Betriebsteil in einen bestehenden Betrieb nach § 613a BGB eingegliedert, so werden die Interessen der übergegangenen Mitarbeiter von einem dort existierenden Betriebsrat wahrgenommen. Problematisch ist der Fall, in dem ein Betriebsteil nach § 613a BGB in einen Betrieb übergeht, in dem (noch) kein Betriebsrat besteht. Erfolgt der Betriebsteilübergang nach den Vorschriften der Spaltung bzw. Vermögensübertragung gem. UmwG, so übt der *alte* Betriebsrat die Interessensvertretung der übergangenen Mitarbeiter nach § 321 UmwG für längstens sechs Monate seit Betriebsübergang aus. Dieser Vorschrift wird – zutreffend – in der juristischen Diskussion zunehmend ein allgemeiner Rechtsgedanke zugesprochen, der auch außerhalb des UmwG, mithin auch in den Fällen des § 613a BGB, zur Anwendung gelangen muss (so etwa LAG Berlin vom 19.10.1998 – 9 TaBV 1/98 und 2/98 –, ArbuR 1999, 155).

IV. Der Beginn des Arbeitsverhältnisses

Bevor es zum Abschluss eines Arbeitsvertrages kommt, müssen Sie zunächst einige Hürden nehmen. Im ersten Abschnitt lesen Sie einige Informationen über die Informationsquellen, das Bewerbungsschreiben bis hin zur richtigen Vorbereitung auf das Bewerbungsgespräch. Im zweiten Abschnitt können Sie sich über die rechtlichen Grenzen der zulässigen Fragen eines möglichen Arbeitgebers bezüglich Ihrer Person und den Folgen unwahrer Angaben durch Sie informieren. Im dritten Abschnitt werden die Problematik der Freizeitgewährung zur Stellensuche und der Ersatz von Bewerbungskosten vorgestellt.

1. Die Informationsquellen für eine erfolgreiche Bewerbung

Wenn Sie auf der Suche nach einer Arbeits- oder Ausbildungsstelle sind, gibt es verschiedene Möglichkeiten, sich zu informieren. Sie können sich an die Beratungsstellen bei den Arbeitsämtern wenden. Dort verfügt man über ein umfangreiches Datenmaterial und geschulte Fachberater. Aber auch die Mundpropaganda über Freunde, Bekannte und Verwandte ist eine Quelle der Information über freie Stellen. Natürlich empfiehlt sich die Lektüre – auch überregionaler – Zeitungen. Bei vielen Unternehmen haben Sie schon gewonnen, wenn Sie selbst initiativ werden und etwa in einem direkten Telefongespräch Ihr Interesse an einer Mitarbeit bekunden. Für viele Berufe (etwa im Bereich der modernen Kommunikationsbranche) ist es unablässig, dass Sie sich unter Nutzung der modernen Informatonsquellen (Internet, E-mail) informieren und/oder erste Kontakte suchen. Gleich welchen Weg Sie wählen, Sie müssen mit größter Sorgfalt den ersten Kontakt vorbereiten.

a) Das Bewerbungsschreiben – Eintrittskarte in das Unternehmen

Das Bewerbungsschreiben ist der erste schriftliche Kontakt mit dem künftigen Arbeitgeber. Es soll das Interesse des Unternehmens auf Ihre Person lenken. Deshalb sollten Sie folgende Punkte beachten:

• Das Schreiben muss Ihre persönliche Begründung, warum Sie sich für eine bestimmte Tätigkeit in dem bestimmten Unternehmen interessieren, beinhalten.

• Sie müssen dem Schreiben eine individuelle Note geben. Auf keinen Fall darf der Eindruck entstehen, dass Sie Ihre Bewerbung irgendwo abgeschrieben haben.

• Ihr im DIN A 4-Format abgefasstes Schreiben sollte mit einem Textverarbeitungsprogramm auf dem PC geschrieben sein.

• Achten Sie genau auf die Rechtschreibung und Grammatik.

• Stellen Sie höflich und sachlich Ihre derzeitige Situation (Ausbildung, Weiterbildung, Fähigkeiten) dar.

b) Der Lebenslauf – Ihre Visitenkarte

Ihr Lebenslauf sollte Angaben über Vor- und Zuname, Geburtsdatum und -ort, Anschrift, familiäre Situation, Aus- und Weiterbildung, besondere schulische/berufliche Neigungen und Ihre Hobbys beinhalten. Vergessen Sie nicht zum Abschluss Ort und Datum sowie Ihre eigenhändige Unterschrift. Sofern nichts anderes gewünscht wird, verfassen Sie einen tabellarischen Lebenslauf.

Dem Lebenslauf sollte in der oberen rechten Ecke ein von einem Fachmann gefertigtes aktuelles Passfoto beigefügt werden.

Ihren Ausbildungs- und Weiterbildungsgang sollten Sie mit Zeugnissen oder Bescheinigungen belegen.

Versenden Sie Ihre Unterlagen im DIN A 4-Format (nicht knicken!) und am besten durch eine Klarsichtmappe geschützt.

Sie können bei allen Arbeitsämtern eine Broschüre »*Tipps rund um die Bewerbung*« erhalten, die alle wesentlichen Regeln anschaulich darstellt.

c) Die Vorbereitung auf das Bewerbungsgespräch

Mit der Einladung zum Vorstellungsgespräch haben Sie eine große Hürde genommen. Nun gilt es, sich in diesem Gespräch gut zu präsentieren. Neben einer Vielzahl von Äußerlichkeiten wie Pünktlichkeit und angemessenes Erscheinungsbild ist eine gewissenhafte Vorbereitung erforderlich. Dies gilt für den Inhalt Ihres Berufsbildes wie auch bezogen auf Ihren zukünftigen Arbeitgeber.

d) Die Beteiligung des Betriebsrats

Dem Betriebsrat kommt bei der Festlegung von Richtlinien zur Auswahl von Bewerbern ein Zustimmungsrecht nach § 95 Abs. 1 BetrVG zu. Aber auch bei dem Auswahlgespräch selbst kann der Betriebsrat ein Mitglied entsenden. Es empfiehlt sich daher, vor dem Vorstellungsgespräch auch Kontakt mit dem Betriebsrat aufzunehmen.

2. Das zulässige Auskunftsverlangen des Arbeitgebers – und die rechtlichen Folgen unwahrer Angaben

a) Das Fragerecht des Arbeitgebers

Im Vorstellungsgespräch treffen aber auch unterschiedliche Interessen aufeinander. Einerseits möchte der neue Arbeitgeber möglichst viel von den Bewerbern erfragen und erfahren, andererseits gibt es rechtliche Grenzen, die dem Schutz der Persönlichkeit des Bewerbers dienen. Grundsätzlich gilt, dass nur solche Fragen gestellt werden dürfen und dann auch richtig beantwortet werden müssen, die mit dem Arbeitsplatz oder der zu leistenden Arbeit in Zusammenhang stehen. Sie sehen, es kommt auf den konkreten Einzelfall an. Deshalb werden die häufigsten Fragentypen aufgelistet:

- Die Frage nach geplanter Eheschließung oder Kinderwunsch ist unzulässig. Der EuGH sieht in dieser Frage eine unzulässige Frauendiskriminierung (EuGH vom 8. 11. 1990 – Rs. 177/88 –). Das BAG lässt die Frage nach einer Schwangerschaft allerdings dann zu, wenn sie objektiv dem Schutz der schwangeren Frau oder dem ungeborenen Kind dient (BAG vom 5. 10. 1995 – 2 AZR 923/94 –, NJW 1996, 2323 –; AuA 1996, 358) oder aber aufgrund der Schwangerschaft die geschuldete Tätigkeit nicht erbracht werden kann (BAG vom 1. 7. 1993, NJW 1994, 148); dies trifft z. B. zu bei Mannequins, Sportlehrerinnen etc. (siehe hierzu auch Urteil des EuGH [C-207/98] auf Seite 36).

- Die Frage nach den persönlichen Verhältnissen wie Familienstand, Kinderzahl etc. ist zulässig, erfährt der Arbeitgeber die Informationen doch spätestens über die Lohnsteuerkarte.

- Die Frage nach der Schwerbehinderteneigenschaft (im Sinne des SchwbG) ist uneingeschränkt zulässig, d. h. auch dann, wenn die Anerkennung der Schwerbehinderteneigenschaft das Erbringen der Arbeitsleistung nicht beeinträchtigt. Das BAG schließt dies aus den Rechtsfolgen des SchwbG, die dem Arbeitgeber umfangreiche Pflichten auferlegen. Davon zu unterscheiden ist die Frage nach einer Behinderung, ohne dass eine Anerkennung oder Gleichstellung im Sinne des SchwbG vorliegt. Diese Frage muss nur dann wahrheitsgemäß beantwortet werden, wenn das Erbringen der vertraglich geschuldeten Leistung nicht möglich ist (BAG vom 5. 10. 1995 – 2 AZR 923/94 –, NJW 1996, 2323 ff.; BAG vom 3. 12. 1998 – 2 AZR 754/97 –). Von sich aus muss jedoch nicht auf eine nicht im Sinne des SchwbG bestehende Behinderung aufmerksam gemacht werden, soweit die geschuldete Tätigkeit dadurch nicht unmöglich gemacht wird.
  In einem Urteil vom 10. 6. 1999 hat das LAG Nürnberg (– 5 Sa 12/99 –, ArbuR 1999, 402; nicht rechtskräftig!) die Anfechtung nach § 123 Abs. 1 BGB bei einer offenkundigen Schwerbehinderung mangels Täuschungsmöglichkeit abgelehnt.

- Die Frage nach Erkrankungen ist zulässig, wenn damit die Ausübung der Tätigkeit beeinträchtigt oder unmöglich wird. Dies betrifft nicht nur Fragen, die die konkrete Tätigkeit beeinflussen, sondern auch die Frage nach schweren oder chronischen Erkrankungen in den letzten zwei Jahren bis heute, soweit diese die Leistungserbringung gefährden. Häufig kommen die Fragen nach Alkoholerkrankungen, Drogenabhängigkeit, HIV-Infektion und AIDS-Erkrankung in der Praxis vor (zum arbeitsrechtlichen Problem der HIV-Infektion und AIDS-Erkrankung ist Interessierten die Abhandlung *Die Rechtsprobleme von AIDS, Bernd Schünemann (Hrsg.), Nomos Verlagsgesellschaft,* zu empfehlen.).
- Die Frage nach der Mitgliedschaft in einer politischen Partei oder in einer Gewerkschaft ist unzulässig, es sei denn, Sie bewerben sich um eine Anstellung bei einer Partei oder Gewerkschaft. Allerdings kann der Arbeitgeber ein berechtigtes Interesse an der Frage haben, wenn er verpflichtet ist, nach Tarifvertrag zu entlohnen.
- Die Frage nach der Mitgliedschaft in einer Religionsgemeinschaft ist unter den gleichen Bedingungen zulässig, wie die Frage nach einer Mitgliedschaft in einer Partei oder Gewerkschaft.
- Die Frage nach den Vermögensverhältnissen, etwa nach Schulden oder Lohnpfändungen, ist nur ausnahmsweise bei leitenden Angestellten und Angestellten, die in einem besonderen Vertrauensverhältnis stehen, zulässig.
- Die Frage nach Vorstrafen ist dann zulässig, wenn sie in einem engen Bezug zur Tätigkeit stehen. So z. B. bei Betrug, Diebstahl oder Unterschlagung im Zusammenhang mit der Tätigkeit als Buchhalter, Kassierer, Geldtransportfahrer, oder bei Verkehrsdelikten bei Kraftfahrern (vgl. etwa BAG vom 20. 5. 1999 – 2 AZR 320/98). Die Vorlage eines polizeilichen Führungszeugnisses kann – außerhalb des öffentlichen Dienstes – nicht verlangt werden.
- Die Frage nach dem bisherigen beruflichen Werdegang und der Aus- und Weiterbildung ist zulässig.

Nach einem Urteil des BAG vom 18. 8. 1981 (3 AZR 792/78) muss ein Arbeitgeber aufgrund der nachwirkenden Fürsorgepflicht (dazu ausführlicher unter *Die wichtigsten Nebenpflichten aus dem Arbeitsverhältnis* ab S. 188) Auskünfte über einen ausgeschiedenen

Arbeitnehmer jedenfalls an solche Personen erteilen, mit denen der Arbeitnehmer in Verhandlungen über den Abschluss eines Arbeitsvertrages steht. Die Pflicht des Arbeitgebers, Auskunft über Leistung und Verhalten seines früheren Arbeitnehmers zu erteilen, erschöpft sich danach nicht in der Ausstellung eines Zeugnisses. Diese Auskunftsverpflichtung besteht nach Ansicht des BAG selbst ohne Zustimmung des betroffenen Arbeitnehmers, ja sogar bei dessen ausdrücklichem Widerspruch. Diese Rechtsmeinung ist abzulehnen. Sie stellt einen unverhältnismäßigen Eingriff in das auch im Arbeitsrecht zu beachtende Persönlichkeitsrecht des Arbeitnehmers dar, welches gemäß Art. 2 in Verbindung mit Art. 1 GG einen besonderen Schutz genießt. Ohne Einwilligung des Arbeitnehmers bzw. bei dessen ausdrücklichem Widerspruch muss sich ein potenzieller neuer Arbeitgeber mit den Aussagen des erteilten Zeugnisses begnügen.

b) Die Folgen der wahrheitswidrigen Beantwortung zulässiger Fragen

Was geschieht, wenn Sie eine zulässige Frage wissentlich falsch beantworten und für Sie erkennbar war, dass die Entscheidung des Arbeitgebers wesentlich auf dieser Antwort beruht? Dann kann der Arbeitgeber den geschlossenen Arbeitsvertrag nach § 123 Abs. 1 BGB wegen arglistiger Täuschung anfechten mit der Folge, dass der Vertrag so behandelt wird, als habe er nie bestanden (§ 142 Abs. 1 BGB). Allerdings unterliegt dieses Anfechtungsrecht einer Einschränkung. Wenn das Arbeitsverhältnis bereits über einen längeren Zeitraum ohne Beanstandung ausgeübt wurde, die Interessenlage des Arbeitgebers durch die Falschbeantwortung nicht mehr beeinträchtigt werden kann, ist eine Anfechtung aus diesem Grund ausgeschlossen (Gedanke von Treu und Glauben nach § 242 BGB).
Weiterhin kommen die Anfechtung nach § 119 Abs. 2 BGB wegen

Fehlens einer zugesicherten Eigenschaft – des Arbeitnehmers – und Schadensersatzansprüche etwa wegen der Verletzung vorvertraglicher Pflichten (die Juristen sprechen von culpa in contrahendo – c.i.c.) in Betracht (dazu ausführlich unter *Das Ende des Arbeitsverhältnisses vor dem Beginn – Die Anfechtung* ab Seite 70).

3. Freizeitgewährung zur Stellensuche und Erstattung der Bewerbungskosten

Wenn Sie sich aus einem bestehenden, aber gekündigten Arbeitsverhältnis heraus um eine neue Stelle bewerben, so haben Sie gegenüber Ihrem Arbeitgeber einen Anspruch auf Gewährung von angemessener **Freizeit** unter Fortzahlung des Entgeltes nach § 629 BGB. Allerdings muss es sich um ein dauerndes Arbeitsverhältnis handeln. Dazu zählen kurzzeitig befristete (Aushilfs-)Arbeitsverhältnisse und Probearbeitsverhältnisse nicht. Verweigert der Arbeitgeber unberechtigt die Freizeitgewährung, so können Sie Ihre Arbeitskraft zurückhalten (§ 320 BGB) und, ohne sich der Gefahr einer außerordentlichen Kündigung auszusetzen, selbst angemessen Freizeit nehmen (LAG Düsseldorf, BB 1956, 925).

Wenn Sie von einem Arbeitgeber zur Bewerbung aufgefordert werden, so haben Sie einen Anspruch auf **Ersatz aller Bewerbungsauslagen** ohne Rücksicht darauf, ob es zum Abschluss eines Arbeitsvertrages kommt oder nicht (§§ 662 bis 676 BGB). Zu diesen Kosten zählen insbesondere Reisekosten für öffentliche Verkehrsmittel (Pkw-Kosten nur dann, wenn die Anreise mit öffentlichen Verkehrsmitteln offensichtlich unzumutbar ist), Übernachtungskosten, Verpflegungskosten, Verdienstausfälle.

Dagegen haben Sie keinen Anspruch auf Kostenerstattung, wenn der Arbeitgeber den Ersatz bei der Aufforderung zur Bewerbung ausdrücklich ausgeschlossen hat. Bewerben Sie sich aufgrund eigener Initiative in Folge einer Zeitungsannonce etc., besteht ein Ersatzanspruch nur bei ausdrücklicher Vereinbarung.

V. Das Ende des Arbeitsverhältnisses – vor dem Beginn

Auch wenn Sie und Ihr Vertragspartner sich über Ihre Einstellung einig sind, kann es dennoch dazu kommen, dass Sie Ihre neue Stelle nicht antreten. Im ersten Abschnitt erfahren Sie die Voraussetzungen und die Folgen einer wirksamen Anfechtung des Arbeitsvertrages, im zweiten Abschnitt lesen Sie über Gründe, die einen Arbeitsvertrag unwirksam machen, und im dritten Abschnitt wird die Möglichkeit der Kündigung des Arbeitsvertrages vor Aufnahme der Tätigkeit vorgestellt.

1. Die Anfechtung des Arbeitsvertrages und die Rechtsfolgen

Die Möglichkeit, einen Arbeitsvertrag wegen Irrtums (§ 119 BGB) oder wegen arglistiger Täuschung bzw. wegen Drohung (§ 123 BGB) anzufechten, besteht wie bei jedem anderen Rechtsgeschäft. Allerdings sind die Rechtsfolgen der wirksamen Anfechtung durch die Rechtsprechung modifiziert worden.

Praktisch relevant sind vor allem die Anfechtung wegen Eigenschaftsirrtums nach § 119 Abs. 2 BGB und wegen arglistiger Täuschung nach § 123 BGB. Sie haben diese Möglichkeiten schon im Zusammenhang mit dem Problem der zulässigen Fragen beim Einstellungsgespräch kennen gelernt.

a) Die Anfechtung wegen Fehlens einer wesentlichen Eigenschaft nach § 119 Abs. 2 BGB

Als wesentliche Eigenschaft anerkannt sind z. B.
- Ehrlichkeit und Vertrauenswürdigkeit eines Kassierers,
- sittliche Unbescholtenheit eines Lehrers oder Erziehers.

Keine wesentlichen Eigenschaften sind dagegen:
- Schwangerschaft (Ausnahme, wenn dadurch die Tätigkeit nicht vertragsgerecht erbracht werden kann),
- Vorstrafen, wenn sie nicht der Ausübung der Tätigkeit entgegenstehen,
- Schwerbehinderteneigenschaft, wenn dadurch nicht die Ausübung der Tätigkeit verhindert wird.

Die Anfechtung muss nach § 121 BGB unverzüglich nach Kenntniserlangung vom Anfechtungsgrund erfolgen. Nach Ansicht des BAG gilt bei der Anfechtung nach § 119 BGB die Zweiwochenfrist der außerordentlichen Kündigung nach § 626 Abs. 2 BGB entsprechend (BAG, AP Nr. 4 zu § 119 BGB).

b) Die Anfechtung wegen arglistiger Täuschung nach § 123 Abs. 1, 1. Alt. BGB

Die Anfechtung wegen arglistiger Täuschung ist nur unter folgenden Bedingungen möglich:
- es handelt sich um eine zulässige Frage oder der Vertragspartner ist zur Offenbarung von sich aus verpflichtet;
- die zulässige Frage wird bewusst falsch beantwortet oder die Tatsache wird bewusst verschwiegen;
- es ist offensichtlich oder für jeden zu erkennen, dass die richtige Beantwortung der Frage bzw. die Offenbarung der Tatsache für den Vertragspartner von entscheidender Bedeutung für dessen Entscheidung ist;
- die verschwiegene Tatsache ist für den Abschluss des Vertrags ursächlich.

Eine arglistige Täuschung liegt auch dann vor, wenn Tatsachen verschwiegen werden, zu deren Offenlegung der Bewerber verpflichtet ist (so das LAG Köln vom 13. 11. 1995 – 3 Sa 832/95 –, NZA-RR 1996, 403 f. zum Verschweigen einer Entziehungskur, um so eine Wiedereingliederung in das Arbeitsleben zu ermöglichen).

c) Die Anfechtung wegen Drohung nach § 123 Abs. 1, 2. Alt. BGB

Erforderlich ist das Inaussichtstellen eines künftigen, vom Willen des Drohenden abhängigen Übels. Zudem muss die Drohung widerrechtlich sein. Veranlasst z. B. ein Arbeitgeber einen Arbeitnehmer zum Abschluss eines Aufhebungsvertrages dadurch, dass er ansonsten mit einer Kündigung droht, so ist der Aufhebungsvertrag grundsätzlich anfechtbar. Liegen aber objektiv Gründe vor, die die Kündigung rechtfertigen würden, so ist die Drohung nicht rechtswidrig und eine Anfechtung ausgeschlossen (vgl. hierzu z. B. BAG vom 12. 8. 1999 – 2 AZR 832/98 –, ArbuR 1999, 444).

Die Anfechtung ist nach § 124 BGB nur binnen Jahresfrist seit Kenntnisnahme vom Anfechtungsgrund möglich. Bekommt der Vertragspartner aber erst nach Ablauf eines längeren Zeitraums, in dem das Arbeitsverhältnis ohne Beanstandungen ausgeführt wurde, Kenntnis, so verliert er dennoch sein Recht zur Anfechtung nach dem Rechtsgedanken von Treu und Glauben des § 242 BGB. Niemand soll sich auf einen alten Anfechtungsgrund berufen können, wenn sich im Verlauf des Arbeitsverhältnisses gezeigt hat, dass die Leistung dennoch in vollem Umfange erbracht werden kann (vgl. BAG, NZA 1988, 731).

d) Die Rechtsfolgen einer wirksamen Anfechtung

Wie bei der Frage der Zulässigkeit der Kündigung vor Arbeitsaufnahme und insbesondere der Frage des Beginns der Kündigungsfrist (dazu unter *Das Ende des Arbeitsverhältnisses vor dem Beginn – Die Kündigung vor dem Arbeitsbeginn* ab Seite 70, 76), ist auch hier zu unterscheiden zwischen der Situation, in der das Arbeitsverhältnis bereits begonnen wurde bzw. noch nicht in Vollzug gesetzt ist.

- Vor Aufnahme der Arbeitsleistung gelten die allgemeinen Regeln der Anfechtung, d. h. der Arbeitsvertrag gilt von Anfang an als nichtig.
- Nach Vollziehung des Arbeitsvertrages würde die rückwirkende Folge der Anfechtung dazu führen, dass keine arbeitsvertraglichen Ansprüche, wie etwa auf Entlohnung trotz Leistung, Abführen der Sozialabgaben, Urlaubs-(abgeltungs-)ansprüche, bestehen würden. Zwar bestünden Ansprüche aus den Grundsätzen der ungerechtfertigten Bereicherung gemäß §§ 812 ff. BGB, jedoch könnte z. B. der Arbeitgeber einwenden, dass die Leistung des Arbeitnehmers für ihn ohne wirtschaftlichen Vorteil gewesen sei, etwa wegen einer erforderlichen Einarbeitungszeit. Um dieses Ergebnis zu vermeiden, hat die Rechtsprechung die Lehre vom sog. **faktischen Arbeitsverhältnis** entwickelt. Der fehlerhafte Arbeitsvertrag wird bezogen auf die Vergangenheit so behandelt, als wäre er rechtswirksam gewesen. So behält der Arbeitnehmer seinen Lohnanspruch und seinen Urlaubsanspruch. Für die Zukunft kann sich jede Vertragspartei durch Erklärung ohne Einhaltung von Fristen lösen. Allerdings hat das BAG durch sein Urteil vom 3. 12. 1998 (– 2 AZR 754/97 –) diesen Grundsatz für die Fälle durchbrochen, in denen das Arbeitsverhältnis, aus welchem Grund auch immer, außer Vollzug gesetzt war. Damit sind z. B. die Fälle der Nichtleistung infolge Arbeitsunfähigkeit gemeint. Da der Arbeitgeber in dieser Zeit keine Leistung erhalten habe, sei er mangels fehlender Bereicherung (§ 818 Abs. 3 BGB) auch nicht zur Gegenleistung

auf Grund gesetzlicher Vorschriften wie EntgeltfortzahlungsG oder BUrlG verpflichtet. Umgekehrt könne er ohne Rechtsgrund geleistete Entgeltfortzahlung zurückfordern.

Die Grundsätze des faktischen Arbeitsverhältnisses gelten für jede Art eines fehlerhaften Arbeitsverhältnisses, wenn wenigstens eine Vertragspartei von der Wirksamkeit des Vertrages ausgegangen ist und der Vertrag in Vollzug gesetzt wurde.

Allerdings gibt es eine Reihe von Gründen, die die Regeln des faktischen Arbeitsverhältnisses ausschließen:

Kennt eine Partei die Nichtigkeit des Arbeitsvertrages, so kann sich diese nicht auf Ansprüche aus dem faktischen Arbeitsverhältnis berufen.

Verstößt der Vertragsinhalt gegen die Vorschrift des § 134 BGB (gesetzliches Verbot) oder des § 138 BGB (sittenwidriges Rechtsgeschäft und Wucher), so ist ein faktisches Arbeitsverhältnis ausgeschlossen.

2. Der unwirksame Arbeitsvertrag

Im Arbeitsrecht gelten die gleichen Gründe für die Unwirksamkeit wie für sonstige Rechtsgeschäfte. Dies sind die Geschäftsunfähigkeit, der Formmangel und gesetzliche Verbote.

a) Geschäftsunfähigkeit nach §§ 105, 104 BGB

(Absolut) geschäftsunfähig ist, wer das siebente Lebensjahr nicht vollendet hat oder dessen geistiger Zustand auf Dauer ein selbstbestimmtes und selbstkontrolliertes Handeln nicht zulässt.

Dagegen ist **beschränkt geschäftsfähig**, wer das siebente, aber nicht das achtzehnte Lebensjahr vollendet hat (§ 106 BGB). Wird der Minderjährige von seinem gesetzlichen Vertreter (im Regelfall die Eltern) ermächtigt, in ein Arbeitsverhältnis (auch Ausbildungsverhältnis) einzutreten, so kann der Minderjährige den Arbeitsvertrag selbst abschließen und kündigen. Auch alle Erklärungen, die der Erfüllung des Arbeitsvertrages dienen, wie etwa die Entgegennahme des Gehaltes (§ 113 BGB), können vom Minderjährigen vorgenommen werden.

b) Formmangel

Grundsätzlich besteht für den Abschluss eines Arbeitsvertrages kein Formzwang, so dass auch der mündlich abgeschlossene Vertrag gültig ist. Hieran hat auch das sog. **Nachweisgesetz** (NachwG) aus dem Jahr 1995 nichts geändert. Nach diesem Gesetz ist der Arbeitgeber verpflichtet, spätestens nach einem Monat seit Beginn des Arbeitsverhältnisses die wesentlichen Bedingungen des Arbeitsvertrages, wie Benennung der Vertragspartner, Beginn und Ende (bei Befristung) des Arbeitsverhältnisses, den Arbeitsort, eine allgemeine Beschreibung der Tätigkeit, Angaben zu Lohn und Gratifikationen und andere Entgeltanteile, Arbeitszeit, Kündigungsfristen, Urlaubshöhe und Hinweise auf geltende Tarifverträge und Betriebsvereinbarungen, schriftlich zu formulieren und dem Arbeitnehmer auszuhändigen.

Allerdings kann der schriftliche Abschluss des Vertrages als zwingende Wirksamkeitsvoraussetzung etwa tarifvertraglich oder auch einzelvertraglich geregelt sein. Ein Verstoß gegen den Formzwang führt nach § 125 BGB zur Nichtigkeit und zu den Folgen, die oben zur Anfechtung dargestellt worden sind.

c) Abschlussverbote

Die meisten Abschlussverbote bestanden für Frauen, so etwa das sog. Nachtarbeitsverbot, welches durch die Rechtsprechung des EuGH (vgl. EuGH vom 5.5.1994 – C-421/92 –, NJW 1994,

2072, ArbuR 1994, 379) als geschlechtsdiskriminierend gewertet wurde.

Es gelten z. B. das Verbot der Kinderarbeit aus §§ 5 ff. JArbSchG, die Verbote für Jugendliche aus §§ 7 ff., 22 ff. JArbSchG, die Verbote für ausländische Arbeitnehmer, die nicht EU-Bürger sind bzw. aus Ländern stammen, mit denen keine Assoziierungsabkommen (wie z. B. mit der Türkei) bestehen; diese benötigen eine Arbeitserlaubnis.

3. Die Kündigung vor dem Arbeitsbeginn

Ein Arbeitsvertrag kann grundsätzlich auch schon vor der eigentlichen Arbeitsaufnahme im Betrieb von beiden Seiten gekündigt werden. Denkbar ist etwa der Fall, dass Sie sich zum Abschluss eines Vertrages mit einem Unternehmen entscheiden und wenige Tage später die Möglichkeit haben, Ihren *Traumvertrag* abzuschließen. Oder unvorhersehbare private Gründe, etwa die Versetzung Ihres Lebenspartners, hindern Sie an der Vertragseinhaltung. Denkbar ist aber auch der Fall, dass der Arbeitgeber wenige Tage nach Vertragsabschluss genau den Produktionsauftrag wieder verliert, der der Grund für Ihre Einstellung war. Dann kann auch er – soweit gegeben, nach Anhörung des Betriebsrates nach § 102 BetrVG – vor Arbeitsaufnahme die Kündigung aussprechen.

Zulässig sind alle Kündigungsarten, d. h. sowohl die außerordentliche wie auch die Kündigung unter Einhaltung der Fristen des § 622 BGB oder besonderer tarifvertraglicher Fristen.

Problematisch ist aber die Frage, ob die erforderliche Kündigungsfrist mit Zugang der Kündigung oder aber erst mit dem Zeitpunkt der vereinbarten Arbeitsaufnahme zu laufen beginnt. Soweit im Arbeitsvertrag keine Regelungen über die Kündigung vor Arbeitsaufnahme enthalten sind, ist diese Lücke durch Auslegung des wahrscheinlichen Parteiwillens zu schließen. Danach gelten im Einzelfall folgende Grundregeln:

- Haben die Vertragsparteien lediglich eine kurze Vertragslaufzeit oder eine kurze Kündigungsfrist vereinbart, beginnt die Kündigungsfrist mit dem Zugang der Kündigung vor Arbeitsaufnahme zu laufen.
- Haben die Vertragsparteien ein unbefristetes Arbeitsverhältnis mit langen Kündigungsfristen vereinbart, so beginnt die Kündigungsfrist erst mit dem Zeitpunkt der Arbeitsaufnahme zu laufen. Der Arbeitnehmer muss trotz Kündigung vor Arbeitsaufnahme die vertraglich geschuldete Tätigkeit für den Lauf der Kündigungsfrist aufnehmen. In der Praxis werden solche Fälle am besten einvernehmlich im Wege eines Aufhebungsvertrages gelöst.

VI. Der Abschluss des Arbeitsvertrages

Die Arbeitsbedingungen, die Gesamtheit aller für die Rechtsbeziehung zwischen Arbeitgeber und Arbeitnehmer geltenden Vorschriften, werden durch eine Vielzahl von Rechtsquellen, die zusammen das **Arbeitsverhältnis** ausmachen, definiert. Bereits zu Beginn haben Sie dazu bei der Darstellung der Normenhierarchie die Rechtsquellen und ihre Wechselwirkungen kennen gelernt. Darauf kann nun Bezug genommen werden. Im ersten Abschnitt werden die einzelnen Rechtsgrundlagen, die Sie z. T. als Rechtsquelle bereits kennen, dargestellt. Im zweiten Abschnitt werden die einzelnen Vertragsarten, wie unbestimmte und befristete Verträge, sowie im dritten Abschnitt besondere Vertragstypen, wie etwa Telearbeitsplatz und Teilzeitverträge vorgestellt. Im vierten Abschnitt werden dann in einem Überblick die Beteiligungsrechte des Betriebsrats von der Personalauswahl bis zur Einstellung erläutert.

1. Die Rechtsgrundlagen des Arbeitsvertrages

a) Die Rechtsgrundlage Gesetz

Gesetzliche Vorschriften können zwingender Natur sein, dann ist ein Abweichen durch die Arbeitsvertragspartner nur zu Gunsten des Arbeitnehmers zulässig (Günstigkeitsprinzip), oder die Vorschriften sind dispositiver Natur, das heißt, von ihnen kann grundsätzlich abgewichen werden. So enthält z. B. § 616 BGB (Vergütungspflicht trotz vorübergehender Dienstverhinderung) dort keine zwingende Regelung, wo durch Gesetz (etwa Entgeltfortzahlungsgesetz, Bundesurlaubsgesetz) keine abschließende Regelung getroffen ist. Als direkte Folge ist etwa auch in vielen Tarif- und Einzelarbeitsverträgen die Frage des Sonderurlaubs begrenzt auf wenige Ausnahmefälle.

Verstößt ein Arbeitsvertrag gegen zwingendes Recht, etwa weil eine Wochenarbeitszeit von 50 Stunden vereinbart wird (Verstoß gegen § 3 Arbeitszeitgesetz, wonach durchschnittlich lediglich sechs mal acht Stunden gearbeitet werden darf), so wäre der Vertrag gemäß §§ 134, 139 BGB bei sog. Teilnichtigkeit (die übrigen Regeln des Vertrages sind rechtswirksam) nichtig. Da aber die zu schützende Person (der Arbeitnehmer) dann ohne rechtsgültigen Arbeitsvertrag dastehen würde, gilt im Arbeitsrecht die umgekehrte Formel: An die Stelle der nichtigen Vereinbarung tritt die gesetzlich zulässige Regel. Dies gilt nur dann nicht – und somit doch Nichtigkeit gem. §§ 134, 139 BGB –, wenn der Verstoß so schwerwiegend ist, dass nicht davon auszugehen ist, dass der Vertrag auch in Kenntnis der Mängel abgeschlossen worden wäre.

Einen besonderen Fall der Begründung eines Arbeitsverhältnisses per Gesetz regelt z. B. § 78a BetrVG. Danach steht einem Mitglied der Jugend- und Auszubildendenvertretung nach Abschluss der Ausbildung unter bestimmten Voraussetzungen ein Anspruch auf unbefristete Weiterbeschäftigung zu (vgl. hierzu etwa BAG vom 12. 11. 1997 – 7 ABR 63/96 –, ARST 1998, 175 und BAG vom 29. 9. 1999 – 7 ABR 10/98 –, ArbuR 1999, 443).

b) Die Rechtsgrundlage Tarifvertrag

Das Grundrecht der Koalitionsfreiheit in Art. 9 Abs. 3 GG eröffnet in Verbindung mit dem Tarifvertragsgesetz den Tarifvertragsparteien – Arbeitgeberverbände/Einzelarbeitgeber und Gewerkschaften bzw. deren sog. Spitzenverbände (§ 2 TVG) – die Möglichkeit, Regelungen auch mit Wirkung auf die einzelnen Arbeitsverhältnisse zu schaffen. Diese Regeln gelten dann vergleichbar den Gesetzen; von ihnen kann auch nur zu Gunsten der Arbeitnehmer einzelvertraglich abgewichen werden, bzw. ist eine zu Ungunsten der Arbeitnehmer getroffene Vereinbarung nur zulässig, wenn der Tarifvertrag das Abweichen ausdrücklich zulässt (§ 4 Abs. 1 und 3 TVG).

Die Tarifgebundenheit

Voraussetzung für diese normative (gesetzliche) Wirkung ist jedoch, dass Arbeitgeber und Arbeitnehmer tarifgebunden sind. Dies sind nur die Arbeitgeber, die selbst einen (Firmen-)Tarifvertrag abschließen oder Mitglied im jeweiligen Arbeitgeberverband sind, und die Arbeitnehmer, die Mitglied in der betreffenden Gewerkschaft sind (§ 3 TVG). Schließt der Arbeitgeberverband Metall im Bundesland Saarland mit der dortigen Gewerkschaft (IG) Metall einen Tarifvertrag, dann werden davon nur die Mitglieder des Arbeitgeberverbandes und die Mitglieder der IG Metall und auch nur bezogen auf das Abschlussgebiet Saarland erfasst. Schließt der Arbeitgeber Villeroy & Boch AG mit der im Betrieb vertretenen Gewerkschaft IG Bergbau, Chemie und Energie (BCE) einen Firmentarifvertrag ab, so sind davon nur die Villeroy & Boch AG und deren Beschäftigte, die Mitglied der IG BCE sind, betroffen.

Die Tarifbindung kraft Allgemeinverbindlicherklärung (AVE)
oder einzelvertraglicher Vereinbarung

§ 5 TVG sieht eine Möglichkeit der Ausweitung der normativen Wirkung von Tarifverträgen auch auf Arbeitgeber und Arbeitnehmer vor, die nicht tarifgebunden sind. Das Bundesministerium für Arbeit und Sozialordnung bzw., nach Übertragung der Kompetenz durch dieses, ein Landesarbeits- und Sozialministerium kann die Ausweitung des Geltungsbereichs eines Tarifvertrages unter folgenden Voraussetzungen vornehmen:

– Antrag auf Allgemeinverbindlicherklärung durch eine der beteiligten Tarifvertragsparteien,
– es liegt ein rechtsgültiger Tarifvertrag vor,
– ohne AVE werden bereits mindestens 50% der unter den (räumlichen, fachlichen, persönlichen und zeitlichen) Geltungsbereich des Tarifvertrages fallenden Arbeitnehmer durch tarifgebundene Arbeitgeber beschäftigt,
– ein öffentliches Interesse an der AVE oder ein sozialer Notstand besteht.

Allerdings kann das zuständige Ministerium diese Entscheidung nur im Einvernehmen mit dem sog. Tarifausschuss, in den die Arbeitgeber und Gewerkschaften jeweils drei Vertreter entsenden, treffen. Das gleiche Verfahren gilt für die Aufhebung einer AVE vor Ablauf eines Tarifvertrages.

Die einzelvertragliche Inbezugnahme eines Tarifvertrages kann auf zwei Arten vereinbart werden:
- durch Wiederholung der Tarifnormen im Arbeitsvertrag. Eine Änderung des einschlägigen Tarifvertrages wirkt sich dann nicht automatisch auf den Arbeitsvertrag aus, sondern ein Anpassen setzt eine einvernehmliche Änderung oder eine einseitige Änderungskündigung voraus;
- durch Verweis auf einen bestimmten Tarifvertrag (komplett) oder auf einzelne Vorschriften des Tarifvertrages. Mit Änderung des Tarifvertrages ändert sich dann grundsätzlich auch der Inhalt des Arbeitsvertrages.

Grundsätzlich möglich ist aber auch die *Inbezugnahme eines Tarifvertrages* bzw. einzelner Regelungen *durch betriebliche Übung* (vgl. grundsätzlich BAG vom 16. 9. 1998 – 5 AZR 598/97 –, ArbuR 1999, 64; zur *betrieblichen Übung* ausführlich ab Seite 84).

c) Die Rechtsgrundlage Betriebsvereinbarung (BVE)

Betriebsvereinbarungen sind schriftliche Absprachen zur Regelung betrieblicher Belange zwischen Arbeitgeber und Betriebsrat (§ 77 BetrVG). Sie sind insoweit zulässig, als das BetrVG entweder den beiden Vertragspartnern die Regelungskompetenz zuspricht (z. B. die Fälle der sozialen Angelegenheiten nach § 87 oder der Fall der Auswahlrichtlinien bei Einstellungen, Entlassungen etc. nach § 95) oder die Parteien eine freiwillige Vereinbarung (z. B. nach § 88) abschließen. BVE kommen des Weiteren in den Fällen der Mitbestimmung auch durch Spruch der sog. Einigungsstelle zustande. BVE wirken wie Tarifverträge nicht nur zwischen den Vertragspartnern Arbeitgeber und Betriebsrat, sondern entfalten Rechtswirkung auch auf die einzelnen Arbeitsverträge. So regelt z. B. eine BVE über die Verteilung der wöchentlichen Arbeitszeit auf die einzelnen Werktage (auch Samstag!) verbindlich die nach dem einzelnen Arbeitsvertrag zu erbringende Leistung unter zeitlichem Aspekt. Oder der im Wege der BVE abgeschlossene Urlaubsplan stellt verbindlich die Lage von Betriebsferien bzw. die Kriterien der Urlaubsgewährung (Vorrang von Erziehungsberechtigten etc.) fest.

Auch von Regeln einer Betriebsvereinbarung kann nur zu Gunsten der Arbeitnehmer abgewichen werden. Ein Verzicht auf Rechte aus der BVE kann nur mit Zustimmung des Betriebsrats durch den einzelnen Arbeitnehmer erklärt werden (§ 77 Abs. 4 Satz 2 BetrVG).

In Bereichen, in denen Tarifverträge Regelungen – abschließend – treffen, kann keine Betriebsvereinbarung geschlossen werden (§ 77 Abs. 3 BetrVG). Ebenfalls einer BVE nicht zugänglich sind Tatbestände, die abschließend durch Gesetz geregelt sind (§ 87 Abs. 1 BetrVG).

Problematisch ist die Frage, ob Betriebsvereinbarungen verschlechternd in bestehende Regelungen eingreifen können:

- Eine spätere BVE löst eine frühere BVE ab, auch wenn sie Verschlechterungen herbeiführt. Dies gilt nur dann nicht, wenn unter dem Gesichtspunkt der Besitzstandswahrung darauf vertraut werden durfte, dass rückwirkend keine Verschlechterung eintritt (so das BAG insbesondere zu Fragen der betrieblichen Altersvorsorge, NZA 1990, 813).

- Eine BVE verdrängt in jedem Fall schlechtere einzelvertragliche Vereinbarungen und sog. Regelungsabreden (dazu gleich).

- Dagegen verdrängt eine BVE grundsätzlich keine günstigeren Einzel- oder Gesamtzusagen. Dies gilt nur dann nicht, wenn die durch die BVE getroffenen Regelungen insgesamt (für die Belegschaft) nicht ungünstiger sind. Da dies eine Einzelfallfrage ist, muss auf eine theoretische Abgrenzung an dieser Stelle verzichtet werden. Nach divergierender Rechtsprechung innerhalb des

BAG hat der Große Senat des BAG dazu wie aufgezeigt abschließend Stellung bezogen (DB 1987, 383).

d) Die Rechtsgrundlage Regelungsabrede

Der Abschluss einer BVE stellt nicht die einzige Möglichkeit des Einvernehmens zwischen Arbeitgeber und Betriebsrat dar. Für alle Fälle des Einverständnisses zwischen Arbeitgeber und Betriebsrat, die nicht in der Form einer BVE (z. B. wegen fehlender Zuständigkeit nach §§ 77 Abs. 3, 87 Abs. 1 oder fehlender Schriftform nach § 77 Abs. 2 BetrVG) erfolgen, hat sich der Begriff der Regelungsabrede eingebürgert. Im Gegensatz zur BVE entfaltet die Regelungsabrede keine normative Wirkung (wirkt also nicht direkt auf Dritte), sondern beinhaltet nur einen schuldrechtlichen Inhalt. Auf Grund der eingegangenen Verpflichtung ist der andere Vertragspartner berechtigt, das bestimmte Verhalten einzufordern. Sollen etwa nach der Regelungsabrede den Arbeitnehmern bestimmte Leistungen gewährt werden, so ist der Arbeitgeber verpflichtet, den Arbeitnehmern entsprechende Vertragsangebote zu machen. Unterlässt er dies abredewidrig, kann er im arbeitsgerichtlichen Beschlussverfahren (dazu unter *Überblick über das BetrVG – Streitigkeiten aus dem BetrVG* ab Seite 266, 275) auf Antrag des Betriebsrats dazu verpflichtet werden.

e) Die Rechtsgrundlage Arbeitsvertrag

Der Arbeitsvertrag stellt in der Regel die wichtigste Quelle des Arbeitsverhältnisses dar. Da jedoch der Grundsatz der Formfreiheit besteht, mithin auch mündlich geschlossene Verträge rechtswirksam sind, liegt hier im Streitfalle ein großes Konfliktpotential. Streitet etwa ein Arbeitnehmer mit einem Arbeitgeber um die Höhe des – angeblich – vereinbarten Stundenlohns, so muss der Arbeit-

nehmer den Nachweis der Vereinbarung führen – mangels schriftlicher Vereinbarung ist dies nur schwer möglich. Um die Beweissituation der Arbeitnehmer zu verbessern, existiert auf Grundlage der Richtlinie 91/533/EWG vom 14.10.1991 seit dem 20.7.1995 das sog. **Nachweisgesetz** (NachwG).
Danach (§ 2) hat der Arbeitgeber spätestens einen Monat nach dem vereinbarten Beginn des Arbeitsverhältnisses die wesentlichen Vertragsbedingungen wie etwa Arbeitsort, Beschreibung der Tätigkeit, Zusammensetzung und Höhe des Entgeltes, Gratifikationen, die vereinbarte Arbeitszeit, die Höhe des Erholungsurlaubs, die Kündigungsfristen etc. schriftlich niederzulegen und dem Arbeitnehmer unterschrieben auszuhändigen. Erfüllt ein schriftlicher Arbeitsvertrag die Anforderungen des NachwG, so ist die Verpflichtung damit erfüllt. Bei Arbeitsverträgen, die bereits vor Inkrafttreten des NachwG abgeschlossen wurden, trifft den Arbeitgeber die gleiche Verpflichtung, wenn der Arbeitnehmer den Nachweis verlangt; dann muss der Arbeitgeber innerhalb von zwei Monaten den Nachweis führen (§ 4). Auf Arbeitsverhältnisse, die nicht länger als einen Monat dauern, findet das NachwG keine Anwendung (§ 1).

f) Die Rechtsgrundlage betriebliche Übung
(dazu auch unter *Der Arbeitsalltag – die gegenseitigen Rechte und Pflichten der Vertragspartner* ab Seite 116, 133)

Oft entwickeln sich im Laufe der Vertragsbeziehung Gewohnheiten, die den Arbeitsvertrag ergänzen oder auslegen. Dies geschieht oft in Bereichen, in denen der Arbeitgeber freiwillig Leistungen erbringt (etwa Weihnachtsgratifikationen gewährt, die vertraglich nicht vereinbart sind) oder unbestimmte Begriffe (wie die Lage der täglichen Arbeitszeit) werden dadurch konkretisiert. Voraussetzung für die Entstehung eines Anspruchs aus betrieblicher Übung ist,

- dass der Arbeitgeber über einen gewissen Zeitraum (mindestens drei aufeinander folgende Jahre) eine bestimmte Handlung vornimmt oder duldet,
- dass dies ohne Freiwilligkeits- und/oder Widerrufsvorbehalt geschieht und
- für den Arbeitnehmer ersichtlich ist, dass der Arbeitgeber sich entsprechend verpflichten und binden wollte (siehe beispielhaft hierzu: BAG vom 26. 3. 1997, NJW 1998, 475).

Eine eindeutig nur auf einen bestimmten Zeitraum bezogene Leistung lässt keine betriebliche Übung entstehen (vgl. BAG vom 16. 4. 1997 – 10 AZR 705/96 –, ARST 1997, 253).

Problematisch ist die Frage, wie eine betriebliche Übung wieder beseitigt werden kann.

- Die Übung als solche kann durch einseitige Erklärung des Arbeitgebers, zukünftig gewisse Leistungen nicht mehr erbringen bzw. bestimmte Handlungen nicht mehr dulden zu wollen, beendet werden. Dagegen können die einzelvertraglichen Ansprüche, die auf Grund der Übung entstanden sind, nur einvernehmlich (Änderungsvereinbarung) oder einseitig durch Änderungskündigung erlöschen.
- Eine günstigere Betriebsvereinbarung verdrängt eine ungünstigere Übung, eine ungünstigere Betriebsvereinbarung verdrängt eine günstigere Übung dagegen nicht. Dagegen kann eine nachfolgende, nachteilige betriebliche Übung eine frühere, günstigere betriebliche Übung beenden. Zahlt ein Arbeitgeber etwa statt des über Jahre üblichen vollen Weihnachtsgeldes über einen längeren Zeitraum nur noch ein geringeres Weihnachtsgeld oder keines mehr und widersprechen die Arbeitnehmer dieser Änderung nicht, entsteht eine neue betriebliche Übung (auch insoweit: BAG, NJW 1998, 475 und BAG vom 4. 5. 1999, ArbuR 1999, 489).

Erklärt ein Arbeitgeber eine vertraglich nicht vereinbarte Leistung als freiwillig, entsteht keine betriebliche Übung, weil ausdrücklich erklärt wird, dass sich der Arbeitgeber nicht binden will. Erklärt der Arbeitgeber dagegen lediglich einen Vorbehalt, die zusätzliche

Leistung zur gegebenen Zeit widerrufen zu können, entsteht eine betriebliche Übung, die für die Zukunft aufgehoben werden kann. Dann allerdings bedarf der Widerruf der Begründung, etwa wegen wirtschaftlicher Notlage, die der richterlichen Kontrolle nach den Gesichtspunkten der Billigkeitskontrolle (Willkürverbot) nach §§ 242, 315 BGB unterliegt.

Ist vertraglich vereinbart, dass den Vertrag ergänzende (Neben-) Abreden der Schriftform bedürfen, so ist die Entstehung einer betrieblichen Übung nicht möglich (BAG, DB 1987, 1996). Dies gilt z. B. ausdrücklich für den Geltungsbereich des BAT.

g) Die Rechtsgrundlage Direktionsrecht
(dazu ausführlicher unter *Der Arbeitsalltag – die gegenseitigen Rechte und Pflichten der Vertragspartner* ab Seite 116)

Verkürzt formuliert umfasst das Direktions- oder Weisungsrecht des Arbeitgebers die Möglichkeit, einseitig den Inhalt der zu erbringenden (Arbeits-)Leistung, das *Was, Wann, Wie* und *Wo* oder Teile davon, zu bestimmen. So kann der Arbeitgeber etwa einen Mitarbeiter, der keinen festen Arbeitsort vertraglich vereinbart hat, innerhalb des bestehenden Filialsystems versetzen, ohne dass es der Zustimmung des Betroffenen bedarf.

Einschränkungen unterliegt das Direktionsrecht allerdings in den Betrieben, in denen ein Betriebsrat existiert. Dies gilt z. B. für den Bereich der Regelung der Ordnung im Betrieb (§ 87 Abs. 1 Nr. 1 BetrVG), im Fall der Anordnung des Tragens von Unternehmenskleidung, der Anordnung eines Alkoholverbots etc. oder auch im Fall der Versetzung nach §§ 99, 95 Abs. 3 BetrVG.

Aber auch außerhalb der Geltung des BetrVG ist das Direktionsrecht nicht schrankenlos. § 315 BGB stellt eine gesetzliche Grenze dar, in dem die Ausübung des Direktionsrechts *billigem Ermessen* entsprechen muss, d.h. die konkrete Maßnahme darf nicht willkürlich sein, ihr muss ein sachlicher Grund entsprechen. Willkür läge u. a. vor, wenn die Maßnahme dem Grunde nach eine verdeckte Maßregelung des Arbeitnehmers darstellen würde (vgl. grundsätzlich BAG vom 29. 8. 1996, NZA 1997, 604).

h) Die Rechtsgrundlage Gleichbehandlung

Der arbeitsrechtliche Gleichbehandlungsgrundsatz, der eine willkürliche, d. h. sachlich nicht gerechtfertigte Schlechterstellung einzelner Arbeitnehmer gegenüber anderen Arbeitnehmern, die sich in einer vergleichbaren Situation befinden, verbietet, findet seinen gesetzlichen Ausdruck etwa in § 75 BetrVG, § 67 BPersVG oder in Art. 39 (alt: Art. 48) EWG-Vertrag. So würde etwa die Gewährung von Weihnachtsgeld ausschließlich an fünf von 100 Mitarbeitern, die dem Arbeitgeber aus politischen Gründen besonders nahe stehen, gegen den Gleichbehandlungsgrundsatz verstoßen. Würde der Arbeitgeber den fünf Mitarbeitern dagegen Weihnachtsgeld gewähren, weil sie bereits seit Jahrzehnten im Unternehmen treu und erfolgreich gearbeitet haben oder eine für das Unternehmen besonders wichtige Erfindung gemacht haben, läge kein Verstoß gegen den Gleichbehandlungsgrundsatz vor. Aus diesen Beispielen lassen sich folgende allgemeine Voraussetzungen für den Gleichbehandlungsgrundsatz herleiten:

- Es muss eine vergleichbare Lage der Arbeitnehmer gegeben sein, d. h. es müssen sich unter sachlichen (bezogen auf das Arbeitsverhältnis!) Gesichtspunkten Gruppen von Arbeitnehmern bilden lassen. So lässt sich etwa eine Gruppe von langjährig beschäftigten und/oder besonders leistungsstarken Arbeitnehmern in unserem Beispiel bilden.
- Vergleichbar sind nicht nur die Arbeitnehmer im Betrieb, sondern im gesamten Unternehmen des jeweiligen Arbeitgebers. Erwirtschaften z. B. mehrere selbstständige Filialen einer Drogistenkette des gleichen Unternehmers vergleichbare Gewinne, so wäre die Gewährung von Gratifikationen unter dem Gesichts-

punkt der Gewinnsteigerung nur für einzelne Filialen rechtlich unwirksam (§ 134 BGB – im Ergebnis allerdings streitig).

Keine Differenzierung ist – grundsätzlich – mehr möglich zwischen Angestellten und Arbeitern. Gleiches gilt für Teil- und Vollzeitbeschäftigte (nur wegen der Teilzeit – vgl. § 2 BeschFG). Dagegen ist eine Unterscheidung zwischen ungekündigten und gekündigten Arbeitnehmern durchaus zulässig.

Verstößt eine Regelung gegen die Grundsätze des Gleichbehandlungsgrundsatzes, so ist sie nach §134 BGB unwirksam und es entsteht eine Regelungslücke, die im Ergebnis dazu führt, dass die zu Unrecht ausgenommenen Arbeitnehmer ebenfalls von der Regel erfasst werden. Unter gewissen Umständen steht den Betroffenen auch ein Schadensersatzanspruch (§§ 823 Abs. 2, 826 BGB) gegen den Arbeitgeber zu.

Praktisch zur Anwendung gelangen die Grundsätze z. B. in folgenden Fällen:

- Gewährung von außer- oder übertariflichen Leistungen,
- Lohnerhöhungen,
- Sozialpläne,
- freiwillige Fürsorgeleistungen,
- Kündigung (streitig; die herrschende Meinung verneint die Anwendung der Grundsätze bei Kündigungen),
- Ausübung des Direktionsrechts.

Aus der Vielzahl der Rechtsprechung des EuGH und des BAG nur einige Beispielsfälle:

- EuGH vom 9. 9. 1999 – Rs. C-281/97 –, ArbuR 1999, 401 zur Frage der Rechtmäßigkeit des Ausschlusses sog. geringfügig Beschäftigter aus dem Geltungsbereich des BAT unter dem Gesichtspunkt der Gewährung von Weihnachtsgeld (Verstoß gegen den neuen Art. 141 EGV).
- BAG vom 27. 10. 1998 – 9 AZR 299/97 –, SAE 1999, 287 ff. zur Frage der Rechtmäßigkeit der Differenzierung zwischen Arbeitnehmergruppen bei freiwilligen Arbeitgeberleistungen (hier: Urlaubs- und Weihnachtsgeld).

Vom arbeitsrechtlichen Gleichbehandlungsgrundsatz zu unterscheiden sind der verfassungsrechtlich gebotene Gleichheitssatz des Art. 3 Abs. 1 GG, der Gleichberechtigungssatz des Art. 3 Abs. 2 GG und das Benachteiligungsverbot aus Art. 3 Abs. 3 GG. Allerdings fließen auch diese Grundsätze in die arbeitsrechtlichen Beziehungen direkt (etwa §§ 611a, 611b, 612a BGB) oder indirekt (§§ 242, 315 BGB) mit ein.

i) Die Rechtsgrundlagen Gesamtzusage und arbeitsvertragliche Einheitsregelung

Im Ergebnis handelt es sich in beiden Fällen um die einseitige Erklärung des Arbeitgebers, sich gegenüber der gesamten Belegschaft oder einer nach objektiven Gründen abgrenzbaren Gruppe zu einer bestimmten Leistung verpflichten zu wollen. Dies kann auch stillschweigend, etwa durch den Abschluss identischer Einzelverträge geschehen.

j) Die Rechtsgrundlage Richterrecht

Angesichts der Vielzahl unbestimmter Rechtsbegriffe – wie etwa *Arbeitnehmer, Fehlen einer zugesicherten Eigenschaft* etc. – sowie fehlender, ausdrücklicher gesetzlicher Regelungen, wie etwa zum Arbeitskampfrecht (Streik und Aussperrung), der Arbeitnehmerhaftung für Schäden des Arbeitgebers etc., hat die arbeitsgerichtliche Rechtsprechung (insbesondere BAG und EuGH) einen wesentlichen Einfluss auf das Arbeitsrecht und damit als Rechtsgrundlage für das Arbeitsverhältnis insgesamt genommen. Welche Auswirkungen die Rechtsprechung – und auch die arbeitsrechtliche Wissenschaft – auf das einzelne Arbeitsverhältnis hat, haben Sie bereits an einer Vielzahl von Beispielsfällen (etwa zum Auskunftsrecht des Arbeitgebers im Rahmen einer Einstellung) erfahren.

2. Der unbefristete und befristete Arbeitsvertrag

Das Arbeitsrecht unterscheidet dem Kern nach lediglich zwischen zwei Vertragstypen, nämlich dem unbefristeten und dem befristeten Arbeitsvertrag. Alle anderen – besonderen – Vertragstypen sind diesen beiden Vertragsarten zuzuordnen.

a) Der unbefristete, auf Dauer angelegte Arbeitsvertrag

Wenn § 620 Abs. 1 BGB aussagt, dass das Arbeitsverhältnis mit dem Ablauf der Zeit, für die es eingegangen wurde (Befristung) endet, so folgt im Umkehrschluss, dass Arbeitsverhältnisse, die keiner (zeitlichen oder zweckgebundenen) Befristung unterliegen, auf unbestimmte Dauer abgeschlossen sind. Noch stellen diese Vertragstypen in der BRD die Mehrheit dar, auch wenn der Ruf nach Flexibilisierung auch die Anzahl der befristeten Verträge stetig anwachsen lässt. Dies zeigt sich in der Praxis durch die explosionsartig wachsende Zahl von Zeitarbeitsfirmen und die Reaktionen des Gesetzgebers im Beschäftigungsförderungsgesetz (dazu unten mehr).

Da beim – grundsätzlich – auf Dauer angelegten Arbeitsvertrag keine Beendigung von sich aus eintritt, bedarf es zur Lösung der Vertragsbeziehungen der Kündigung (§ 620 Abs. 2 i. V. m. § 622 BGB).

b) Der befristete, auf Zeit oder Zweckerfüllung angelegte und auflösend bedingte Arbeitsvertrag

Die Zulässigkeit der Befristung von Arbeitsverträgen folgt allein schon aus dem Grundsatz der Vertragsfreiheit und aus § 620 Abs. 1 BGB. Allerdings unterliegt diese Freiheit bestimmten gesetzlichen und durch das BAG entwickelten Grenzen. So finden sich Regeln in § 41 Abs. 4 Satz 2 SGB VI bezüglich der Beendigung von Arbeitsverhältnissen bei Rentengewährung, in § 9 Nr. 2 AÜG bezüglich

der Befristung im Verhältnis zwischen Verleiher und Leiharbeitnehmer, in § 21 BErzGG bezüglich der Vertretung von Arbeitnehmern, die sich im Mutterschutz oder im Erziehungsurlaub
befinden, im HRG für die befristete Beschäftigung von wissenschaftlichem Personal in Hochschulen und wissenschaftlichen Einrichtungen und für Ärzte in der Weiterbildung im entsprechenden
Gesetz. Aber auch aus TV und BVE können sich Grenzen und Voraussetzungen einer Befristung ergeben. Und mit In-Kraft-Treten
des Arbeitsgerichtsbeschleunigungsgesetzes zum 1. 5. 2000 (siehe
hierzu auch unter *Die Form der Kündigungserklärung* ab Seite
215) bedarf der Abschluss von (gleich welcher Art) befristeten Arbeitsverträgen zwingend der **Schriftform**. Eine ohne Beachtung der
den Vorschriften der §§ 623, 126 BGB entsprechenden Form vereinbarte Befristung ist unwirksam und das Arbeitsverhältnis gilt als
unbefristet zustande gekommen.

Die – zulässige – Vereinbarung einer Befristung bedeutet aber nicht,
dass das Arbeitsverhältnis nur durch Zeit- oder Zweckablauf endet, vielmehr kann auch ein befristetes Arbeitsverhältnis ordentlich
unter Einhaltung der Fristen (bedarf der ausdrücklichen vertraglichen Vereinbarung) oder außerordentlich, fristlos nach § 626
BGB gekündigt werden (vgl. hierzu z. B. BAG vom 25. 2. 1998 – 2
AZR 279/97 –, AuA 1998, 389).

c) Die zeitliche Befristung außerhalb des BeschFG

Für die arbeitsrechtliche Praxis von großer Bedeutung ist die
**Rechtsprechung des BAG zu den Voraussetzungen der wirksamen
Befristung von Verträgen.** So kann sich ein Arbeitgeber dann nicht
auf die Wirksamkeit der Befristung berufen, wenn
– durch die Befristung zwingende Vorschriften des Kündigungsschutzes umgangen werden
  und/oder
– für die Befristung objektiv kein sachlicher Grund gegeben ist.

Der allgemeine Kündigungsschutz greift nur, wenn das Arbeitsverhältnis mindestens sechs Monate bestanden hat und der Arbeitgeber mehr als fünf Arbeitnehmer beschäftigt, wobei Teilzeitbeschäftigte entsprechend ihrer Stundenzahl u. U. nur zu Bruchteilen mitzuzählen sind (dazu ausführlich unter *Beendigung des Arbeitsverhältnisses – Die Kündigung nach dem KSchG* ab Seite 203, 222). Liegen diese Voraussetzungen des § 23 Abs. 1 KSchG nicht vor, so ist eine Befristung grundsätzlich zulässig, auch wenn kein sachlicher Grund für die Befristung gegeben ist. Diesen Grundgedanken hat der Gesetzgeber in § 1 BeschFG aufgenommen. Danach ist die Befristung eines Arbeitsvertrages bis zur Dauer von zwei Jahren auch ohne sachlichen Grund zulässig, wobei die zwei Jahre Gesamtdauer in vier Befristungen von jeweils sechsmonatiger Dauer aufgeteilt werden kann (dazu ausführlich unter *Die zeitliche Befristung nach dem BeschFG* ab Seite 95).

d) Der sachliche Grund

Da die Beurteilung, ob ein sachlicher Grund für die Befristung vorliegt oder nicht, Einzelfallfrage ist, soll nachfolgend die Typologie der von Rechtsprechung und Literatur anerkannten Befristungsgründe dargestellt werden. Zunächst sei aber noch auf ein in der Praxis häufig vorkommendes Problem aufmerksam gemacht – das sog. **Kettenarbeitsverhältnis:**

Von einem Kettenarbeitsverhältnis spricht man, wenn mehrere befristete Arbeitsverträge hintereinander geschaltet werden. Nach der Rechtsprechung des BAG unterliegt der gerichtlichen Überprüfung der Rechtmäßigkeit der Befristung lediglich der letzte, aktuell befristete Vertrag, nicht dagegen die bereits beendeten Verträge. Allerdings steigt nach Ansicht des BAG mit jeder Befristung die Anforderung, die an den sachlichen Grund zu stellen ist (vgl. z. B. BAG, NJW 1988, 870 = NZA 1988, 280 = DB 1988, 1987, 2210). Anders ausgedrückt: Je häufiger bereits im Vorfeld befristete Verträge ohne erhebliche zeitliche Unterbrechung (entsprechend § 1

Abs. 3 Satz 2 BeschFG: weniger als vier Monate) abgeschlossen worden sind, um so mehr ist anzunehmen, dass sich das Beschäftigungsverhältnis insgesamt nicht auf einen vorhersehbaren, lediglich vorübergehenden Zeitraum begrenzen lässt. Davon sind aber die Fälle zu unterscheiden, in denen die Befristung jedes Mal in sich einen Grund trägt. Dies ist etwa dann der Fall, wenn jemand mehrfach hintereinander Vertretungen aus verschiedenen Gründen (Erziehungsurlaub für unterschiedliche Beschäftigte, Krankheit, vorübergehender zusätzlicher Arbeitsanfall etc.) ausübt.

Nun aber zu den wichtigsten Fallgestaltungen der Befristung:

- auf Wunsch des Arbeitnehmers (vgl. BAG vom 26. 4. 1985, DB 1985, 2566);
- zur **Erprobung des Arbeitnehmers** (vgl. BAG, DB 1982, 436), wobei die Dauer der Erprobung in der Regel sechs Monate nicht überschreiten darf. Ausnahmen sind in begründeten Fällen, wie etwa bei besonderen künstlerischen oder wissenschaftlichen Tätigkeiten, bei längerer Berufsunterbrechung, bei Vorliegen eines besonderen Erprobungsgrundes (einschlägige Vorstrafen) zulässig. Zwischen Erprobungszweck und -dauer muss ein angemessenes Verhältnis bestehen. So ist die Erprobung einfacherer Tätigkeiten über sechs Monate eher unverhältnismäßig.

  Von dem befristeten Erprobungsarbeitsvertrag ist der **unbefristete Arbeitsvertrag mit** verkürzten Kündigungsfristen nach § 622 Abs. 3 BGB zu unterscheiden. Danach kann für die Dauer einer vereinbarten **Probezeit**, längstens jedoch für sechs Monate, die ordentliche Kündigungsfrist auf zwei Wochen (statt ansonsten vier Wochen gem. Abs. 1) abgekürzt werden.

  Der Unterschied zwischen beiden Vertragstypen besteht darin, dass das befristete Probearbeitsverhältnis automatisch nach Fristablauf beendet ist, während das unbefristete Arbeitsverhältnis während der Probezeit mit kürzerer Frist und nach Ablauf der Probezeit nur noch nach Maßgabe der allgemeinen Vorschriften des § 622 BGB gekündigt werden kann;
- bei Erledigung nur vorübergehender Aufgaben. Hierzu gehören insbesondere befristete Verträge mit **Aushilfskräften** (zur Abdeckung von Spitzenzeiten oder aus besonderem Anlass wie verkaufsoffener Sonn-

tag, Schlussverkauf, Inventur etc.), zur Vertretung erkrankter Mitarbeiter, zur Vertretung von Mitarbeitern in Mutterschutz bzw. in Erziehungsurlaub sowie Verträge mit **Saisonarbeitskräften** (Gastronomie etc.). Von den zulässigen Befristungen zur Aushilfe ist die unzulässige Befristung von Daueraushilfen streng zu unterscheiden. Das Aneinanderreihen von mehreren befristeten Arbeitsverträgen zur Aushilfe kann im Ergebnis dazu führen, dass dauernd Vertretungsbedarf und damit kein sachlicher Grund zur Befristung, mithin ein unbefristetes Arbeitsverhältnis besteht (BAG vom 11. 11. 1998 – 7 AZR 328/97 –, EzA § 620 BGB Nr. 155).

- Vorsicht ist geboten bei der Befristung von sog. **Bedarfsarbeitsverhältnissen** (**Abrufkräfte**). Nach § 4 Abs. 1 BeschFG ist eine Vereinbarung, wonach der Arbeitnehmer seine Arbeitsleistung entsprechend dem (aktuellen) Arbeitsanfall zu erbringen hat, als unbefristeter Arbeitsvertrag zu bewerten, wenn die Vertragsgrundlage nicht speziell auf den konkreten Arbeitsanfall ausgerichtet ist (konkretes Aushilfsverhältnis von absehbarer Dauer), sondern vielmehr eine Rahmenvereinbarung besteht, wonach der Arbeitnehmer – unter Beachtung der weiteren Voraussetzungen des § 4 BeschFG – wiederholt zur (aktuell nicht absehbaren) Arbeitsleistung abberufen wird (vgl. LAG Berlin vom 12. 1. 1999 – 12 Sa 113/98 –, ArbuR 1999, 316; differenzierter: BAG vom 22. 4. 1998 – 5 AZR 92/97 –, ArbuR 1998, 466 ff. und BAG vom 29. 10. 1998 – 7 AZR 561/97 –, ARST 1999, 145). Im Gegensatz zur Rechtsprechung des BAG sieht das LAG Berlin (a. a. O.) allein in der Notwendigkeit der Anpassung von Erwerbstätigkeit von Studenten an die Anforderungen eines Studiums keinen sachlichen Grund der Befristung;

- wegen Erreichens der **Altersgrenze**; in Tarifverträgen, Betriebsvereinbarungen und Arbeitsverträgen sind vielfach Altersgrenzen enthalten, bei deren Erreichen das Arbeitsverhältnis endet, ohne dass es einer Kündigung bedarf. Auf den Meinungsstreit über den Rechtscharakter und die Zulässigkeit soll hier nicht eingegangen werden. Allein der Hinweis auf die Regelung in § 41 Abs. 4 SGB VI soll erfolgen. Danach (Satz 1) stellt einmal der Anspruch des Arbeitnehmers auf Altersrente keinen Grund zur Kündigung des Arbeitsverhältnisses durch den Arbeitgeber nach den Vorschriften des KSchG dar. Des Weiteren (Satz 2) gilt eine Vereinbarung, die die Beendigung des Arbeitsverhältnisses ohne Kündigung zu einem Zeitpunkt vorsieht, in dem der Arbeitnehmer vor Vollendung des – derzeit – 65. Lebensjahres einen Anspruch auf Altersrente hat, dem Arbeitnehmer gegenüber als auf die Vollendung des 65. Lebensjahres geschlossen. Das bedeutet, dass der betroffene Arbeitnehmer bis zum 65. Lebensjahr weiter arbeiten kann und seinen Anspruch auf Altersrente nicht erfüllen muss. Eine Ausnahme gilt nur dann, wenn diese Vereinbarung erst drei Jahre vor dem – vorzeitigen – Zeitpunkt abgeschlossen wurde oder aber der Arbeitnehmer die Vereinbarung in diesem Zeitrahmen bestätigt hat. Dann endet das Arbeitsverhältnis zum Zeitpunkt des Entstehens des Anspruchs auf Altersrente.

Die Vereinbarung der Beendigung des Arbeitsverhältnisses ohne Kündigung mit Erreichen der Regelaltersgrenze – derzeit vollendetes 65. Lebensjahr – ist mithin wirksam.

- Im öffentlichen Dienst bestehen Sonderregelungen nach BAT SR 2 y.
- Ebenfalls gesondert geregelt ist der Bereich der Arbeitsverhältnisse mit wissenschaftlichem Personal an Hochschulen und Fachhochschulen nach den Vorschriften des Hochschulrahmengesetzes (HRG).
- Und schließlich gibt es auch für die Gruppe der Ärzte in Weiterbildung eine gesetzliche Regelung der Befristung von Arbeitsverträgen (Gesetz über befristete Arbeitsverträge mit Ärzten in der Weiterbildung in der Fassung vom 16. 12. 1997).

Die nachträgliche Befristung eines (ursprünglich) unbefristeten Arbeitsverhältnisses ist rechtlich möglich (so BAG vom 8. 7. 1998 – 7 AZR 245/97 –, ARST 1999, 1 ff.). Das BAG fordert auch in diesem Fall, in dem der betroffene Arbeitnehmer bereits den allgemeinen Kündigungsschutz genießt, das Vorliegen eines sachlichen Grundes für die Befristung.

e) Die zeitliche Befristung nach dem BeschFG

Sie haben bereits im Zusammenhang mit dem Ausschluss des Kündigungsschutzes nach KSchG bei befristeten Verträgen sowie im Zusammenhang mit den sog. Bedarfsarbeitsverhältnissen einige wichtige Regeln der Befristung von Arbeitsverträgen nach den Vorschriften des BeschFG (in der Fassung vom 25. 9. 1996) kennen gelernt. Kernpunkt der Befristung von Arbeitsverträgen nach dem BeschFG ist die Möglichkeit, eine Vertragslaufzeit bis zur Dauer von längstens zwei Jahren ohne Angabe eines sachlichen Grundes zu vereinbaren. Dieser Zeitrahmen muss nicht mit einem einzigen Vertrag erschöpft werden, sondern insgesamt kann das Arbeitsverhältnis dreimal bis zur Höchstdauer von zwei Jahren verlängert werden (§ 1 Abs. 1).

Allerdings muss es sich um eine Neueinstellung in dem Sinne handeln, dass zu einem vorhergehenden (nach BeschFG (!) befristeten oder unbefristeten) Arbeitsvertrag der gleichen Vertragspartner kein enger sachlicher Zusammenhang bestehen darf. Ein solcher Zusammenhang ist aber insbesondere dann gegeben, wenn zwischen der Neueinstellung und dem vorhergehenden Arbeitsvertrag lediglich eine zeitliche Unterbrechung von weniger als vier Monaten liegt (§ 1 Abs. 3).

Da Befristungen aus anderen (sachlichen) Gründen neben dem BeschFG möglich bleiben (§ 1 Abs. 4), ist es durchaus denkbar, dass Befristungen nach dem BeschFG und aus sachlichen Gründen miteinander kombiniert werden. *Das bedeutet, dass Anschlussbefristungen nach dem BeschFG unmittelbar an Befristungen mit Sachgrund erfolgen dürfen!* So kann etwa ein auf zwei Jahre nach § 1 BeschFG befristeter Arbeitsvertrag ohne zeitliche Unterbrechung an einen auf drei Jahre befristeten Arbeitsvertrag mit dem Grund der Vertretung für einen in Erziehungsurlaub befindlichen Mitarbeiter rechtswirksam abgeschlossen werden, da § 1 Abs. 3 lediglich die Anschlussbeschäftigung an einen nach dem BeschFG befristeten Arbeitsvertrag nennt. Das ist nur dann ausgeschlossen, wenn vertraglich vereinbart worden ist, dass eine Befristung immer einen sachlichen Grund in sich tragen muss. Dies stellt dann ein zulässiges Abweichen von der gesetzlichen Regelung zu Gunsten des Arbeitnehmers dar (Normenhierarchie und Günstigkeitsprinzip; dazu unter *Arbeitsrecht – was ist das?* ab Seite 23).

Da in der Praxis häufig der Abschluss mehrerer befristeter Arbeitsverträge ohne nennenswerte zeitliche Unterbrechung vorkommt (siehe z. B. oben *Kettenarbeitsverhätnis*), stellt sich die Frage, wie und in welchem zeitlichen Rahmen die Zulässigkeit der Befristung zu überprüfen ist. Nach § 1 Abs. 5 muss der Arbeitnehmer innerhalb von drei Wochen nach dem vereinbarten Ende des (letzten) befristeten Arbeitsverhältnisses Klage beim Arbeitsgericht auf Feststellung erheben, dass das Arbeitsverhältnis auf Grund der Befristung nicht beendet ist. Wird diese Frist versäumt, so ist das Arbeitsverhältnis auf Grund der Befristung beendet (1 Abs. 5 Satz 2 in Verbindung mit § 7 KSchG). Diese Klagefrist gilt für alle Klagen, die das Ziel verfolgen, festzustellen, dass ein Arbeitsverhältnis nicht auf Grund einer Befristung beendet worden ist sondern fortbeseht! (vgl. Hueck/v. Hoyningen-Huene, Kommentar zum KSchG 12. A. Beck-Verlag, Rdnr. 604 f. zu § 1; BAG vom 20. 1. 1999 – 7 AZR 715/97 –, BB 1999, 1608).

Mit Arbeitnehmern, die zu Beginn des befristeten Arbeitsvertrages bereits das 60. Lebensjahr vollendet haben, können Verträge ohne die zeitlichen Beschränkungen des § 1 Abs. 1 abgeschlossen werden; dagegen gelten die übrigen Regeln, wie etwa das Erfordernis Verbot des engen sachlichen Zusammenhangs auch hier.

Die Regeln des § 1 Abs. 1 bis 4 gelten – vorläufig – nur bis zum 31. 12. 2000, mit einer Verlängerung durch den Gesetzgeber ist allerdings zu rechnen.

f) Die zweckdefinierte Befristung

Der Befristung eines Arbeitsvertrages nach Zeit steht die Beschränkung der Vertragsdauer durch die Beschaffenheit oder durch den Zweck der Arbeitsleistung gleich (§ 620 Abs. 2 BGB). Dies gilt z. B. für Arbeitsverträge, die die Pflege oder Betreuung von Personen zum Inhalt haben. Mit dem Wegfall der Pflege- oder Betreuungsnotwendigkeit endet das Arbeitsverhältnis ohne Kündigung. Einen gesetzlich geregelten Fall der zweckgebundenen Befristung enthält § 21 BErzGG. Danach ist der Abschluss eines befristeten Arbeitsvertrages, der zum Inhalt die Vertretung eines anderen Arbeitnehmers für Zeiten eines Beschäftigungsverbotes nach dem Mutterschutzgesetz (§§ 3, 6), eines Erziehungsurlaubs (§§ 15 ff. BErzGG), einer auf Tarifvertrag, Betriebsvereinbarung oder einzelvertraglicher Vereinbarung beruhenden Arbeitsfreistellung zur Betreuung eines Kindes oder für diese Zeiten zusammen oder für einzelne Teile davon hat und für zusätzlich eventuell erforderliche Einarbeitungszeiten, als sachlicher Grund zu sehen.

g) Die Befristung einzelner Bedingungen

Nicht nur der ganze Arbeitsvertrag, sondern auch einzelne Arbeitsbedingungen können befristet werden. So ist z. B. die auf zwei Jahre befristete Zusage, zusätzlich zum Tarifgehalt eine Provision zu zahlen, zulässig. Nach BAG (so etwa in der Entscheidung vom 28. 5. 1997 – 5 AZR 125/96 –) ist die Befristung jedoch dann unzulässig, wenn damit zwingender Kündigungsschutz umgangen wird. Dies ist dann der Fall, wenn wesentliche Elemente des Arbeitsvertrages einer einseitigen Änderung durch den Arbeitgeber unterliegen sollen, durch die das Gleichgewicht zwischen (Arbeits-)-Leistung und Gegenleistung (Entgelt) grundlegend gestört wird. Das ist z. B. dann der Fall, wenn der Arbeitgeber einseitig die Wochenarbeitszeit erhöht und das Entgelt unverändert bleibt.

h) Der – auflösend – bedingte Arbeitsvertrag

Dieser ist ein Unterfall des befristeten Arbeitsvertrages. Von einer auflösenden Bedingung spricht man, wenn das Arbeitsverhältnis bei Eintritt eines zukünftigen, ungewissen Ereignisses enden soll (§ 158 Abs. 2 BGB). Da in den Einzelfällen damit oftmals die Umgehung des Kündigungsschutzes einhergeht, sind auflösende Bedingungen nur sehr eingeschränkt zulässig. Stellen Sie sich vor, Sie würden zur Vertretung eines kranken Mitarbeiters eingestellt und müssten mit dessen – ungewisser – Rückkehr sofort aus dem Arbeitsverhältnis ausscheiden! Von der Rechtsprechung anerkannt sind die Fälle, dass eine Einstellung unter der auflösenden Bedingung der Verweigerung der Zustimmung des Betriebsrates (§ 99 BetrVG) oder der fehlenden gesundheitlichen Eignung erfolgt (so BAG vom 17. 2. 1983, NJW 1983, 1752 und Hess. LAG, DB 1995, 1617).

Einen tarifvertraglich geregelten Fall der auflösenden Bedingung enthält für den Bereich des öffentlichen Dienstes § 59 BAT, wonach ein Arbeitsverhältnis endet, wenn der Arbeitnehmer berufsunfähig wird und keine Ersatzbeschäftigungsmöglichkeit besteht, bzw. wenn er erwerbsunfähig wird.

i) Die Rechtsfolgen der unzulässigen Befristung

Ist die Befristung eines Arbeitsvertrages rechtsunwirksam, so wird nicht der gesamte Arbeitsvertrag unwirksam, vielmehr wird das Arbeitsverhältnis auf unbestimmte Zeit (kündbar) fortgesetzt (vgl. § 139 BGB, die sog. Teilnichtigkeit).

j) Die Rechtsfolgen der einvernehmlichen Fortsetzung nach Fristende

Die Rechtsfolgen der einvernehmlichen Verlängerung eines Arbeitsverhältnisses nach § 625 BGB tritt nur ein, wenn der Arbeitnehmer unmittelbar nach dem Ablauf des Arbeitsverhältnisses seine Tätigkeit mit Wissen seines Arbeitgebers fortsetzt. Dabei kann auch die stillschweigende Verlängerung möglich sein. So etwa, wenn der Arbeitgeber dem Arbeitnehmer Urlaub oder Freizeit wegen Überstunden gewährt und ihn anschließend zur Wiederaufnahme der Arbeit (Schichtplan) einteilt.

3. Besondere Vertragstypen

a) Der Bedarfsarbeitsvertrag nach § 4 BeschFG

In den Fällen der Beschäftigungsverhältnisse nach § 4 BeschFG bestimmt der Arbeitgeber – nach konkretem Bedarf – die Zeit der zu erbringenden Arbeitsleistung einseitig. Der Arbeitgeber muss jedoch dem Arbeitnehmer den Einsatz jeweils mindestens vier Tage im Voraus mitteilen (Abs. 2). Ist die wöchentliche Arbeitszeit nicht vereinbart, so gilt eine solche von zehn Stunden als vereinbart (§ 4 Abs. 1, 2. HS). Ist die tägliche Arbeitszeit nicht vereinbart, so muss der Arbeitgeber den Arbeitnehmer für mindestens drei aufeinander folgende Stunden beschäftigen (§ 4 Abs. 3) und damit wegen Annahmeverzugs nach § 615 BGB auch bei Nichtinanspruchnahme entlohnen.

b) Teilzeitarbeitsverträge

§ 2 Abs. 2 BeschFG enthält eine Legaldefinition des Begriffs Teilzeitbeschäftigung:

> ! »Teilzeitbeschäftigt sind die Arbeitnehmer, deren regelmäßige Wochenarbeitszeit kürzer ist als die regelmäßige Wochenarbeitszeit vergleichbarer vollzeitbeschäftigter Arbeitnehmer des Betriebes ...«

Auf Teilzeitarbeitsverhältnisse findet das gesamte Arbeitsrecht Anwendung, es sei denn, dass bestimmte Normen ihrem Schutzzweck entsprechend Vollzeitbeschäftigung voraussetzen. Konsequenterweise ordnet § 2 Abs. 1 BeschFG an, dass wegen der Teilzeitbeschäftigung keine ungleiche Behandlung in Bezug auf vollzeitbeschäftigte Arbeitnehmer erfolgen darf. Das bedeutet im Einzelnen:

Arbeitsvergütung
Die Teilzeitarbeitnehmer haben Anspruch auf anteilige Zeit- oder Leistungsvergütung sowie auf dieselben Zuschläge.

Arbeitsverhinderung und Krankheitsfall
Es besteht Anspruch auf Fortzahlung des Entgeltes bei unvermeidbarer Arbeitsverhinderung nach § 616 BGB. Allerdings sind Teilzeitbeschäftigte angesichts der erhöhten Freizeit gehalten, notwendige Arztbesuche, Behördengänge etc. nach Möglichkeit in die Freizeit zu verlegen. Uneingeschränkt besteht im Krankheitsfalle ein Anspruch nach Entgeltfortzahlungsgesetz und zwar unabhängig davon, in welchem Umfang Teilzeitarbeit geleistet wird.

Erholungsurlaub
Es besteht Anspruch auf Erholungsurlaub im gleichen Umfang wie für Vollzeitbeschäftigte. Arbeitet ein Teilzeitbeschäftigter im gleichen Umfang wie ein Vollzeitbeschäftigter (etwa an fünf Werktagen), so wird er gem. § 3 Abs. 1 BUrlG für vier Wochen von der Erbringung der Arbeitsleistung an diesen Tagen befreit. Arbeitet ein Teilzeitbeschäftigter lediglich an einem Tag in der Woche, so wird er ebenfalls für (mindestens) vier Wochen zur Erbringung der Arbeitsleistung an diesem einzigen Werktag befreit (an den übrigen Tagen besteht schon vertraglich keine Pflicht zur Erbringung der Arbeitsleistung!).

Feiertagsvergütung
Fällt der Feiertag auf einen Tag, an dem der Teilzeitbeschäftigte ohne Feiertag arbeitsverpflichtet gewesen wäre, so erhält er Arbeitsvergütung gem. § 2 Abs. 1 EntgeltfortzahlungsG. Umgekehrt besteht kein Anspruch auf Entgeltfortzahlung, wenn der Teilzeitbeschäftigte an diesem (Feier-)Tag nicht zur Arbeitserbringung vertraglich verpflichtet gewesen wäre.

Freiwillige soziale Leistungen des Arbeitgebers

Teilzeitbeschäftigte haben grundsätzlich (u. U. anteiligen) Anspruch auf alle freiwilligen Leistungen des Arbeitgebers, es sei denn, dass die Nichteinbeziehung sachlich begründet ist (Benachteiligungsverbot!). Praktische Fälle sind u. a. die Gewährung von Weihnachtsgratifikationen und die betriebliche Altersvorsorge.

Kündigungsschutz

Es gelten die allgemeinen Regeln zum Kündigungsschutz, die Sie ab Seite 222 ausführlich dargestellt finden. Dabei wird insbesondere auch auf die Frage eingegangen, wie Teilzeit- und Vollzeitbeschäftigte bei der sog. betriebsbedingten Kündigung miteinander zu vergleichen sind.

Mehrarbeit/Überstunden

Eine Verpflichtung zur Leistung von Mehrarbeit oder Überstunden besteht grundsätzlich nur, wenn insoweit eine ausdrückliche Vereinbarung getroffen worden ist. Ansonsten hat der Teilzeitbeschäftigte gerade durch die Teilzeitvereinbarung zum Ausdruck gebracht, dass er die übrige Zeit uneingeschränkt anderweitig (u. U. weitere Teilzeitbeschäftigung) einsetzen will.

Leistet der Teilzeitarbeitnehmer Mehrarbeit oder Überstunden, so sollen ihm nach der Rechtsprechung des BAG (vgl. BAG, NZA 1985, 600) und des EuGH (vom 15. 12. 1994, EWS 1995, 48) Ansprüche auf Mehrarbeitszuschläge nur dann zustehen, wenn durch die Mehr- oder Überarbeit die gesetzliche bzw. betriebsübliche (und damit in der Regel Voll-)Arbeitszeit überschritten wird. Diese Rechtsmeinung ist nicht nachvollziehbar. Zuschlagspflichtig und Auslöser der Zahlung ist allein die Tatsache, dass der Teilzeitarbeitnehmer zu Zeiten arbeitet, die vertraglich nicht vereinbart sind. Dies führt zu einer Einschränkung in der privaten Lebensplanung und stellt immer eine zusätzliche Belastung (physischer und psychischer Art) dar. Denken Sie etwa daran, dass die Teilzeitbeschäftigung auch gesundheitlich bedingt sein kann. Wieso soll die zusätzliche

Belastung nicht vergleichbar mit Vollzeitkräften als Ausgleich einen Zuschlag zum sonst üblichen Entgelt nach sich ziehen müssen?

c) Jobsharing-Vertrag

Eine besondere Art des Teilzeitarbeitsvertrages stellt der sog. Jobsharing-Vertrag dar. Mehrere Arbeitnehmer teilen sich dabei einen Arbeitsplatz mit der Folge, dass sie alle teilzeitbeschäftigt sind. Durch die Arbeitsplatzteilung entsteht jedoch zwischen den einzelnen Arbeitnehmern keine Rechtsgemeinschaft. So sind sie im Falle der Verhinderung eines anderen Arbeitnehmers vorab nur dann zur Vertretung verpflichtet, wenn dies ausdrücklich mit dem Arbeitgeber vereinbart worden ist und aus dringenden betrieblichen Gründen erforderlich, sowie die Vertretung für den betroffenen Arbeitnehmer zumutbar ist. Fehlt diese generelle Vereinbarung, so bedarf jeder konkrete Vertretungsfall einer Vereinbarung zwischen Arbeitgeber und Arbeitnehmer (§ 5 BeschFG). Zwischen jedem Arbeitnehmer und dem Arbeitgeber bestehen typische Arbeitsverträge mit allen sich daraus ergebenden Rechten und Pflichten. Eine Besonderheit besteht bei der Kündigung durch den Arbeitgeber in dem Fall, dass das Arbeitsverhältnis eines anderen Jobsharers endet. Dies stellt für sich keinen Grund zur Beendigungskündigung dar, allerdings ist die Änderungskündigung (Angebot der Fortsetzung des Arbeitsverhältnisses zu geänderten Bedingungen) denkbar und zulässig (§ 5 Abs. 2 BeschFG). Dazu finden Sie ausführliche Informationen unter *Die Beendigung des Arbeitsverhältnisses – Die Änderungskündigung* ab Seite 212.

d) Der Altersteilzeitvertrag

Eine besondere Form der Teilzeitbeschäftigung eröffnet das Altersteilzeitgesetz (ATG) vom 23. 7. 1996. Dadurch soll älteren Arbeitnehmern ein gleitender Übergang vom Erwerbsleben in die Altersrente ermöglicht werden. Begünstigt durch das ATG werden Arbeitnehmer, die das 55. Lebensjahr vollendet haben und mit ihrem Arbeitgeber eine versicherungspflichtige (keine geringfügige) Teilzeitbeschäftigung bis zur Beanspruchung einer Rente wegen Alters vereinbaren. Die Teilzeitbeschäftigung kann in einem sog. Blockmodell in eine Phase der Vollzeitarbeit und in eine Phase der Freistellung aufgeteilt werden, oder aber in Form einer durchgehenden Teilzeitbeschäftigung gestaltet werden.

Vereinbart etwa ein 55-jähriger Arbeitnehmer mit seinem Arbeitgeber Altersteilzeit bis zur Vollendung des 60. Lebensjahres, so kann er über einen Zeitraum von $2^{1}/_{2}$-Jahren Vollzeit arbeiten und für den gleichen Zeitrahmen freigestellt werden. Er kann aber auch über den Zeitraum von fünf Jahren Teilzeit arbeiten.

Ziel ist es, am Ende der Altersteilzeit einen Anspruch auf (vorgezogene) Altersrente nach § 237 SGB VI zu erwerben. Allerdings ist die vorzeitige Inanspruchnahme der Altersrente mit Abschlägen bei der Rentenhöhe verbunden.

Die Möglichkeit der Inanspruchnahme der Altersteilzeit gibt es inzwischen auch für Teilzeitbeschäftigte.

Wegen der komplizierten Einzelheiten, die oft auch noch durch Tarifverträge modifiziert sind, sollten sich Interessierte an ihren Arbeitgeber und an ihren Rentenversicherungsträger wenden.

e) Geringfügige Beschäftigung

Ein Unterfall der Teilzeitbeschäftigung stellt auch die sog. geringfügige Beschäftigung dar. Vielfach wird in der Praxis angenommen, dass geringfügig Beschäftigte keine Arbeitnehmer im arbeitsrechtlichen Sinne seien. So wird oft übersehen, dass die Reinemachefrau im Privathaushalt eine Arbeitnehmerin und der *Auftraggeber* Arbeitgeber ist, mit der Folge, dass alle Rechte und Pflichten wie z.B. Urlaubsanspruch, Entgeltfortzahlungsanspruch entstehen. Die ge-

ringfügige Beschäftigung hat ausschließlich sozialversicherungs-
und steuerrechtliche Besonderheiten zur Folge!
Nach § 8 SGB IV liegt eine geringfügige Beschäftigung unter folgenden Voraussetzungen vor:

- wenn die Beschäftigung regelmäßig weniger als 15 Stunden in
  der Woche ausgeübt wird und das Arbeitsentgelt regelmäßig im
  Monat 630 DM nicht übersteigt,
- wenn die Beschäftigung innerhalb eines Jahres seit ihrem Beginn
  auf längstens zwei Monate oder 50 Arbeitstage nach ihrer Eigen-
  art begrenzt zu sein pflegt oder im Voraus vertraglich begrenzt
  ist, es sei denn, dass die Beschäftigung berufsmäßig ausgeübt
  wird und ihr Entgelt 630 DM im Monat übersteigt.
  **Mehrere – auch geringfügige – Beschäftigungen werden zusam-
  mengerechnet.**

Die einzelnen Fallkonstellationen der geringfügigen Beschäftigung:

Die geringfügige Alleinbeschäftigung nach § 8 Abs. 1 Nr. 1 SGB IV
Für Beschäftigte, deren Arbeitsentgelt insgesamt regelmäßig
630 DM im Monat nicht übersteigt, muss der Arbeitgeber pauschale Sozialversicherungsbeiträge abführen, und zwar 12% vom Arbeitsentgelt an die gesetzliche Rentenversicherung und grundsätzlich 10% an die gesetzliche Krankenversicherung. Geringfügig
Beschäftigte, die nicht Mitglied einer gesetzlichen Krankenversicherung und auch nicht als Familienmitglied in einer Krankenkasse mit-
versichert sind (z. B. Beamte, privat krankenversicherte Selbständige
oder Arbeitnehmer sowie jeweils deren Familienmitglieder), entfällt
der Arbeitgeberbeitrag in die Krankenversicherung.
Allerdings entstehen aus den Beitragszahlungen in die Krankenversicherung keine zusätzlichen Ansprüche, da bereits voller Kran-
kenversicherungsschutz besteht. Dagegen fließen die (jährlichen)
Beitragszahlungen in die Rentenversicherung als Zeiten für die
Wartezeit (1,4 Monate) und als monatlicher Rentenanspruch (derzeit 4,17 DM) ein. Der geringfügig Beschäftigte kann den Anteil des
Arbeitgebers auf (derzeit) 19,5% des Arbeitsentgeltes aufstocken

und erwirbt (nur) damit Anspruch auf das volle Leistungsspektrum der gesetzlichen Rentenversicherung (Rehabilitationsmaßnahmen, Rente wegen Berufs- und Erwerbsunfähigkeit, Rentenberechnung nach Mindesteinkommen). Der Arbeitgeber hat den Arbeitnehmer auf die Aufstockungsmöglichkeit hinzuweisen und im Fall der Aufstockung durch den Arbeitnehmer dessen Anteil einzubehalten und abzuführen.

Alle geringfügigen Beschäftigungsverhältnisse (auch Haushaltshilfen!) müssen wie andere Arbeitsverhältnisse der Sozialversicherung gemeldet werden.

Geringfügige Beschäftigungen, für die vom Arbeitgeber pauschale Beiträge zur gesetzlichen Rentenversicherung bezahlt werden, sind steuerfrei, wenn die Summe der anderen Einkünfte (§ 2 EStG) des Arbeitnehmers nicht positiv sind. Hierzu zählen insbesondere Ertragsanteile aus Renten, Einkünfte aus anderen Dienstverhältnissen, zu versteuernde Zinseinkünfte, Einkünfte aus selbständiger Tätigkeit, Einkünfte aus Vermietung und Verpachtung, aber auch Unterhaltszahlungen des geschiedenen Ehegatten bei sog. Sonderausgabenabzug. Einkünfte von Ehegatten werden dagegen nicht berücksichtigt. Legt der Arbeitnehmer dem Arbeitgeber eine Freistellungsbescheinigung (§ 3 Nr. 39 EStG), ausgestellt vom zuständigen Wohnortfinanzamt, vor, weil seine monatlichen Einkünfte die 630-DM-Grenze nicht steuerrechtlich relevant übersteigen und wird vom Arbeitgeber der zwölfprozentige Rentenversicherungsbeitrag abgeführt, so werden keine Steuern an die Finanzverwaltung abgeführt. Legt der Arbeitnehmer keine Freistellungsbescheinigung vor, so erfolgt die Versteuerung entweder nach Lohnsteuerkarte oder aber das Einkommen wird pauschal versteuert (Lohn- und Kirchensteuer, Solidaritätsbeitrag).

Die kurzfristigen Beschäftigungen oder Saisonbeschäftigungen nach § 8 Abs. 1 Nr. 2 SGB IV
Für diese Beschäftigungsverhältnisse hat sich durch die neue Ge-

setzgebung nichts geändert. Für diese Arbeitnehmer brauchen unabhängig von der Höhe des Entgeltes keine Sozialversicherungsbeiträge abgeführt zu werden. Die Versteuerung richtet sich nach den allgemeinen Regeln des EStG. Übersteigen die Einkünfte insgesamt nicht den Grundfreibetrag, so wird die vom Arbeitgeber einbehaltene Lohnsteuer im Rahmen der Einkommensteuerveranlagung zurückerstattet.

Der Haupterwerb und die geringfügige Beschäftigung oder mehrere geringfügige Beschäftigungen nach § 8 Abs. 2 SGB IV
Mehrere Arbeitnehmertätigkeiten werden bei der Berechnung der Sozialversicherungsbeiträge zusammengefasst. Es kommt dabei nicht darauf an, ob es sich um mehrere geringfügig entlohnte oder um weitere versicherungspflichtige Beschäftigungen handelt.
Übt ein Arbeitnehmer mehrere geringfügige Beschäftigungen aus und überschreitet das Arbeitsentgelt insgesamt die 630-DM-Grenze, so unterliegt das gesamte Arbeitsentgelt der normalen Beitragspflicht. Arbeitgeber und Arbeitnehmer tragen dann – bezogen auf die einzelnen geringfügigen Beschäftigungen – jeweils die Hälfte der fälligen Beiträge zur gesetzlichen Kranken-, Renten-, Pflege- und Arbeitslosenversicherung.
Übt ein Arbeitnehmer neben der geringfügigen Beschäftigung eine versicherungspflichtige Hauptbeschäftigung aus, so wird auch dieses Arbeitsentgelt voll in die Beitragspflicht miteinbezogen. Verdient etwa ein Arbeitnehmer in seiner Haupttätigkeit 5000 DM brutto und zusätzlich in einer Nebenbeschäftigung 630 DM, so wird das gesamte Einkommen in Höhe von 5630 DM beitragspflichtig. Dann zahlen auch Arbeitgeber und Arbeitnehmer des geringfügigen Beschäftigungsverhältnisses jeweils zur Hälfte die Beiträge zur Sozialversicherung. Ausgenommen bleibt hier nur der Beitrag zur Arbeitslosenversicherung, der über die Hauptbeschäftigung bereits erfolgt.
Im Haupterwerb nicht sozialversicherungspflichtig Tätige, wie Beamte, Selbständige, Pensionäre oder Rentner, werden wie Arbeit-

nehmer behandelt, die insgesamt nicht mehr als 630 DM monatlich verdienen.

Steuerrechtlich gelten keine Besonderheiten. Die Einkünfte sind insgesamt zu versteuern.

f) Der Telearbeitsvertrag

Sie haben in der Einleitung zu diesem Ratgeber bereits erfahren, wie schwierig die Materie Arbeitsrecht angesichts der Vielzahl von Rechtsquellen ist. Sie wissen auch, wie schwer oft im Einzelfall die Bestimmung der Arbeitnehmereigenschaft und damit die Voraussetzung zur Anwendung der Schutzgesetze sein kann. Auch die Tatsache, dass das aus dem Jahre 1900 stammende BGB das Arbeitsrecht nur stiefmütterlich behandelt, führt dazu, dass mit der Vielzahl an vorhandenen Gesetzen und Rechtsprechungen versucht werden muss, auf neue Erscheinungsformen abhängiger Beschäftigung zu reagieren. Nicht überall, wie etwa bei der gesetzlichen Neuregelung zur Scheinselbständigkeit (siehe hierzu *Arbeitsrecht – Schutzgesetze für Arbeitnehmer* ab Seite 38, 43), sieht sich der Gesetzgeber dazu veranlasst, eindeutige gesetzliche Regelungen angesichts moderner Entwicklungen im Arbeitsrecht zu schaffen. Ein aktuelles Beispiel ist das sog. Telearbeitsverhältnis.

Üblicherweise (so etwa Küttner, Personalhandbuch 1998, Nr. 403 Telearbeit, Rdnr. 1) wird Telearbeit wie folgt umschrieben:

> ! »Telearbeit leistet, wer in selbstgewählter oder einer vom Arbeit-/Auftraggeber bereitgestellten Arbeitsstätte außerhalb des Betriebes einfache oder qualifizierte Angestelltentätigkeit an EDV-Anlagen verrichtet, die durch elektronische Kommunikationsmittel mit dem Betrieb des Arbeit- oder Auftraggebers verbunden sind (interaktive Kommunikation).«

Damit wird schon deutlich, dass Telearbeit nicht zwingend Arbeitnehmereigenschaft bedeutet. Vielmehr kann Telearbeit in der Form der Selbständigkeit oder auch in der Form der Heimarbeit (vgl. Seite 46) verrichtet werden. Uns interessiert aber nur die Ausgestaltung der Telearbeit als Arbeitsverhältnis. Die noch immer gängige Definition des Arbeitnehmerbegriffs ist Ihnen bereits bekannt (vgl. Seite 40); allerdings hilft diese beim Telearbeitsplatz zur Bestimmung der Arbeitnehmereigenschaft nur bedingt. Gerade das Merkmal der Eingliederung in die Arbeitsorganisation des Arbeitgebers mit der Folge, dass dieser über den Einsatz des Mitarbeiters nach Zeit und Ort bestimmen kann, ist angesichts der vorrangig ergebnisorientierten Arbeitsleistung kaum praktikabel als Abgrenzungskriterium. Anders ausgedrückt: Wenn sich Auftrag-/Arbeitgeber und Mitarbeiter darüber einig sind, dass die Erstellung einer umfangreichen Planung zum Bau eines Industriegebäudes von einem vom Mitarbeiter selbst zu wählenden Ort außerhalb der Betriebsstätte ausschließlich unter Einhaltung eines bestimmten Abgabetermins zu erstellen ist, spricht dies eindeutig für eine abhängige Beschäftigung?

Übereinstimmung herrscht wohl bei der Formulierung der Kriterien, die als Indiz für eine abhängige Tele-Beschäftigung sprechen. Dies sind im Einzelnen:

- kurze Erledigungsfristen,
- feste Zeiten für die Übermittlung des Arbeitsergebnisses,
- Einbindung in die betriebliche Urlaubsplanung,
- Bindung an nur einen Arbeitgeber,
- Verpflichtung zur persönlichen Arbeitsleistung,
- Mitteilen von Fehlzeiten (Erkrankungen),
- jederzeitige Abrufbarkeit etwa zu Besprechungen am Betriebsort.

Steht die Arbeitnehmereigenschaft fest (notfalls im Wege der sog. Statusklage nach § 2 Abs. 1 Nr. 3 c ArbGG), so ergeben sich u. a. Fragen zum BetrVG, zur Arbeitssicherheit, Arbeitszeit, Haftung des Arbeitnehmers, zur Unfallversicherung, zum Direktionsrecht oder auch zum Steuerrecht. Im Einzelnen gilt:

Das *Direktionsrecht* des Arbeitgebers bleibt grundsätzlich uneingeschränkt bestehen. So muss der Arbeitnehmer etwa der Aufforderung, zu Besprechungen in den Betrieb zu kommen, Folge leisten.

Das *Arbeitszeitgesetz* (wie auch das MuSchG) verliert seine Anwendung nicht dadurch, dass der Arbeitnehmer außerhalb der eigentlichen Betriebsstätte arbeitet. Allerdings kann der Arbeitgeber seine Überwachungspflicht nur schwer erfüllen, so dass die Auflage zum Führen eines Arbeitszeittagebuches durch den Arbeitnehmer zulässig ist.

Die gleichen Schwierigkeiten treffen den Arbeitgeber bei der Erfüllung der Einhaltung der Arbeitssicherheitsvorschriften. In entsprechender Anwendung des § 16 Abs. 2 HAG treffen nun den Arbeitnehmer die gesetzlichen Pflichten (etwa Einhaltung der Raumtemperatur, Belüftung, Beleuchtung, Raumgröße). Dagegen verbleibt es für den Arbeitgeber dabei, dass von den von ihm zur Verfügung gestellten Geräten keine Gefahr ausgehen darf (§ 618 BGB, § 16 Abs. 1 HAG).

Bei Beschädigungen an den vom Arbeitgeber bereitgestellten Arbeitsmitteln (PC, Kommunikationsanlage, Disketten etc.) gelten die *allgemeinen Haftungsregeln des Arbeitsrechts*. Mithin haftet der Arbeitnehmer bei Vorsatz und grober Fahrlässigkeit in vollem Umfange, bei mittlerer Fahrlässigkeit in Höhe einer auf den Einzelfall bezogenen Quotelung und bei leichter Fahrlässigkeit gar nicht (siehe hierzu ausführlich unter *Der Arbeitsalltag – die gegenseitigen Rechte und Pflichten der Vertragspartner* ab Seite 116, 124). Problematisch ist dagegen die Frage, ob Schäden, die Familienangehörige oder Dritte verursachen, dem Arbeitnehmer zuzurechnen sind. Um Regressfolgen zu vermeiden, ist dringend anzuraten, diese Fragen im Vertrag zu regeln und ggf. auch eine entsprechende Versicherung abzuschließen.

Solange der Arbeitnehmer als Telearbeitnehmer für seinen Arbeitgeber tätig wird, unterliegt er in vollem Unfang der *gesetzlichen Unfallversicherung*.

Betriebsverfassungsrechtlich werden Telearbeitnehmer wie *normale* Arbeitnehmer behandelt, sie sind Arbeitnehmer des Betriebs (unselbständiger Betriebsteil im Sinne des § 4 BetrVG) mit allen Rechten und Pflichten. So unterliegt die Gestaltung des Telearbeitsplatzes der vollen personellen, sozialen und wirtschaftlichen Mitbestimmung des Betriebsrates. Die Verlagerung des Arbeitsplatzes in die Wohnung des Arbeitnehmers etwa stellt eine Versetzung gem. §§ 99, 95 Abs. 3 BetrVG dar und die Arbeitszeitregelung unterliegt der Mitbestimmung nach § 87 Abs. 1 Nr. 1 BetrVG. Führt die – verstärkte – Einführung von Telearbeit zu einer Betriebsänderung, greifen die Mitbestimmungsrechte nach §§ 111 ff. BetrVG (dazu ausführlicher unter *Überblick über das BetrVG* ab Seite 266, 268).

Steuerrechtlich relevant – unter dem Gesichtspunkt des geldwerten Vorteils – ist die Telearbeit nur dann, wenn es dem Arbeitnehmer gestattet ist, die vom Arbeitgeber bereitgestellten Hilfsmittel auch privat zu nutzen. Dies gilt dann auch für den Ersatz der Betriebskosten (Strom, Telefongebühren).

g) Der Eingliederungsvertrag

Partner des Eingliederungsvertrages sind der Arbeitgeber und der förderungsbedürftige Arbeitnehmer, wobei die Zustimmung des Arbeitsamtes zu dem Vertrag erforderlich ist (§ 231 Abs. 1 Satz 1 SGB III). Nach wohl herrschender Meinung ist der Eingliederungsvertrag kein Arbeitsvertrag, sondern ein auf maximal sechs Monate befristeter Vertrag eigener Art mit dem Ziel, den Abschluss eines Arbeitsvertrages erst zu erreichen (vgl. Hanau, DB 1997, 1278). Allerdings finden, soweit sich aus § 231 SGB III nichts anderes ergibt (Abs. 2), die allgemeinen Vorschriften und Grundsätze des Arbeitsrechts Anwendung. Dies sind z. B. die Entgeltfortzahlung bei Arbeitsverhinderung und Erkrankung, das BUrlG, das Kündigungsrecht nach dem BGB.

h) Der Berufsausbildungsvertrag

Berufsausbildungsverträge kommen durch Vertragsschluss zwischen dem Ausbildenden und dem Auszubildenden zustande. Das Berufsausbildungsverhältnis erfährt eine spezielle gesetzliche Regelung durch das BBiG. Gem. § 3 Abs. 2 BBiG finden die arbeitsrechtlichen Rechtsvorschriften grundsätzlich, d. h. soweit nichts anderes im BBiG geregelt ist, Anwendung.

Auch der Berufsausbildungsvertrag kann mündlich abgeschlossen werden, allerdings sind auch hier, wie im Nachweisgesetz geregelt, die wesentlichen Inhalte schriftlich – vor Beginn des Vertragsverhältnisses – niederzulegen (§ 4 Abs. 1 BBiG).

Der Ausbildende ist verpflichtet, dem Auszubildenden die Fertigkeiten und Kennisse zu vermitteln, die erforderlich sind, um das Ausbildungsziel zu erreichen.

Die theoretische Ausbildung (Berufsschule) ist nicht Bestandteil des Vertrages, sondern wird durch die Landesschulgesetze geregelt. Allerdings hat der Ausbildende die Pflicht, den Schulbesuch zu ermöglichen und zu kontrollieren.

Der Auszubildende ist verpflichtet, die im Rahmen der Ausbildung aufgetragenen Verpflichtungen zu erfüllen.

Gem. § 14 Abs. 1 BBiG endet das Berufsausbildungsverhältnis grundsätzlich mit dem Ablauf der Ausbildungszeit (gem. § 25 Abs. 2 Nr. 2 BBiG grundsätzlich zwischen zwei und drei Jahre), auch wenn der Zeitpunkt der Prüfung später liegt. Besteht der Auszubildende die Abschlussprüfung vor dem vertraglichen Ablauf des Ausbildungsverhältnisses, so endet dieses mit der bestandenen Prüfung (§ 14 Abs. 2). Besteht der Auszubildende die Abschlussprüfung nicht, so verlängert sich das Ausbildungsverhältnis auf sein Verlangen bis zur nächstmöglichen Prüfung, höchstens jedoch um ein Jahr (§ 14 Abs. 3). Besteht der Auszubildende auch die Wiederholungsprüfung nicht, so ist der Vertrag auf sein Verlangen hin erneut zu verlängern (§ 34 Abs. 1 Satz 2).

Nach der Beendigung des Ausbildungsverhältnisses durch Zeitablauf oder durch bestandene Prüfung besteht grundsätzlich keine Verpflichtung, ein Arbeitsverhältnis zu begründen (allerdings gibt es tarifvertraglich normierte Übernahmeverpflichtungen; diese können auch einzelvertraglich vereinbart werden). Ein gesetzlicher Übernahmeanspruch besteht bei Mitgliedern der Jugend- und Auszubildendenvertretung nach § 78a BetrVG und nach den einschlägigen Vorschriften in den einzelnen Personalvertretungsgesetzen für den Bereich des öffentlichen Dienstes.

Unabhängig vom Zeitablauf oder der bestandenen Prüfung kann das Berufsausbildungsverhältnis während einer Probezeit jederzeit ohne Angabe von Gründen von beiden Vertragsparteien gekündigt werden (§ 15 Abs. 1). Die Probezeit beträgt gem. § 13 mindestens einen und höchsten drei Monate. Nach Ablauf der Probezeit kann das Ausbildungsverhältnis nur noch aus wichtigem Grund fristlos gekündigt werden. Die Kündigung muss schriftlich erfolgen und hat die relevanten Kündigungsgründe zu enthalten (§ 15 Abs. 2 und 3). Einen Sonderfall der Beendigung stellt die sog. *Berufsaufgabekündigung* nach § 15 Abs. 2 Nr. 2 dar. Unter Einhaltung einer Frist von vier Wochen kann der Auszubildende das Vertragsverhältnis kündigen, wenn er die Ausbildung aufgeben oder sich für eine andere Ausbildung entscheiden will.

Streitigkeiten aus dem Berufsausbildungsverhältnis gelangen grundsätzlich nicht sofort zum Arbeitsgericht (vgl. Sie zur *Arbeitsgerichtsbarkeit* ausführlich unter *Überblick über das ArbGG* ab Seite 280), vielmehr ist gem. § 111 ArbGG dem Gerichtsverfahren ein Verfahren vor einem aus Vertretern der Arbeitgeber und der Arbeitnehmer mit gleicher Teilnehmerzahl besetzten Ausschuss vorgeschaltet.

Da Auszubildende gem. § 5 Abs. 1 BetrVG zu den Angehörigen eines Betriebes zählen, ist der Betriebsrat auch für Auszubildende zuständig. Daneben eröffnet das BetrVG in §§ 60 ff. die Möglichkeit der Wahl einer besonderen Jugend- und Auszubildendenvertretung (dazu ausführlich unter *Überblick über das BetrVG – Die Jugend- und Auszubildendenvertretung* ab Seite 266, 273). Nach der

Rechtsprechung des BAG (vom 21. 7. 1993, DB 1994, 842) zählen
Auszubildende in reinen Ausbildungsbetrieben (das heißt ohne Bezug zu einer eigentlichen betrieblichen Produktion) nicht zu den
Arbeitnehmern im Sinne des § 5 Abs. 1 BetrVG. Dies sind Betriebe,
deren Funktion allein in der Ausbildung der Auszubildenden, nicht
aber etwa in der Produktion einer Ware oder dem Anbieten einer
Dienstleistung besteht. Arbeitnehmer im Sinne des BetrVG sind
dann nur die im Betrieb als Ausbilder oder etwa in der Verwaltung
tätigen Beschäftigten.

4. Die Beteiligung des Betriebsrats von der Auswahl bis zur Einstellung von Arbeitnehmern – ein Überblick

a) Die Beteiligung im Rahmen der Personalplanung nach § 92 BetrVG

Der Begriff der Personalplanung im Sinne des § 92 BetrVG umfasst
im Wesentlichen die Planung des Personalbedarfs, der Personalbe-
schaffung, der Personalentwicklung, des Personaleinsatzes, des
Personalabbaus und der Personalkosten. Dem Betriebsrat soll frühzeitig die Möglichkeit gegeben werden, anhand der wirtschaftlichen Planziele des Arbeitgebers mögliche Folgerungen für die Belegschaft rechtzeitig absehen zu können. Aufbauend auf diesen
Erkenntnissen kann der Betriebsrat so u. a. dem Arbeitgeber Vor-
schläge zur Personalplanung i.w.S. machen. Dies können Vorschlä-
ge zur Qualifizierung der Mitarbeiter sein, um so den zukünftigen
Bedarf an Facharbeitern mit eigenen Beschäftigten decken zu können. Das kann der frühzeitige Beginn zu Verhandlungen über den
Abschluss eines Sozialplans nach §§ 111 ff. BetrVG bei absehba-
rem Personalabbau etc. sein.

**b) Die Beteiligung des Betriebsrats bei Stellen-
ausschreibungen nach § 93 BetrVG und bei
Auswahlrichtlinien nach § 95 BetrVG**

Eine Folge der allgemeinen Beteiligung nach § 92 BetrVG ist die Beteiligung des Betriebsrats bei Stellenausschreibungen nach § 93
BetrVG, da dies ein Teil der von § 92 BetrVG erfassten Personalbe-
schaffungsmaßnahmen ist. Danach kann der Betriebsrat verlangen,
dass Arbeitsplätze, die besetzt werden sollen, allgemein oder für
bestimmte Arten von Tätigkeiten vor ihrer Besetzung innerhalb des
Betriebs ausgeschrieben werden. Die Beteiligung nach § 93 BetrVG
dient dem sozialen Schutz der Beschäftigten. Letztendlich wird somit die Weiterbeschäftigung von Betriebsangehörigen ermöglicht
und folglich Kündigungen im Ansatz vermieden. Das Beteiligungsrecht nach § 93 BetrVG korrespondiert mit dem Beteiligungsrecht
nach § 95 BetrVG über die Erstellung von Auswahlrichtlinien bei
Einstellungen etc.

**c) Die Beteiligung des Betriebsrats bei der Einstellung
nach § 99 BetrVG**

Nach § 99 BetrVG muss der Arbeitgeber in Betrieben mit in der Regel mehr als 20 wahlberechtigten Arbeitnehmern (gem. § 7 BetrVG
sind das Arbeitnehmer, die das 18. Lebensjahr vollendet haben)
den Betriebsrat u. a. vor jeder Einstellung unterrichten, ihm die erforderlichen Unterlagen der Bewerber vorlegen, sowie die möglichen Auswirkungen der Einstellung auf die Belegschaft darstellen.
Des Weiteren bedarf die Einstellung der Zustimmung des Betriebsrats.
Sie sehen, dass der Betriebsrat schon vor Ihrer möglichen oder beabsichtigten Einstellung wesentliche Einflussmöglichkeiten hat.
Um so mehr empfiehlt es sich, Vorstellungsgespräche auch mit dem
Betriebsrat zu führen.

VII. Der Arbeitsalltag – die gegenseitigen Rechte und Pflichten der Vertragspartner

Der Arbeitsalltag ist gekennzeichnet von der praktischen Umsetzung der getroffenen vertraglichen Vereinbarung. Mit der konkreten Umsetzung des Arbeitsvertrages beginnt das Arbeitsverhältnis zu leben und damit eröffnen sich dann auch konkrete Fragen und Probleme. Im ersten Abschnitt erfahren Sie, wieweit der Arbeitgeber einseitige Anweisungen bezüglich Inhalt, Ort und Zeit der Arbeitsleistung an den Arbeitnehmer geben kann (Direktionsrecht), und im zweiten Abschnitt, welche Folgen eine vertragswidrige oder nichtvertragsgemäße Arbeitsleistung haben kann. Im dritten Abschnitt lernen Sie die Pfllicht des Arbeitgebers zum Schadensersatz kennen. Der vierte Abschnitt stellt die unterschiedlichen Rechtsgrundlagen der Lohnzahlungspflicht des Arbeitgebers vor und im fünften Abschnitt werden besondere Zahlungsansprüche wie Weihnachtsgratifikation, Prämien etc. vorgestellt.

1. Das Recht und die Pflicht zur Arbeitsleistung

Gem. § 613 Satz 1 BGB hat der Arbeitnehmer die vertraglich geschuldete Arbeitsleistung persönlich zu erbringen. Soweit vertraglich nichts anderes vereinbart ist (etwa Arbeitsvertrag mit Hausmeisterehepaar), kann er im Falle seiner Verhinderung keine Ersatzkraft stellen; umgekehrt ist er in diesem Fall aber dazu auch nicht verpflichtet.

Im Rahmen der Erörterung der einzelnen Rechtsgrundlagen (dazu ab Seite 78, 83) haben Sie bereits erfahren, dass auf Grund des § 2 Nachweisgesetzes u. a. die vom Arbeitnehmer zu leistende Tätigkeit in Kurzform zu charakterisieren oder zu beschreiben ist. Damit wird das *Was* der Leistung näher bestimmt. Je genauer die vertraglich geschuldete Leistung beschrieben ist, desto geringer sind die Möglichkeiten des Arbeitgebers, einseitig, d. h. im Wege der Anweisung (Direktion) dem Arbeitnehmer eine andere als die vereinbarte Tätigkeit zuzuweisen. Umgekehrt ist dann das Direktionsrecht umfangreicher, wenn die Tätigkeit nur allgemein beschrieben oder charakterisiert ist.

Das BAG hat das Direktionsrecht des Arbeitgebers in einer Vielzahl von Entscheidungen definiert

> **!** »als die Befugnis des Arbeitgebers, die im Arbeitsvertrag nur rahmenmäßig umschriebenen Leistungspflichten des Arbeitnehmers im Einzelnen nach (Zeit, Ort und) der Art zu bestimmen« (BAG vom 15. 12. 1993 – 5 AZR 319/93 –; BAG vom 7. 9. 1983 – 5 AZR 259/81–).

Seine Grenzen findet das Weisungsrecht aber in den Vorschriften der Gesetze, der Kollektiv- (TV und BVE) und Einzelarbeitsverträge (BAG vom 25. 10. 1989 – 2 AZR 633/88 –, DB 1990, 2026 f.).

So kann einem Arbeitnehmer, dessen Tätigkeit nicht genau definiert ist, jede Tätigkeit im Wege des Weisungsrechts übertragen werden, die dem jeweiligen Berufsbild oder etwa den Merkmalen einer tarifvertraglichen Vergütungsgruppe entspricht, sofern ihm diese andere Tätigkeit **nach billigem Ermessen** (§ 315 BGB) zugemutet werden kann (BAG vom 12. 4. 1973 – 2 AZR 291/72 –, DB 1973, 1904 für den Bereich des öffentlichen Dienstes). Bei der Frage der Zumutbarkeit sind die betrieblichen Interessen des Arbeitgebers mit den besonderen Interessen (auch soziale Belange wie Kinderbetreuung, Anfahrtswege und -zeiten etc.) gegeneinander abzuwägen. Eine wichtige Beschränkung stellt auch das sog. Maßregelungsverbot in § 612a BGB dar, wonach es dem Arbeitgeber untersagt ist, eine bestimmte Maßnahme als Reaktion auf eine zulässige Rechtsausübung des Arbeitnehmers vorzunehmen.

Ausgangspunkt für die Vergleichbarkeit der bisher ausgeübten Tätigkeit mit der im Wege des Weisungsrechts neu auszuübenden Tätigkeit ist mithin einmal das jeweilige Berufsbild und dann die Frage, ob die Ausübung der neuen Tätigkeit dem Arbeitnehmer zumutbar (billiges Ermessen nach § 315 BGB) ist. Die Definition, was von einem konkreten Berufsbild erfasst wird, ist sehr schwierig.

Das BAG hat im Laufe der Jahre im Zusammenhang mit dem Begriff der Versetzung im Sinne des § 95 Abs. 3 BetrVG Anhaltspunkte definiert:

Danach muss die Veränderung so erheblich sein, dass sich das Gesamtbild einer Tätigkeit ändert, mit der Folge, dass

– der Inhalt der Arbeitsaufgabe ein anderer wird (z.B.: Pförtner soll Reinigungskraft werden; so etwa BAG vom 23.11.1993 und 2.4.1996, BB 1996, 2246, 2249).

Oder

– der bisherige Tätigkeitsbereich sich formal nicht ändert, jedoch wesentliche Teilfunktionen neu übertragen oder entzogen werden (BAG vom 2.4.1996).

Aber

– auch eine erhebliche Veränderung der Umstände der Arbeitsleistung auf Dauer kann Indiz für die Änderung des Aufgabenbereichs sein. Als solche gelten Aspekte in räumlicher, technischer und organisatorischer Hinsicht (BAG vom 26.5.1988, AP Nr. 13 zu 95 BetrVG 1972).

Verweigert ein Arbeitnehmer die Ausübung einer (anderen) Tätigkeit, die vom Direktionsrecht nicht gedeckt ist, stellt dies die Ausübung eines zulässigen Leistungsverweigerungsrechts dar und rechtfertigt keine außerordentliche oder verhaltensbedingte ordentliche Kündigung (BAG vom 3.12.1980 – 5 AZR 477/78 –, ARST 1981, 107 f.; BAG vom 12.4.1973 – 2 AZR 291/72 –, DB 1973, 1904). Da der Arbeitnehmer nicht nur zur Ausübung der konkreten Tätigkeit verpflichtet, sondern auch berechtigt ist, kann er in diesem

Fall die Einrede des (auf Seiten des Arbeitgebers) nichterfüllten Vertrages nach § 320 Abs. 1 BGB erheben.

Bietet der Arbeitnehmer gleichzeitig seine vertraglich geschuldete Leistung an, so kommt der Arbeitgeber nach § 615 BGB in Annahmeverzug und schuldet das vereinbarte Entgelt.

Ein besonderes *Zurückbehaltungsrecht* beinhaltet § 321 BGB. Auch danach kann ein Arbeitnehmer seine Arbeitsleistung verweigern, obwohl er grundsätzlich vorleistungspflichtig ist, wenn in den Vermögensverhältnissen des Arbeitgebers eine wesentliche Verschlechterung eintritt und deshalb die Lohnzahlung gefährdet ist. Dies ist insbesondere *bei drohender Zahlungsunfähigkeit des Arbeitgebers* denkbar (§ 18 InsO).

Neben der Möglichkeit der Ausübung des Zurückbehaltungsrechts und der Einrede des nichterfüllten Vertrages bleibt dem Arbeitnehmer aber auch die Klage auf vertragsgerechte Beschäftigung.

Ein Sonderfall der Abwägung im Rahmen der Zumutbarkeit stellt sich im Zusammenhang mit dem sog. Beschäftigungsverbot für schwangere Frauen nach § 11 Abs. 1 MuSchG dar. Darf eine Arbeitnehmerin auf ihrem bisherigen Arbeitsplatz nicht mehr beschäftigt werden, darf – und muss – der Arbeitgeber ihr eine zumutbare Ersatzbeschäftigung im Rahmen des Direktionsrechts zuweisen. So müssen auch Tätigkeiten ausgeübt werden, die – wenn zumutbar im Sinne des § 315 BGB – durch das Direktionsrecht nicht zuweisbar wären. Das BAG hat mit Urteil vom 21. 4. 1999 – 5 AZR 174/98 –, ARST 1999, 251 ff. entschieden, dass es – grundsätzlich – zumutbar ist, einer schwangeren Flugbegleiterin Tätigkeiten des Bodenpersonals (Bürotätigkeiten) zu übertragen.

Hat sich eine – ehemals nur allgemein beschriebene – Tätigkeit im Laufe der Jahre allerdings konkretisiert und kann der Arbeitnehmer darauf vertrauen, dass beide Vertragsparteien von einer entsprechenden – einvernehmlichen, **stillschweigenden** – **Änderung** des Arbeitsvertrages ausgegangen sind, dann ist die Übertragung einer anderen Tätigkeit zum Nachteil des Arbeitnehmers im Wege des Direktionsrechts ausgeschlossen (BAG vom 29. 6. 1988 – 5 AZR 425/87 –). Diese Konkretisierung kann auch im Zuge einer betrieblichen Übung erfolgen. Allerdings muss deutlich sein, dass sich der Arbeitgeber gegenüber dem Arbeitnehmer eindeutig binden wollte (BAG vom 21. 1. 1997 – 1 AZR 572/96 –, NZA 1997, 1009 f.), ein gewisser Zeitablauf allein reicht hierzu nicht aus (LAG Schleswig-Holstein vom 30. 4. 1998 – 4 Sa 490/97 –, ARST 1998, 187).

Häufig stellt sich in der Praxis die Frage, ob ein Arbeitnehmer an vom Arbeitgeber angeordneten Qualifizierungsmaßnahmen – evtl. auch in der ansonsten arbeitsfreien Zeit – teilnehmen muss. Da diese Verpflichtung häufig nicht in Arbeitsverträgen oder auch Betriebsvereinbarungen geregelt ist, unterliegt auch dieses Problem den Grundsätzen des Direktionsrechts. Da der Arbeitnehmer auf Grund des Arbeitsvertrages nicht wie etwa ein Werkunternehmer einen konkreten Erfolg (Reparatur eines defekten Fernsehgerätes), sondern lediglich die ordnungsgemäße Erledigung der ihm übertragenen Aufgaben nach seinen persönlichen Fähigkeiten schuldet (dazu ausführlicher unter *Der Arbeitsalltag – Folgen der Schlechtleistung des Arbeitnehmers* ab Seite 124), tritt normalerweise dadurch bereits eine Erfüllung der vertraglichen Pflichten ein. Unbestritten ändern sich häufig die ursprünglich dem Arbeitsvertrag bei dessen Abschluss zu Grunde gelegten Arbeitsbedingungen und Anforderungen im Laufe der Zeit. Daraus ergibt sich die Notwendigkeit der Fortbildung oder sogar in Folge des § 1 Abs. 2 Satz 3 KSchG die Erforderlichkeit zu einer für beide Vertragspartner zumutbaren Umschulung zur Vermeidung einer betriebsbedingten Kündigung. In diesen Fällen kann bzw. muss der Arbeitgeber kraft Direktionsrechts den Arbeitnehmer zur Teilnahme an entsprechenden internen oder externen Maßnahmen anweisen (vgl. z. B. ArbG Bonn, NZA 1991, 512). Davon erfasst ist auch die zeitliche Lage einer Veranstaltung. Aber auch hier gelten der Grundsatz der (insbesonderen) zeitlichen Zumutbarkeitsgrenze nach § 315 BGB und die Ausführungen zur Mehrarbeit und zu Überstunden (siehe dazu ab Seite 121).

Da jede – auch noch so kurzzeitige – externe Maßnahme mit einer Änderung der äußeren Umstände der Arbeitsleistung einhergeht, ist im Geltungsbereich des BetrVG das Mitbestimmungsrecht des Betriebsrates nach §§ 99, 95 Abs. 3 zu beachten. Gleiches gilt allgemein für Dienstreisen.

Aber auch die Bestimmung des Ortes (das **Wo**) und der Zeit (das **Wann**) unterliegen mangels Konkretisierung durch Gesetz oder arbeitsvertraglicher Regelung dem Weisungsrecht des Arbeitgebers.

So kann etwa ein Arbeitgeber einseitig den **Einsatzort** eines Arbeitnehmers bestimmen, sofern dieser auf Grund vertraglicher Konkretisierung nicht zur ausschließlichen Erbringung der Arbeitsleistung an einem Ort verpflichtet (und auch berechtigt) ist. Formulierungen wie »… *wird als Leiter im Produktionsbereich Naturheilmittel der Firma Mutter Erde GmbH angestellt*«, ermöglichen den Einsatz an allen Produktionsstätten des Arbeitgebers in der Bundesrepublik ebenso, wie die Anstellung eines Maurerpoliers einer im Rahmen von Montagearbeiten im ganzen Bundesgebiet tätigen Baufirma.

Davon zu unterscheiden ist die Frage der **Mitbestimmung des Betriebsrates** wegen einer Versetzung im Sinne der §§ 99, 95 Abs. 3 BetrVG.

Auch die Bestimmung der (werk-)**täglich** zu erbringenden **Arbeitszeit**, einschließlich etwa der Bestimmung von Schichtarbeit, unterliegt grundsätzlich dem Direktionsrecht des Arbeitgebers. Eingeschränkt wird dieses Recht allerdings in erster Linie durch die Vorschriften des Arbeitszeitgesetzes über die werktäglich längstmögliche Arbeitszeit, die Sonn- und Feiertagsruhe, die Ruhepausen und Ruhezeiten (dazu ausführlich ab Seite 200).

Ob ein Arbeitgeber im Wege des Direktionsrechts **Mehrarbeit oder Überstunden** anordnen kann, hängt von der (kollektiv- oder einzel-)vertraglichen Vereinbarung ab. Ohne Vereinbarung ist ein Arbeitgeber nicht berechtigt, einseitig Mehrarbeit oder Überstunden anzuordnen. Enthalten Verträge die – in der Regel nur allgemein formulierte – Berechtigung des Arbeitgebers zur Anordnung von Mehrarbeit oder Überstunden, so hat der Arbeitgeber auch insoweit bei der Anordnung die Grundsätze billigen Ermessens nach § 315 BGB zu beachten (BAG vom 19. 6. 1985 – 5 AZR 57/84 –, DB 1986, 132).

Auch hier ist im Geltungsbereich des BetrVG das **Mitbestimmungsrecht des Betriebsrates** nach § 87 Abs. 1 Nr. 2 und 3 BetrVG zu beachten.

Unbenommen bleibt den Vertragspartnern natürlich die **einvernehmliche Änderung oder Anpassung des Arbeitsvertrages** an geänderte Umstände. Dies allerdings nur unter Beachtung der gesetzlichen und kollektivrechtlichen Vorgaben, bzw. abweichend zu Gunsten des Arbeitnehmers.

Von zunehmender praktischer Bedeutung ist die Frage, ob ein Arbeitgeber im Wege des Direktionsrechts berechtigt ist, einen Arbeitnehmer im laufenden Arbeitsverhältnis zur Klärung einer Alkohol- oder Drogenabhängigkeit zur routinemäßigen Blutuntersuchung zu verpflichten. Nach einem Urteil des BAG vom 12. 8. 1999 (3 (7) Ca-3176/97, BB 1999, 2564) besteht ein solches Weisungsrecht grundsätzlich nicht aufgrund der jedem Arbeitsverhältnis zu Grunde liegenden Treuepflicht des Arbeitnehmers. Zwar muss ein Arbeitnehmer bei Vorliegen eines berechtigten Interesses des Arbeitgebers in eine ärztliche Untersuchung zur Überprüfung seines Gesundheitszustandes einwilligen, dennoch besteht gerade bei solchen Eingriffen in die Intimsphäre des Arbeitnehmers ein auch vom Arbeitgeber zu beachtender besonderer verfassungsrechtlicher Schutz nach Art. 2 Abs. 1 i. V. m. Art. 1 Abs. 1 GG (vgl. v. Hoyningen-Huene, DB 1995, 142 ff.). Erst wenn ein konkreter Anhaltspunkt dafür besteht, dass der Arbeitnehmer aufgrund einer Alkohol- oder Drogenabhängigkeit seine vertraglich geschuldete Arbeitsleistung nicht oder nur gemindert erfüllen kann, besteht eine Verpflichtung des Arbeitnehmers, in die ärztliche Untersuchung einzuwilligen. Widersetzt sich der Arbeitnehmer in solchen Fällen der Anweisung des Arbeitgebers, so verletzt er damit seine vertraglichen (Neben-)Pflichten mit der Folge arbeitsrechtlicher Konsequenzen wie Abmahnung oder Kündigung (dazu ausführlicher unter *Die Beendigung des Arbeitsverhältnisses – Die verhaltensbedingte Kündigung* ab Seite 241).

2. Die Rechtsfolgen der Pflichtverletzung durch den Arbeitnehmer

Auch im Arbeitsrecht gelten die Grundsätze der sog. Leistungsstörung. Damit werden die Störfälle bei der Erfüllung vertraglicher Pflichten gelöst, die durch Nicht- oder Schlechtleistung der Vertragspartner entstehen.

a) Folgen der Nichtleistung des Arbeitnehmers
(dazu ausführlich unter *Die Folgen der Arbeitsverhinderung* ab Seite 143)

Leistet der Arbeitnehmer seine Arbeit dauernd oder vorübergehend nicht, so wird ihm die Erbringung der Leistung in der Regel ganz oder teilweise unmöglich (§ 275 BGB), da er zur Leistung zu einer bestimmten Zeit verpflichtet ist (sog. Fixschuld gem. § 361 BGB). Hat der Arbeitnehmer die Unmöglichkeit nicht zu vertreten (z. B. Krankheit), so wird er von der Verpflichtung zur Arbeitsleistung endgültig frei (§ 275 BGB).

Hat der Arbeitnehmer die Nichtleistung zu vertreten und steht ihm kein gesetzlicher Rechtfertigungsgrund zu, so kann der Arbeitgeber Schadensersatz wegen Nichterfüllung (§ 325 BGB) verlangen oder auch das Arbeitsverhältnis außerordentlich nach § 626 BGB wegen Vertragsverletzung kündigen und auch insoweit nach § 628 BGB Schadensersatz verlangen.

Ist die Arbeitsleistung nachholbar, so kann der Arbeitgeber die Nacharbeit (Erfüllung) verlangen.

Gründe der Rechtfertigung für die Nichtleistung sind etwa Urlaub, Arbeitsunfähigkeit, Beschäftigungsverbote (dazu ausführlich unter *Die Folgen der Arbeitsverhinderung* ab Seite 143).

Der Arbeitnehmer hat die Unmöglichkeit nicht zu vertreten, wenn den Arbeitgeber das Risiko der Nichtbeschäftigung trifft. Das ist z. B. nach der sog. Betriebsrisikolehre der Fall (dazu ausführlich unter *Die Folgen der Arbeitsverhinderung – Betriebsrisiko, Wirtschaftsrisiko und Arbeitskampfrisiko* ab Seite 169).

Der Arbeitnehmer kann in Ausübung seines Zurückbehaltungsrechts nach § 273 Abs. 1 BGB die Arbeitsleistung verweigern, wenn der Arbeitgeber einen fälligen Lohnanspruch über einen nicht ganz unerheblichen Zeitraum (wenige Tage) nicht erfüllt. Es ist zu bedenken, dass dem Arbeitnehmer regelmäßig keine anderen Einkünfte zum Bestreiten seines Lebensunterhaltes zukommen. Für die Zeit der berechtigten Ausübung des Zurückbehaltungsrechts ist der Arbeitgeber nach § 324 Abs. 1 BGB (so LAG Thüringen vom 19. 1. 1999, FA 1999, 396) bzw. nach § 615 BGB wegen Verzugs (so das BAG in ständiger Rspr.) verpflichtet, dem Arbeitnehmer Lohn zu zahlen.

b) Folgen der Schlechtleistung des Arbeitnehmers

Von der Nichtleistung ist die Schlechtleistung zu unterscheiden. Das sind Fälle, in denen der Arbeitgeber durch die – mangelhafte – Leistung des Arbeitnehmers geschädigt wird. So etwa bei mangelnder Arbeitsqualität, Produktion von Ausschuss (mangelhafte Produkte, mangelhafte Beaufsichtigung oder Bedienung von Maschinen), die Schädigung von Personen (Kollegen oder Kunden) oder bei der Vernachlässigung anderer mit der Arbeitsleistung in Verbindung stehender Pflichten (z. B. Obhuts- oder Herausgabepflichten bezüglich Material, Werkzeug, Geld, Software).

Für die Haftung der Arbeitnehmer für Schäden des Arbeitgebers (aus sog. positiver Vertragsverletzung oder aus unerlaubter Handlung nach § 823 BGB), die ihren Ursprung in der Ausübung der vertraglich geschuldeten Arbeitspflicht haben, gelten grundsätzlich die allgemeinen Regeln des BGB. Allerdings hat das BAG in langen Jahren der Rechtsprechung **besondere Regeln der Arbeitnehmerhaftung** entwickelt:

- Für **Personenschäden an Arbeitskollegen** (Haftungsgrundlage: § 823 BGB) greift nach § 105 SGB VII ein vollständiger Haftungsausschluss ein, wenn der Arbeitskollege aufgrund eines Arbeitsunfalls (§ 8 SGB VII) geschädigt wird, den der Arbeitnehmer nicht vorsätzlich verursacht hat und der sich auch nicht auf dem nach § 8 Abs. 2 Nr. 1 bis 4 SGB VII versicherten Weg (Wegeunfall) ereignet hat. Der geschädigte Kollege oder dessen Hinterbliebene haben Ansprüche aus der gesetzlichen Unfallversicherung (Berufsgenossenschaft). Dagegen kann die Berufsgenossenschaft gegenüber dem schadensverursachenden Arbeitnehmer Regress nach § 110 SGB VII nehmen, wenn der Schaden grob fahrlässig (dazu ab Seite 126) verursacht wurde, muss aber die wirtschaftlichen Verhältnisse (Einkommen, Unterhaltspflichten etc.) beachten (§ 11 Abs. 2 SGB VII).
- Für **alle anderen Schäden, wie Sach- und Vermögensschäden** oder Drittschäden, gelten folgende **Haftungsbeschränkungen** (vgl. BAG vom 21. 9. 1993, NZA 1994, 270; GS des BAG vom 27. 9. 1994, DB 1994, 2237):
  Keine Haftung des Arbeitnehmers bei **leichtester Fahrlässigkeit.** Diese liegt vor, wenn es sich um eine geringfügige und leicht entschuldbare Pflichtverletzung handelt, die jedem Arbeitnehmer unterlaufen kann.
  Anteilige Haftung bei **mittlerer Fahrlässigkeit.** Diese Haftung richtet sich nach dem Verdienst des Arbeitnehmers, der Versicherbarkeit des Schadensrisikos durch den Arbeitgeber, den sozialen Verhältnissen des Arbeitnehmers, der Dauer der Zugehörigkeit zum Betrieb und dem Mitverschulden des Arbeitgebers.
  Volle Haftung bei **Vorsatz und grober Fahrlässigkeit.** *Grobe Fahrlässigkeit* liegt vor, wenn eine besonders schwerwiegende und auch subjektiv unentschuldbare Pflichtverletzung vorliegt, d. h. der Arbeitnehmer diejenige Sorgfalt außer Acht gelassen hat, die jedem – vernünftig

denkenden – Arbeitnehmer einleuchtet. Aber auch in diesem Fall ist eine Haftungsbeschränkung nicht völlig ausgeschlossen. So etwa bei einem deutlichen Missverhältnis zwischen Verdienst und Schadenshöhe, wenn dadurch die Existenz des Arbeitnehmers bei voller Inanspruchnahme gefährdet ist (BAG vom 23. 1. 1997 – 8 AZR 893/95 –, ArbuR 1997, 119).

Vorsatz setzt das Wissen und Wollen des Schadens voraus. Aber auch hier kann Schadensersatzminderung durch ein Mitverschulden des Arbeitgebers eintreten.

Eine **summenmäßige Begrenzung** ist gesetzlich nicht vorgesehen. Verschiedene Gerichte begrenzen bei mittlerer Fahrlässigkeit die Schadenssumme auf $1/2$ bis ein Bruttomonatsverdienst (LAG Nürnberg und zustimmend Hanau/Rolfs, NJW 1994, 1439 ff.) und bei grober Fahrlässigkeit auf bis zu drei Monatsgehälter (LAG Köln und zustimmend Haunau/Rolfs, a. a. O.).

Aber auch die – mögliche und zumutbare – Versicherungsmöglichkeit stellt eine Begrenzung der Haftung dar. So muss sich der Arbeitgeber primär an eine bestehende Betriebshaftpflichtversicherung halten, bzw. sich so behandeln lassen, als habe er diese abgeschlossen. Das hat insbesondere Folgen bei Kfz-Schäden. In diesen Fällen bleibt der Haftungsumfang für den Arbeitnehmer in der Regel auf die Selbstkostenbeteiligung begrenzt.

- Die schuldhafte Verletzung von **außenstehenden Dritten** (Kunden) folgt den allgemeinen zivilrechtlichen Haftungsregeln der unerlaubten Handlung (§§ 823 ff. BGB). Soweit allerdings der Arbeitnehmer im Innenverhältnis dem Arbeitgeber nicht oder nur begrenzt haften würde, hat er gegenüber dem Arbeitgeber einen Freistellungsanspruch. Umgekehrt kommen dem Arbeitnehmer Haftungsausschlüsse oder -begrenzungen, die der Arbeitgeber mit dem Kunden vereinbart hat, ebenfalls zugute (BGH vom 7. 2. 1961, NJW 1962, 388).
- Einen Sonderfall der Arbeitnehmerhaftung stellt die sog. **Mankohaftung** dar. Als Manko bezeichnet man den Schaden, den ein Arbeitgeber dadurch erleidet, dass ein seinem Arbeitnehmer anvertrauter Waren- oder Kassenbestand Defizite aufweist. Die Rechtsprechung hat

Mankoabreden, das sind Vereinbarungen zwischen Arbeitgeber und Arbeitnehmer, wonach sich der Arbeitnehmer verpflichtet, ein entstandenes Manko – unabhängig vom Verschulden – zu ersetzen, dann zugelassen, wenn der Arbeitgeber eine angemessene Gegenleistung erbringt. Das ist dann der Fall, wenn der Arbeitgeber dem Arbeitnehmer zur Abdeckung des Mankorisikos ein zusätzliches Entgelt, das sog. Mankogeld, zahlt.

Da aber zulässige Mankoabreden auch Sachverhalte erfassen, in denen der Arbeitnehmer nach allgemeinen, arbeitsrechtlichen Haftungsgrundsätzen keine oder nur eine eingeschränkte Haftung treffen würde, darf eine Haftung aus Mankovereinbarungen die Summe der gezahlten Mankogelder nicht übersteigen. Es ist jedoch zulässig, mittel- oder längerfristige Ausgleichszeiträume von z. B. einem Kalenderjahr zu vereinbaren, um so die Betragshöhe anzupassen. Ebenso wenig ist es ausgeschlossen, vorsätzliches Verhalten aus der Mankoabrede und damit aus der Haftungsbegrenzung auszuschließen (BAG vom 17.9.1998 – 8 AZR 175/97 –, ArbuR 1999, 117 f.).

Allerdings sind solche Abreden nur dann als zulässige Risikoverlagerung vom Arbeitgeber auf den Arbeitnehmer zulässig, wenn außer dem betroffenen Arbeitnehmer keine weiteren Arbeitnehmer Zugriff auf die Vermögensgegenstände des Arbeitgebers haben (BAG, a. a. O.).

- Ausgewählte Fälle zur Haftung bei grober Fahrlässigkeit:
  - Im Falle der Verabreichung einer Blutinfusion mit falscher Blutgruppe sprach das BAG die Haftung der verantwortlichen Narkoseärztin in voller Höhe aus (NZA 1998, 310). Der Schadensersatzanspruch belief sich auf 110 418 DM, der Bruttomonatsverdienst betrug 5 500 DM.
  - Im Falle des Fahrers eines Enteiserfahrzeugs, der mit 1,41 Promille Blutalkohol einen Schaden in Höhe von 150 000 DM verursachte, sprach das BAG eine Haftung in Höhe von 20 000 DM bei einem Bruttomonatsverdienst von 3 500 DM aus (NZA 1998, 140).
  - Im Falle eines Lkw-Fahrers, der durch Missachtung des Ampel-Rotlichts einen Schaden in Höhe von 6 700 DM verursachte, sprach das BAG Haftung in voller Höhe bei einem Bruttomonatsverdienst von 5 400 DM aus (NZA 1999, 263).

3. Die Haftung des Arbeitgebers für Schäden des Arbeitnehmers

Seit der Entscheidung des BAG vom 8. 5. 1980 (– 3 AZR 82/79 –, NJW 1981, 702 f.) ist es ständige Rechtsprechung, dass der Arbeitgeber dem Arbeitnehmer die ohne Verschulden des Arbeitgebers am Fahrzeug des Arbeitnehmers entstandenen (**Sach-**)Unfall**schäden** in entsprechender Anwendung des § 670 BGB (Aufwendungsersatz beim Auftragsverhältnis) zu ersetzen hat. Voraussetzung ist aber, dass das Fahrzeug mit Billigung des Arbeitgebers in dessen Betätigungsbereich eingesetzt wurde. Um einen solchen Einsatz handelt es sich, wenn ansonsten der Arbeitgeber ein Firmenfahrzeug hätte einsetzen müssen. Allerdings können Arbeitgeber und Arbeitnehmer eine besondere Vergütung dafür vereinbaren, dass das Schadensrisiko beim Arbeitnehmer verbleibt (BAG vom 14. 12. 1995 – 8 AZR 875/94 –, BB 1996, 433 = NJW 1996, 417). Diese Vergütung muss jedoch zur Abdeckung des Unfallrisikos ausreichen. Bei der Verpflichtung des Arbeitgebers zum (Schadens-)Ersatz ist jedoch ein Mitverschulden des Arbeitnehmers zu berücksichtigen (entsprechend § 254 BGB). Jedoch wird das Mitverschulden des Arbeitnehmers wiederum gemäß den Grundsätzen der Haftungsminderung im Arbeitsrecht eingeschränkt, so dass etwa bei leichtester Fahrlässigkeit des Arbeitnehmers ein Mitverschulden entfällt (BAG, vom 17. 7. 1997 – 8 AZR 480/95 –, NJW 1998, 1170 f.).

Im Ergebnis muss diese Rechtsprechung auf alle Fälle Anwendung finden, in denen Sachen des Arbeitnehmers beschädigt werden, die dieser im Einverständnis mit dem Arbeitgeber zur Erfüllung seiner vertraglichen Pflichten einsetzt, soweit der Arbeitgeber dadurch die Bereitstellung eigener Mittel spart (so wohl grundsätzlich BAG, a. a. O.).

Für **Personenschäden** haftet der Arbeitgeber dem Arbeitnehmer oder dessen Hinterbliebenen nur, wenn er den Schaden vorsätzlich oder auf einem nach § 8 Abs. 2 Nr. 1 bis 4 SGB VII versicherten Weg herbeigeführt hat (§ 104 Abs. 1 SGB VII).

4. Die Pflicht des Arbeitgebers zur Lohnzahlung

Da die Hauptpflicht des Arbeitgebers darin besteht, eine Vergütung für die vom Arbeitnehmer – regelmäßig im Voraus – geleistete Arbeit zu zahlen (§ 611 BGB), folgt diese Verpflichtung den Rechtsgrundlagen des Arbeitsverhältnisses. Mithin kann Quelle dieser Hauptpflicht jede Ihnen bereits bekannte Rechtsgrundlage sein (dazu unter *Der Abschluss des Arbeitsvertrages – Die Rechtsgrundlagen des Arbeitsvertrages* ab Seite 78).

In Deutschland gibt es keinen – wie etwa in Frankreich – gesetzlich festgelegten Mindestlohn. Zwar gibt es ein **Gesetz** über die Festsetzung von Mindestarbeitsbedingungen (vom 11.1.1952, zuletzt geändert am 26.2.1993), auf Grund dessen unter bestimmten Voraussetzungen auch Mindestlöhne festgesetzt werden können, dies ist jedoch bis heute noch nie geschehen. Da nach § 1 TVG in erster Linie die Tarifvertragsparteien für die Festlegung von (tariflichen) Mindestlöhnen zuständig sind, wahrt der Gesetzgeber strikt diese Form der verfassungsrechtlich garantierten Tarifhoheit (Art. 9 Abs. 3 GG).

Das BGB regelt in § 612 Abs. 1 BGB, dass, soweit keine ausdrückliche Vereinbarung getroffen wurde, eine **Vergütung** für die Arbeitsleistung als **stillschweigend** vereinbart gilt. Mangels Vereinbarung bestimmt sich dann die Höhe der Vergütung nach der ansonsten üblichen Vergütung (§ 612 Abs. 2 BGB).

Berühmt wurde § 612 Abs. 2 BGB insbesondere bei den sog. Statusklagen von Rundfunkmitarbeitern. Diese wurden von ihren Arbeitgebern als freie Mitarbeiter geführt und im Wege eines Honorars entlohnt. Die Mitarbeiter sahen sich aber als weisungsgebundene Arbeitnehmer an (mit den gewollten Folgen etwa der Sozialversicherung, Entgeltfortzahlung im Krankheitsfall, der Anwendbarkeit des KSchG etc.). Soweit ihnen dieser Status zugesprochen wurde, hatte dies aber zur Folge, dass sie nicht mehr auf (höherer) Honorarbasis, sondern – mangels ausdrücklicher Vereinbarung – gem. § 612 Abs. 2 BGB entsprechend der üblichen (tarifvertraglichen, niedrigeren) Vergütung entlohnt wurden (vgl. BAG vom 21.1.1998 – 5 AZR 50/97 –, ArbuR 1998, 120 und NJW 1998, 2694 f.).

Dennoch gibt es Rechtsprechung zur Frage eines – gesetzlich gebotenen – Mindestlohnes. Diese Rechtsprechung befasst sich insgesamt mit dem Problem des (strafrechtlichen und arbeitsrechtlichen) **Lohnwucher**s, also dem auffälligen Missverhältnis zwischen Arbeitsleistung und Entgelt. Alle jüngeren Urteile zum Lohnwucher im Sinne des § 302a Abs. 1 Satz 1 Nr. 3 StGB beziehen sich auf das Grundsatzurteil des BGH in Strafsachen aus dem Jahr 1997 (vom 22.4.1997 – 1 StR 701/96 –, ArbuR 1997, 453). In diesem Fall beschäftigte ein deutscher Unternehmer einen tschechischen Grenzgänger als Maurer mit einem Stundenlohn von 12,70 DM, während er deutschen Kollgen 21 DM pro Stunde zahlte und der Tariflohn 19,05 DM betrug. Die Arbeitsgerichte befassen sich mit dem Problem des Lohnwuchers unter dem Gesichtspunkt der Sittenwidrigkeit nach § 138 BGB; allerdings nur sehr zurückhaltend. Dabei werden in jüngster Vergangenheit angesichts beständig hoher Arbeitslosenzahlen vor allem Fälle der Ausnutzung von Notlagen im Sinne des § 138 Abs. 2 BGB entschieden. So hat das LAG Berlin in seinem Urteil vom 9.2.1998 (– 6 Sa 145/97 –, ArbuR 1998, 468) die Zahlung eines Stundenlohnes in Höhe von 42% des Tarifstundenlohnes für einen Heizungsmonteur als sittenwidrig angesehen, da dieser die Stelle zum eigenen und seines Vaters Lebensunterhalt dringend benötigte. Das BAG hat sich mit Urteil vom 30.9.1998 (– 5 AZR 690/97 –, EzA § 10 BBiG Nr. 4) zur Frage einer angemessenen Ausbildungsvergütung dahingehend geäußert, dass das Unterschreiten der von einer Fachkammer empfohlenen Ausbildungsvergütung um 20% als unangemessen zu bewerten sei.

Weiter schreibt § 612 Abs. 3 BGB die sog. **Lohngerechtigkeit** fest. Danach darf für gleiche oder gleichwertige Arbeit nicht wegen des Geschlechts des Arbeitnehmers eine geringere Vergütung vereinbart werden als für das andere Geschlecht. § 612 Abs. 3 BGB ist

Folge des Art. 119 EGV (neu Art. 141) und wurde (wie §§ 611a, 611b BGB) durch das arbeitsrechtliche EG-Anpassungsgesetz vom 13. 8. 1980 eingefügt. Sie sehen, wie nachhaltig sich das Europäische Recht auf unser Arbeitsrecht auswirkt!

Die Hauptanspruchsgrundlagen des Arbeitnehmers auf Zahlung eines Lohnes oder Gehaltes stellen die **Tarif- und Einzelverträge** dar; weniger dagegen die Betriebsvereinbarung, da insoweit in der Praxis häufig der Tarifvorbehalt nach § 77 Abs. 3 BetrVG greift. Danach – Sie erinnern sich (siehe Seite 80) können Arbeitgeber und Betriebsrat keine Vergütungsregelungen treffen, wenn diese abschließend und ohne Öffnungsklausel in einem Tarifvertrag geregelt sind. Gleiches gilt im Ergebnis für den Fall, dass ein Tarifvertrag nicht existiert, die Vergütung aber üblicherweise in der betroffenen Branche und in der betroffenen Region durch Tarifvertrag geregelt wird (vgl. FKHE, Kommentar zum BetrVG, Vahlen-Verlag, 19. A., § 77 Rdnr. 80).

Auch auf Grund einer **betrieblichen Übung** kann ein Anspruch auf Entgelt entstehen. Zahlt ein Arbeitgeber mindestens in drei aufeinander folgenden Jahren ohne Vorbehalt ein höheres Entgelt als vereinbart oder mangels Vereinbarung nach § 612 Abs. 2 BGB üblich, so erwirbt der Arbeitnehmer einen vertraglichen Anspruch (BAG vom 11. 12. 1991 – 5 AZR 94/91 – zur Gehaltserhöhung und vom 23. 11. 1993 – 1 ABR 34/93 –, NZA 1994, 461 ff. zur Eingruppierung). Von dieser Verpflichtung kann der Arbeitgeber einseitig nur im Wege der Änderungskündigung wieder abrücken. Geht umgekehrt der Arbeitnehmer drei Jahre nicht gegen eine Lohnkürzung vor, so kann darin die einvernehmliche Änderung der betrieblichen Übung gesehen werden, wenn der Arbeitgeber diesen Änderungswillen deutlich zum Ausdruck bringt (vgl. BAG vom 4. 5. 1999 – 10 AZR 290/98 –, BB 1999, 1924 ff. zur Weihnachtsgratifikation).

Dagegen lehnt das BAG in ständiger Rechtsprechung einen Anspruch auf Zahlung übertariflicher Zulagen auch über Jahre hinweg grundsätzlich ab. Die Zahlung über die tarifliche Regelung hinaus beinhalte von sich aus bereits die Erklärung der Freiwilligkeit (vgl. BAG vom 11. 8. 1992 – 1 AZR 100/88 –).

Dagegen bedarf es des Rückgriffs auf den arbeitsrechtlichen **Gleichbehandlungsgrundsatz** im Zusammenhang mit der Lohngewährung angesichts der gesetzlichen Regelung in § 612 Abs. 3 BGB nicht.

5. Besondere Zahlungsansprüche des Arbeitnehmers

a) Gratifikationen

Dies **sind Sonderzuwendungen,** die der Arbeitgeber aus bestimmten Anlässen, wie **Weihnachten, Urlaub,** Jubiläen, besonders guter Geschäftsabschluss etc., neben der vertraglich geschuldeten Arbeitsvergütung zahlt. Mit der Zahlung von Gratifikationen verfolgt der Arbeitgeber in der Regel zwei Ziele:

Zum einen soll die Betriebstreue sowohl für die Vergangenheit als auch als Anreiz für die Zukunft belohnt werden, zum anderen soll die erbrachte Arbeitsleistung zusätzlich belohnt werden.

Liegen beide Elemente vor, so spricht man von einer Gratifikation mit Mischcharakter.

Von der Gratifikation ist die sog. *Jahresabschlussgratifikation* und von beiden wiederum das sog. *13. Monatsgehalt* zu unterscheiden. Die Jahresabschlussgratifikation wird unabhängig von der konkreten Leistung des einzelnen Arbeitnehmers gezahlt. Mit ihr werden die Arbeitnehmer generell am Gewinn des Unternehmens beteiligt. Das 13. Monatsgehalt ist fester Bestandteil des Vergütungsgefüges und wird als zusätzliches Entgelt gewährt. Ob Gratifikation mit Mischcharakter oder 13. Monatsgehalt vorliegt, ist mangels ausdrücklicher Vereinbarung oft Auslegungsfrage. Die Unterscheidung, ob eine Gratifikation mit Mischcharakter oder aber eine zusätzliche Vergütung gewollt ist, ist entscheidend für die Frage, wie sich *Fehlzeiten* (dazu ab Seite 134) auf den Anspruch auswirken.

Die **Rechtsgrundlage** der Sonderzuwendung stellt in der Praxis in erster Linie ein **Tarifvertrag** oder der **Einzelvertrag** dar. Dagegen kommt ein Anspruch aus **Gesetz nicht** in Betracht. Vertraglich werden die Anspruchsvoraussetzungen einschließlich der Höhe der Sonderzuwendung geregelt.

Da Sonderzuwendungen oft durch Tarifvertrag vereinbart werden, entfällt wegen § 77 Abs. 3 BetrVG die Betriebsvereinbarung grundsätzlich als Anspruchsgrundlage. Dagegen werden (**freiwillige**) **Betriebsvereinbarungen** (§ 88 BetrVG) in der Praxis häufig zu über- und/oder außertariflichen Sonderzuwendungen abgeschlossen.

Da es sich um eine freiwillige Leistung des Arbeitgebers handelt, ist der **Betriebsrat** bei der Frage, ob und in welchem Umfang der Arbeitgeber die Leistungen gewähren will, nicht zu beteiligen. Dagegen besteht ein Mitbestimmungsrecht des Betriebsrats bei der Festlegung der Modalitäten, d. h. bei der Frage, wie die Leistung an die Beschäftigten gem. § 87 Abs. 1 Nr. 10 BetrVG (sog. **Topftheorie**; vgl. z. B. BAG vom 14. 6. 1994 – 1 ABR 63/93 –, DB 1995, 680 ff. = NZA 1995, 543 ff.) zu verteilen ist. Zur Frage *ob* zählt der Umfang (Gesamtmasse) der freiwilligen Leistung, die Zweckbestimmung, die Bestimmung des Personenkreises, die Änderung (Kürzung) und Einstellung der Leistung. Zur Frage *wie* zählen die allgemeinen Verteilungsgrundsätze einschließlich deren Änderung etwa nach erfolgter Kürzung.

Von großer praktischer Bedeutung ist die Entstehung eines Anspruchs im Wege der **betrieblichen Übung** (vgl. hierzu unter *Der Abschluss des Arbeitsvertrages – Die Rechtsgrundlage betriebliche Übung* ab Seite 84). Erforderlich ist die mehrmalige, mindestens in drei aufeinander folgenden Jahren, vorbehaltlose Gewährung einer Gratifikation. Erklärt der Arbeitgeber dagegen die Freiwilligkeit der Leistung, kann eine betriebliche Übung nicht entstehen (vgl. statt vieler BAG vom 4. 5. 1999 – 10 AZR 290/98 –, BB 1999, 1924 ff.).

Aufgrund des **arbeitsrechtlichen Gleichbehandlungsgrundsatzes** kann ein Anspruch entstehen, wenn der Arbeitgeber bestimmten Arbeitnehmern eine Gratifikation gewährt und andere ohne sachlichen Grund davon ausnimmt. Das Nichtgewähren ist dann willkürlich, wenn der Arbeitgeber keine objektiv vertretbaren Differenzierungsmerkmale bei der Auswahl anwendet. So ist es z. B. bei der Festlegung der Höhe einer Gratifikation zulässig, zwischen Arbeitern und Angestellten zu unterscheiden, wenn in einem Betrieb Arbeiter einen höheren Krankenstand als Angestellte aufweisen und der Krankenstand nicht seinen Ursprung in der arbeitertypischen Tätigkeit hat. So etwa, wenn Montagearbeiter auf Grund der Tätigkeit häufiger erkrankt sind als die Bürokräfte (vgl. auch BAG vom 19. 4. 1995 – 10 AZR 136/94 –, NZA 1996, 133). Unzulässig ist dagegen die allgemeine Differenzierung zwischen Arbeiter und Angestellten (BAG vom 19. 11. 1992, NJW 1993, 1813). Zulässig ist auch der Ausschluss von Mitarbeitern, die sich im Bezugszeitpunkt – oder zu einem bestimmten Folgebeschäftigungszeitpunkt – in einem gekündigten Arbeitsverhältnis befinden (BAG vom 25. 4. 1991, NZA 1991, 763).

Problematisch ist die Auswirkung von *Mindestbeschäftigungszeiten* oder **Fehlzeiten,** wie in Folge von Arbeitsunfähigkeit, Nichtbeschäftigung wegen Mutterschutz, Erziehungsurlaub, Wehrdienst oder des Eintritts in den Betrieb im laufenden Kalenderjahr, auf den Gratifikationsanspruch. Hat die Zuwendung von der Zwecksetzung her reinen Entgeltcharakter, kann es für jeden Monat, in dem das Arbeitsverhältnis geruht hat, um $1/12$ gekürzt werden (BAG vom 24. 10. 1990, DB 1991, 446), ohne dass es einer ausdrücklichen Vereinbarung bedarf. Diese Rechtsprechung stützt sich auf die Wechselwirkung von Leistung (Arbeit) und Gegenleistung (Entgelt); so das BAG vom 19. 4. 1995 (– 10 AZR 49/94 –, ArbuR 1995, 370). Besteht der Zweck der Gratifikation allein in der Belohnung für Betriebstreue, entfällt der Anspruch nicht bzw. kann trotz Fehlzeiten nicht gekürzt werden. Denn der Arbeitnehmer hat die bezweckte Leistung – Betriebstreue – trotz ruhenden Arbeitsverhältnisses erbracht (LAG Düsseldorf vom 28.10.1992, BB 1993, 221). Hat die Zuwendung dagegen Mischcharakter, will sie also neben der Belohnung für Betriebstreue auch zusätzliches Entgelt gewähren, so entsteht ein Kürzungsrecht für Fehlzeiten nur kraft ausdrücklicher Vereinbarung. Eine Kürzungsvereinbarung, die nicht ausdrücklich vereinbart worden ist, kann auch nicht durch Auslegung oder unter Bezugnahme auf die Rechtsprechung entstehen (BAG vom 10.5.1995, DB 1994, 1623). Damit kann ein Anspruch auch dann entstehen, wenn ein Arbeitnehmer im Bezugszeitraum überhaupt nicht gearbeitet hat (BAG vom 5.8.1992 – 10 AZR 88/90 –, DB 1992, 2348 f. = NZA 1993, 130 ff.).

Nach Ansicht des BAG (vom 5.8.1992, a.a.O.) kann eine tarifliche Regelung über die Gewährung einer jährlichen Sonderzuwendung, deren Zweck es (auch) ist, im Bezugsraum für den Betrieb geleistete Arbeit zusätzlich zu vergüten, im Einzelnen bestimmen, welche Zeiten ohne tatsächliche Arbeitsleistung anspruchsmindernde oder ausschließende Wirkung haben. Daraus lässt sich jedoch kein allgemeiner Rechtsgrundsatz entwickeln, dass Fehlzeiten generell zur Anspruchsminderung oder zum Anspruchsausschluss führen.

Im Einzelnen gilt folgendes:

- Werden Zeiten für Arbeitsunfähigkeit, Fehlzeiten nach dem Mutterschutzgesetz, Grundwehr- oder Ersatzdienst nicht ausdrücklich ausgenommen, so entsteht der Anspruch in voller Höhe (BAG vom 5.8.1992, NZA 1993, 130).
- Dagegen verfällt der Anspruch, wenn sich der Arbeitnehmer während des ganzen Bezugszeitraumes in Erziehungsurlaub befindet und dies vertraglich so vereinbart wurde (BAG vom 24.5.1995 – 10 AZR 619/94 –, NZA 1996, 31 f.); ein Verstoß gegen das Diskriminierungsverbot aus Art. 141 EGV (neu) liegt nach Ansicht des BAG nicht vor (BAG vom 28.9.1994 – 10 AZR 697/93 –, BB 1995, 97).
- Tritt der Arbeitnehmer erst im Laufe des maßgeblichen Bezugs-

zeitrahmens in den Betrieb ein, so ist eine anteilige Kürzung – mangels ausdrücklicher Vereinbarung – zulässig, wenn Sinn und Zweck der Gratifikation dies zulassen (sie also reinen Entgeltcharakter hat).

Diese Rechtsprechung des BAG steht grundsätzlich im Einklang mit der Rechtsprechung des EuGH. So entschied der EuGH durch Urteil vom 1.10.1999 (Rs. C-333/97 –, ArbuR 2000, 667), dass kein Verstoß gegen Art. 119 (neu: Art. 141) EGV vorliegt, wenn ein Arbeitgeber bei der Gewährung einer Weihnachtsgratifikation an eine Frau, die sich im Erziehungsurlaub befindet, Zeiten des Erziehungsurlaubs anteilig anspruchsmindernd berücksichtigt. Dagegen sieht der EuGH einen Verstoß gegen Art. 119 (neu: Art. 141) EGV als gegeben, wenn Zeiten des Mutterschutzes anspruchsmindernd berücksichtigt werden. Damit setzt der EuGH auch in diesem Bereich (vgl. auch Urteil Rs. C-207/98 – zur Unzulässigkeit der Ablehnung einer schwangeren Bewerberin mit Hinweis auf Beschäftigungsverbote) seinen stringenten Schutz schwangerer Frauen fort.

Eng mit der Frage nach dem Charakter der Gratifikation hängt in der Praxis die Zulässigkeit von sog. **Rückzahlungsklauseln** zusammen. Das BAG hat ausgehend von der Rückzahlung von Weihnachtsgratifikationen allgemein gültige Regeln für die Rückzahlung von Gratifikationen entwickelt.

- Vereinbarungen, die die Rückzahlung von Gratifikationen bis zu einem Betrag von 200 DM vorsehen und solche, die sich über den 30. Juni des Folgejahres erstrecken, sind grundsätzlich unwirksam (BAG vom 17.3.1982, NJW 1983, 67).

- Vereinbarungen, die die Rückzahlung von Gratifikationen bis zur Höhe eines Monatsbezuges (aber weniger als ein Monatsbezug) bis zum 31. März des Folgejahres vorsehen, sind zulässig (BAG vom 9.6.1993 – 10 AZR 529/92 –, NJW 1993, 3345 und BB 1993, 1809 f.).

- Vereinbarungen, die die Rückzahlung von Gratifikationen in Höhe eines Monatsbetrages oder mehr bis zum 30. Juni des Folgejahres vorsehen, sind zulässig (BAG vom 9. 6. 1993, a. a. O.). Diese Befristung orientiert sich an den früher für Angestellte geltenden gesetzlichen (Quartals-)Kündigungsfristen. Angesichts der neuen gesetzlichen Regelung in § 622 BGB dürfte nur noch eine Bindung bis zum 30. April des Folgejahres vertretbar sein.

Das BAG fordert allerdings, dass die Voraussetzungen der Rückzahlung eindeutig vertraglich bestimmt sind (BAG vom 14. 6. 1995 – 10 AZR 25/94 –, DB 1995, 2273 und NZA 1995, 1034 ff.).

Sind zu lange Bindungsfristen vereinbart worden, so sind diese nichtig und werden durch die jeweils zulässige Frist ersetzt (§ 139 BGB).

Häufig stellt sich in der Praxis auch die Frage, ob der Arbeitgeber berechtigt ist, **tarifliche Lohnerhöhungen** auf freiwillige, übertariflich geleistete Zulagen **anzurechnen**. Ob dies möglich ist, hängt von der zugrunde liegenden Vergütungsabrede ab. Dagegen ist eine Anrechnung (Aufsaugen der Zulage) mangels ausdrücklicher Vereinbarung nicht möglich, wenn dem Arbeitnehmer die Zulage als selbstständiger Entgeltbestandteil neben dem jeweiligen Tarifentgelt zugesagt worden ist. So kann z. B. eine freiwillige Erschwerniszulage als Ausgleich für ein besonders schwieriges Arbeitsumfeld nur als zusätzliche Entgeltvereinbarung bewertet werden, die einer Anrechnung nicht zugänglich ist. Dagegen können allgemeine Zulagen, die nicht an besondere Leistungen geknüpft sind, angerechnet werden (vgl. hierzu z. B. BAG vom 3. 6. 1998 – 5 AZR 616/97 –, SAE 1999, 196 ff.). Es ist mithin möglich, Tariflohnerhöhungen auf übertariflichen Lohn anzurechnen.

b) Provisionen

Provisionen sind Vergütungen, die den Arbeitnehmer am wirtschaftlichen Erfolg bestimmter Geschäfte des Arbeitgebers beteiligen (z. B. die Vermittlungs- oder Abschlussprovision). Das HGB enthält in §§ 87 ff. Sonderregeln für den Handelsvertreter. Nach richtiger Ansicht finden diese Vorschriften aber auch auf die allgemeinen Arbeitsverträge, die Provisionsabsprachen beinhalten, Anwendung (vgl. Schaub, Arbeitsrechtshandbuch, Beck-Verlag, 9. A., S. 539).

c) Betriebliche Altersvorsorge

Die betriebliche Altersvorsorge ist eine Leistung des Arbeitgebers, die dieser aus Anlass eines Arbeitsverhältnisses zur Alters-, Invaliditäten- oder Hinterbliebenenversorgung zugesagt hat. Der betrieblichen Altersvorsorge kommt Versorgungs- und Entgeltcharakter zu (BAG vom 12. 6. 1975, DB 1975, 1559).

Rechtsgrundlagen der betrieblichen Altersvorsorge sind das BetrAVG, welches gesetzliche Mindestanforderungen aufstellt, die nicht unterschritten werden dürfen, Tarifverträge, (freiwillige) Betriebsvereinbarungen (§ 88 BetrVG), Gesamtzusagen, der Arbeitsvertrag, die Regeln der betrieblichen Übung (LAG Köln vom 1. 12. 1995 – 13 Sa 378/95 –, NZA-RR 1996, 263) und der arbeitsrechtliche Gleichbehandlungsgrundsatz (LAG Köln vom 1. 12. 1995, a.a.O.). Der Arbeitgeber ist nicht gezwungen, allen Arbeitnehmern eine Zusage zu geben, solange er nachvollziehbare, sachliche Gründe anführen kann. Die generelle Nichtberücksichtigung von Teilzeitkräften ist willkürlich (BAG vom 7. 3. 1995, DB 1995, 2020).

Die betriebliche Altersvorsorge kann in **Form** der Direktzusage (unmittelbare Versorgungszusage durch den Arbeitgeber an den Arbeitnehmer), der Direktversicherung (Einzel- oder Gruppenversicherung mit Bezugsberechtigung beim Arbeitnehmer oder dessen Hinterbliebenen), einer Pensionskasse (nach § 1 Abs. 3 BetrAVG eine selbständige Einrichtung, die dem Arbeitnehmer oder den Hinterbliebenen einen Rechtsanspruch gewährt) oder in Form einer Unterstützungskasse (nach § 1 Abs. 4 BetrAVG ebenfalls eine selbständige Einrichtung, die jedoch keinen unmittelbaren Rechtsanspruch gewährt) gewährt werden.

Ansprüche bestehen – je nach Vereinbarung – z. B., wenn zum Zeitpunkt des Versorgungsfalls noch ein Arbeitsverhältnis besteht, wenn die Voraussetzungen des Ruhestandes gegeben sind, u. U. eine bestimmte Wartezeit erfüllt oder eine bestimmte Altersgrenze erreicht ist.

Aber auch wenn die jeweils einschlägigen Anspruchsvoraussetzungen noch nicht erfüllt sind, kann eine gesetzlich geschützte **Anwartschaft** erfüllt sein. Eine Anwartschaft ist **unverfallbar** und wird somit bei Eintritt der Anspruchsvoraussetzungen zum *vollwertigen* Anspruch, wenn ein Arbeitnehmer das 35. Lebensjahr vollendet hat und die Versorgungszusage entweder mindestens zehn Jahre oder bei einer mindestens zwölfjährigen Betriebszugehörigkeit des Arbeitnehmers mindestens drei Jahre bestanden hat (§ 1 Abs. 1 BetrAVG).

Das BAG hat in ständiger Rechtsprechung die Möglichkeit des **Eingriffs in bestehende Versorgungszusagen** begrenzt. Danach muss zwischen den Interessen des Arbeitgebers, eine einmal gegebene Versorgungszusage ändern zu wollen, und dem Interesse des Arbeitnehmers, auf die gegebene Versorgungszusage vertrauen zu können (Besitzstand), abgewogen werden. Je stärker der Besitzstand ist, in den eingegriffen werden soll, desto gewichtiger müssen die Gründe sein, die den Eingriff rechtfertigen sollen. Damit wird den Grundsätzen des Vertrauensschutzes und der Verhältnismäßigkeit Rechnung getragen (BAG vom 27. 8. 1996 – 3 AZR 467/95 –; vom 17. 11. 1992, DB 1993, 1241). Davon ausgehend hat das BAG eine Dreiteilung entwickelt:

– Der bereits erdiente und nach den Grundsätzen des § 2 Abs. 1 BetrAVG errechnete Teilbetrag darf nur in seltenen Ausnahmefällen gekürzt werden. Ein derartiger Eingriff setzt zwingende Gründe voraus. Sie liegen vor allem bei einem Wegfall der Geschäftsgrundlage wegen wirtschaftlicher Notlage des Unternehmens (BAG vom 2. 12. 1999 – 2 AZR 724/98 –, FA 2000, 93 f.), oder wegen wesentlicher Störungen des Zwecks der Altersversorgung, etwa bei einer planwidrigen Überversorgung durch veränderte Rahmenbedingungen, vor.

– Die bereits zeitanteilig erdiente Quote eines variablen, dienstzeitunabhängigen Berechnungsfaktors (sog. erdiente Dynamik) darf nur aus triftigen Gründen verringert werden. Triftige Gründe setzen eine langfristige Substanzgefährdung des Unternehmens oder ein dringendes betriebliches Bedürfnis ohne Schmälerung des Gesamtaufwandes voraus.

– Die geringsten Anforderungen sind an Eingriffe in künftige und damit noch nicht erdiente dienstzeitunabhängige Zuwächse zu stellen. Dafür genügen sachliche Gründe.

d) Vermögenswirksame Leistung

Neben den seit langen Jahren bestehenden Formen der vermögenswirksamen Leistungen bilden sich in jüngster Zeit auch neue Formen wie Direktumwandlungen von Lohn und Gehalt mit Fondbeteiligung, Mitarbeiteranteile am Unternehmen etc., heraus (§ 2 VermBG). Allen gemeinsam ist, dass ohne Vereinbarung (Tarifvertrag, BVE, Einzelarbeitsvertrag etc., vgl. § 10 VermBG) kein Anspruch des Arbeitnehmers besteht. Allerdings muss der Arbeitgeber auf schriftliches Verlangen des Arbeitnehmers eine Vereinbarung abschließen (§ 11 Abs. 1 VermbG). Im Rahmen des § 13 VermBG besteht dann ein Anspruch auf Arbeitnehmersparzulage.

e) Reisezeit

Reisezeiten, die ein Arbeitnehmer über die regelmäßige Arbeitszeit hinaus im Interesse des Arbeitgebers aufwendet, hat der Arbeitgeber als Arbeitszeit zu vergüten, wenn das vereinbart oder eine Vergütung »den Umständen nach« zu erwarten ist (§ 612 Abs. 1 BGB).

Diese ist u. a. dann zu erwarten, wenn die Reisezeit zur arbeitsvertraglichen Hauptleistung gehört (Außendienstmitarbeiter, Lkw-Fahrer) oder die Reisezeit zur Erledigung von vertraglichen Pflichten genutzt wird (Aktenstudium zur Terminvorbereitung). Fehlt eine solche Regelung, kommt es auf den konkreten Einzelfall an. Es gibt jedoch keinen allgemeinen Rechtssatz, dass solche Reisezeiten stets oder regelmäßig zu vergüten sind (BAG vom 3. 9. 1997 – 5 AZR 428/96 –, NJW 1998, 1581 f. = ArbuR 1998, 37).

f) Erfindungen

Nach den Vorschriften des ArbNErfG steht dem Arbeitnehmer, der eine sog. Diensterfindung (§ 4) macht, ein Vergütungsanspruch für diese Erfindung gegen seinen Arbeitgeber zu (§§ 9, 10). Eine Erfindung wird zur Diensterfindung – mit der Folge, dass der Arbeitgeber Inhaber des Verwertungs- und Nutzungsrechts ist (§§ 6, 7) –, wenn die Erfindung während der Dauer eines Arbeitsverhältnisses und im Rahmen der Ausübung der vertraglichen Tätigkeit oder maßgeblich auf Grund von Kenntnissen, die aus der Tätigkeit folgen, gemacht wird.

g) Die Beteiligung des Betriebsrats nach § 87 Abs. 1 BetrVG

Zum Begriff des Lohns im Sinne des § 87 Abs. 1 Nr. 10 BetrVG gehören alle Leistungen des Arbeitgebers, die er als Gegenleistung für die vom Arbeitnehmer erbrachten Leistungen gewährt, ohne Rücksicht auf die Bezeichnung (GS des BAG vom 16. 9. 1986, AP Nr. 17 zu § 77 BetrVG 1972). Somit gehören zum Lohn auch alle freiwilligen Geld- oder geldwerten Leistungen. Werden Prämien nicht schon von Nr. 10 erfasst, greift das Mitbestimmungsrecht nach Nr. 11. Soweit die betriebliche Altersvorsorge nicht schon durch

Nr. 10 erfasst wird, greift Nr. 8 (Sozialeinrichtungen wie etwa Pensions- oder Unterstützungskassen). Allgemeine Regeln des betrieblichen Vorschlagswesens werden von Nr. 12 erfasst. Dagegen ist die Handhabung von Arbeitnehmererfindungen abschließend durch das ArbnErfG geregelt.

VIII. Die Folgen der Arbeitsverhinderung

Dass der Arbeitsvertrag eine besondere Form des Dienstvertrages (§ 611 BGB) ist, wissen Sie bereits. Wie jeder andere gegenseitige Vertrag, besteht auch im Arbeitsrecht eine Gegenseitigkeit (Synallagma). Verkürzt gesagt: Wer nicht leistet, hat – grundsätzlich – keinen Anspruch auf die Gegenleistung (§ 611 Abs. 1), oder: **ohne Arbeit, kein Lohn**. Aber auch im Arbeitsrecht gibt es, wie bei anderen gegenseitigen Verträgen auch, eine Reihe von gesetzlich definierten Ausnahmen (so etwa § 324 BGB). Daneben gibt es aber auch eine Vielzahl von speziellen Regelungen, von denen die Wichtigsten vorgestellt werden sollen.

Im ersten Abschnitt lesen Sie über die Folgen einer bereits mit Vertragsbeginn bestehenden Arbeitsverhinderung. In den Abschnitten zwei, drei und vier werden die Folgen der Arbeitsverhinderung – je nach dem, ob der Arbeitnehmer oder der Arbeitgeber bzw. keiner der Vertragspartner diese zu vertreten hat – dargestellt. Im fünften Abschnitt werden dann die wichtigsten arbeitsrechtlichen Sonderregeln zum **Lohn ohne Arbeit**, wie Urlaub, Krankheit, Betriebsstörung und Arbeitskampf, sowie spezielle Schutzgesetze erörtert. Der sechste Abschnitt befasst sich dann noch mit dem Annahmeverzug des Arbeitgebers, wie er in § 615 BGB geregelt ist.

1. Die ursprüngliche Unmöglichkeit der Arbeitsleistung

Kann die geschuldete Arbeitsleistung bereits bei Vertragsschluss von niemandem, mithin also nicht nur nicht vom einzelnen Arbeitnehmer, erbracht werden, spricht man von ursprünglicher objektiver Unmöglichkeit. Dieser Fall ist etwa gegeben, wenn der gesamte Betrieb, in dem die Arbeitsleistung hätte erbracht werden sollen, abgebrannt ist. Der Arbeitnehmer hat dann keinen Anspruch auf Lohn, sondern allenfalls einen Anspruch auf Ersatz eines sog. Vertrauensschadens (§§ 306, 307 BGB). Ist die Unmöglichkeit subjektiver Natur, kann also nur vom konkreten Arbeitnehmer die Arbeitsleistung nicht erbracht werden, spricht man von ursprünglicher subjektiver Unmöglichkeit. Solch ein Fall ist etwa gegeben, wenn ein Lkw-Fahrer nicht die erforderliche Fahrerlaubnis besitzt, oder ein Arbeitnehmer mit mehreren Arbeitgebern einen Vertrag geschlossen hat. Auch in diesem Fall hat der Arbeitnehmer keinen Lohnanspruch, ist jedoch gegenüber dem Arbeitgeber schadensersatzpflichtig (Erfüllungsinteresse).

2. Die nachträgliche, vom Arbeitnehmer zu vertretene Unmöglichkeit der Arbeitsleistung

Kann die geschuldete Arbeitsleistung nach Vertragsschluss angesichts des Fixschuldcharakters (§ 361 BGB) vom Arbeitnehmer aus Gründen, die er zu vertreten hat, nicht erbracht werden, so verliert er seinen Lohnanspruch (für diese Zeit) und macht sich nach § 325 BGB gegenüber dem Arbeitgeber schadensersatzpflichtig. Das BAG (vom 23. 3. 1984 – 7 AZR 37/81 –, NJW 1984, 2846 f.) entschied im Fall eines vertragsbrüchigen Arbeitnehmers, dass dieser dem Arbeitgeber nicht zum Ersatz der Kosten für Stellenanzeigen verpflichtet ist, wenn diese Kosten auch bei einer fristgemäßen ordentlichen Kündigung entstanden wären.

3. Die nachträgliche, vom Arbeitgeber zu vertretene Unmöglichkeit der Arbeitsleistung

Ist es dem Arbeitnehmer auf Grund von Umständen, die der Arbeitgeber zu vertreten hat, nach Vertragsabschluss unmöglich, seine Arbeitsleistung zu erbringen, so behält er seinen Lohnanspruch. So entschied das BAG (vom 17. 12. 1968 – 5 AZR 545/59 –, NJW 1969, 766 = BB 1969, 314), dass der Arbeitgeber wegen von ihm zu vertretener Unmöglichkeit der Arbeitsleistung den Lohn weiterzahlen muss, wenn der Betrieb durch einen Brand zerstört wird und dieser durch schuldhaftes Verhalten des vom Arbeitgeber beauftragten Kontroll- und Aufsichtspersonals verursacht worden ist. Des Weiteren ist der Arbeitnehmer grundsätzlich nicht verpflichtet, die Fehlzeit nachzuarbeiten. Allerdings muss er sich die infolge der Nichtleistung entstandenen Ersparnisse bzw. einen in dieser Zeit erworbenen anderweitigen Erwerb anrechnen lassen. Gleiches gilt, wenn der Arbeitnehmer böswillig die Möglichkeit eines anderen Erwerbs unterlässt (§ 324 BGB; vgl. auch § 615 Satz 2 BGB). Lehnt z. B. im Falle einer unrechtmäßigen Kündigung ein Arbeitnehmer eine zumutbare Beschäftigung nach Ablauf der Kündigungsfrist bis zur rechtskräftigen Entscheidung ab, so unterlässt er böswillig die Möglichkeit des Erwerbs (vgl. zum Problem der Böswilligkeit BAG vom 28. 1. 1981 – 5 AZR 884/78 –; zum möglichen anderweitigen Erwerb BAG vom 13. 6. 1990 – 5 AZR 350/89 –, sowie BAG, BB 1974, 277).

4. Die nachträgliche, von beiden Parteien nicht zu vertretene Unmöglichkeit der Arbeitsleistung

Haben weder der Arbeitgeber noch der Arbeitnehmer die Verhinderung der Arbeitsleistung zu vertreten, so werden beide gem. § 323 BGB grundsätzlich von ihren jeweiligen vertraglichen Pflichten frei. Mit Urteil vom 22. 12. 1982 (– 2 AZR 282/82 –, DB 1983, 1602 ff. = NJW 1983, 2782 ff.) entschied das BAG im Falle eines türkischen Arbeitnehmers, der einen verkürzten Wehrdienst von zwei Monaten in seinem Heimatland antreten musste, dass sich dieser in einer zum Leistungsverweigerungsrecht berechtigenden Pflichtenkollision befinde. Aus diesem Grund war der Arbeitnehmer von der Erbringung der Arbeitsleistung befreit, hatte aber –

entsprechend § 323 BGB – auch keinen Anspruch auf Entgeltzahlung gegen den Arbeitgeber. Im Zusammenhang mit § 323 BGB wäre aber in erster Linie an den Fall zu denken, dass infolge einer Naturkatastrophe der Betrieb mangels Strom nicht produzieren kann, oder dass notwendiges Material nicht angeliefert wird oder infolge eines öffentlichen Verbots eine Tätigkeit nicht ausgeübt werden kann. Nach dem Wortlaut des § 323 Abs. 1 BGB sind dies alles Fälle der von beiden Seiten nicht zu vertretenden Verhinderung der Arbeitsleistung. Jedoch erfährt dieser Grundsatz im Arbeitsrecht eine Vielzahl von Sonderregelungen, die nun im fünften Abschnitt vorgestellt werden.

5. Arbeitsrechtliche Sonderfälle: Lohn ohne Arbeit

Vom Grundgedanken des § 323 Abs. 1 BGB weicht das Arbeitsrecht durch viele gesetzliche Regelungen und durch von der Rechtsprechung und der Wissenschaft entwickelte Ausnahmen ab. Insbesondere durch die vom BAG entwickelten Grundsätze zum sog. Betriebsrisiko, Wirtschaftsrisiko und zum Arbeitskampfrisiko werden die Rechtsfolgen des § 323 Abs. 1 und des § 615 BGB (dazu unter *Annahmeverzug* des Arbeitgebers) relativiert. Zunächst sollen jedoch die gesetzlichen Regelungen zum EntgeltfortzahlungsG, zum BUrlG und zu einigen Sondergesetzen (MuSchG, SchwbG, BetrVG) dargestellt werden.

a) Der Anspruch auf Lohnzahlung nach dem Entgeltfortzahlungsgesetz

Unter dem Begriff der Entgeltfortzahlung sind seit dem 1. 6. 1994 die **Fortzahlung der Arbeitsvergütung im Krankheitsfall und die Entgeltfortzahlung an Feiertagen** (nicht zusätzliche Arbeit an

Sonn- und Feiertagen) unter dem Gesichtspunkt Lohn ohne Arbeit
für alle Arbeitnehmer einschließlich der Auszubildenden einheit-
lich im Entgeltfortzahlungsgesetz geregelt. Dabei spielt es keine
Rolle, ob Vollzeit- oder Teilzeitbeschäftigung ausgeübt wird. Auch
die geringfügige Beschäftigung (dazu unter *Der Abschluss des Ar-*
beitsvertrages – Die wichtigsten Vertragsarten ab Seite 78, 104)
unterliegt als Teilzeitbeschäftigung dem EntgeltfortzahlungsG.
Auch die Heimarbeit (dazu unter *Arbeitsrecht – Schutzgesetze für*
Arbeitnehmer ab Seite 38, 46) ist ausdrücklich in den Geltungsbereich einbezogen (§ 1 Abs. 1 EntgeltfortzahlungsG).

b) Die Voraussetzungen der Entgeltfortzahlung im Krankheitsfall

Arbeitsunfähigkeit infolge Krankheit
Nicht jede Erkrankung führt zur Arbeitsunfähigkeit. Erforderlich
ist, dass der Arbeitnehmer infolge der Erkrankung an der Erbringung seiner Arbeitsleistung gehindert ist. So kann ein Arbeitnehmer mit einer Fußverletzung arbeitsfähig sein, wenn er dennoch
seine Arbeitsstätte erreichen und dort ausschließlich sitzend arbeiten kann (BAG, DB 1981, 2628). Dagegen ist Arbeitsunfähigkeit
zu bejahen, wenn ein Arbeitnehmer, der ständig oder überwiegend
am PC arbeitet, an einer Bindehautentzündung erkrankt ist. Um-
stritten ist, ob es eine sog. **Teilarbeitsunfähigkeit** gibt. Aufgrund
der Regelung in § 74 SGB V wird zunehmend die Ansicht vertreten,
dass ein Arbeitnehmer u. U. in gewissem Umfang trotz Erkrankung
seine Arbeitspflicht erfüllen kann und nur für die tatsächliche Ar-
beitsunfähigkeit(-szeit) ein Anspruch auf Entgeltfortzahlung besteht.

Arbeitsunfähigkeit als alleiniger Grund der Arbeitsverhinderung
Die Erkrankung und die darauf beruhende Arbeitsunfähigkeit müssen die Arbeitsverhinderung bedingen (hierfür kausal sein). War der

Arbeitnehmer bereits aus anderen Gründen von der Erbringung seiner Arbeitspflicht befreit (Freizeit, arbeitsfreier Tag, Schichtwechsel, Erziehungsurlaub etc.), so entsteht kein Entgeltfortzahlungsanspruch wegen Arbeitsunfähigkeit. Eine Ausnahme stellt lediglich § 9 BUrlG dar. Danach werden nachgewiesene Tage der krankheitsbedingten Arbeitsverhinderung auf den Erholungsurlaub nicht angerechnet. Ansonsten gilt aber immer der Grundsatz, dass es keine mehrfachen Gründe der Befreiung von der Arbeitspflicht gibt. Einschlägig ist grundsätzlich der frühere Befreiungsgrund.

Anzeige- und Nachweispflicht
Der Arbeitnehmer hat die Arbeitsunfähigkeit und deren voraussichtliche Dauer unverzüglich dem Arbeitgeber mitzuteilen bzw. mitteilen zu lassen (§ 5 Abs. 1 Satz 1 EntgeltfortzahlungsG). Dauert die Arbeitsunfähigkeit länger als drei Kalendertage, so ist sie spätestens am darauf folgenden Arbeitstag durch ärztliche Arbeitsunfähigkeitsbescheinigung nachzuweisen (§ 5 Abs. 1 Satz 2 EntgeltfortzahlungsG). Der Arbeitgeber ist jedoch auch berechtigt, diese Bescheinigung schon früher zu verlangen (§ 5 Abs. 1 Satz 3 EntgeltfortzahlungsG). So ist es zulässig, im Arbeitsvertrag zu vereinbaren, dass eine ärztliche Bescheinigung bereits für den ersten Tag krankheitsbedingter Arbeitsunfähigkeit beigebracht werden muss (BAG vom 1. 10. 1997 – 5 AZR 726/96 –, ArbuR 1998, 123 = BB 1998, 580 ff.). Verlängert sich die Arbeitsunfähigkeit über den ursprünglich angegebenen Zeitraum, so muss eine neue ärztliche Bescheinigung vorgelegt werden (§ 5 Abs. 1 Satz 4 EntgeltfortzahlungsG).
Sinn der unverzüglichen (= ohne schuldhafte Verzögerung i. S. d. § 121 Abs. 1, 1. HS BGB) Anzeige der Arbeitsunfähigkeit ist das Erfordernis des Arbeitgebers, notwendige Änderungen im Personal- und Betriebsablauf sofort vornehmen zu können.

Formen des Nachweises der Arbeitsunfähigkeit
In der Regel führt der Arbeitnehmer den Nachweis einer im Inland eingetretenen krankheitsbedingten Arbeitsunfähigkeit durch die

Vorlage eines förmlichen ärztlichen Attestes im Sinne des § 5 Abs. 1 Satz 1 EntgeltfortzahlungsG. Die ordnungsgemäß ausgestellte Arbeitsunfähigkeitsbescheinigung ist der gesetzlich ausdrücklich vorgesehene und insoweit wichtigste Beweis für das Vorliegen krankheitsbedingter Arbeitsunfähigkeit (BAG vom 1. 10. 1997 – 5 AZR 499/96 –, NJW 1998, 2764 ff. = BB 1998, 484 ff.). Allerdings kann der Arbeitnehmer auch durch andere Mittel den Nachweis der krankheitsbedingten Arbeitsunfähigkeit führen. Dies gilt auch dann, wenn die Vorlage einer ärztlichen Bescheinigung deswegen nicht erbracht werden kann, weil der Arbeitnehmer keinen Arzt aufgesucht hat (BAG vom 1. 10. 1997 – 5 AZR 726/96 –, ArbuR 1998, 123 = NJW 1998, 2762 ff.).

Der Beweiswert des Nachweises
Einer ärztlichen Arbeitsunfähigkeitsbescheinigung kommt hoher Beweiswert zu. Liegen keine konkreten Anhaltspunkte für die Unrichtigkeit der Bescheinigung vor, ist der Nachweis der Arbeitsunfähigkeit als erbracht anzusehen (BAG vom 19. 2. 1997 – 5 AZR 83/96 –, DB 1997, 1237 ff. = ArbuR 1997, 120). Allerdings kann der Beweiswert der Bescheinigung durch den Arbeitgeber erschüttert werden mit der Folge, dass die Bescheinigung alleine zum Nachweis nicht mehr genügt oder sogar ohne Beweiswert ist. Dies kann der Fall sein, wenn die Bescheinigung mehr als zwei Tage zurückdatiert ist oder das Attest nicht auf einer Untersuchung durch den Arzt, sondern allein auf Grund der Angaben des Arbeitnehmers beruht (vgl. Schaub, Arbeitsrechtshandbuch, Beck-Verlag, 8. A., S. 837). Möglich ist jedoch auch, den Beweiswert der Bescheinigung durch das Verhalten des Arbeitnehmers zu erschüttern. So können sich ernsthafte Zweifel ergeben, wenn der Arbeitnehmer die Erkrankung ankündigt, Schwarzarbeit verrichtet oder ganztägig den Neubau seines Hauses betreibt (vgl. Schaub, a. a. O.). Ein gesetzliches Mittel zur Überprüfung der Richtigkeit der Arbeitsunfähigkeitsbescheinigung eröffnet § 275 SGB V für den Arbeitgeber. Danach kann dieser bei bestehenden Zweifeln ein Gut-

achten durch den medizinischen Dienst der Krankenkassen beantragen. Zweifel im Sinne des § 275 SGB V bestehen, wenn der Arbeitnehmer auffällig häufig erkrankt ist, auffällig häufig Kurzerkrankungen zu verzeichnen sind oder der Arbeitnehmer häufig »verlängerte Wochenenden« in Anspruch nimmt. Zweifel liegen auch vor, wenn die Bescheinigung von einem Arzt stammt, der durch häufig ausgestellte Arbeitsunfähigkeitsbescheinigungen auf sich aufmerksam gemacht hat.

Erkrankungen im Ausland

Der Arbeitnehmer ist bei einer Erkrankung im Ausland gehalten, alle technischen Möglichkeiten zur schnellstmöglichen Benachrichtigung des Arbeitgebers zu nutzen (§ 5 Abs. 2 Satz 1).

Der Nachweis einer im (EU-)**Ausland** aufgetretenen krankheitsbedingten Arbeitsunfähigkeit ist durch eine ärztliche Bescheinigung zu führen, die erkennen lässt, dass der Arzt zwischen Erkrankung und auf ihr beruhender Arbeitsunfähigkeit unterschieden hat. Diesen Bescheinigungen kommt gleicher Beweiswert wie im Inland ausgestellten Bescheinigungen zu, so dass auch dieser Wert erschüttert werden kann. Auch der Nachweis einer im Ausland aufgetretenen Erkrankung kann durch andere Beweismittel erbracht werden (BAG vom 19. 2. 1997 – 5 AZR 83/96 –, ArbuR 1997, 120 = DB 1997, 1237 ff.; BAG vom 1. 10. 1997 – 5 AZR 499/96 –, ArbuR 1998, 168 f. = NJW 1998, 2764 ff.).

Legt der Arbeitnehmer eine Arbeitsunfähigkeitsbescheinigung vor, die von einem Arzt in einem **EU-Mitgliedsstaat** ausgestellt wurde und ist dieser Arzt vom Sozialversicherungträger dieses Mitgliedsstaates anerkannt, so ist nach Art. 18 VO/EWG Nr. 574/72 und VO/EWG Nr. 1408/71 der Arbeitgeber (und der inländische Sozialversicherungsträger) an diese Bescheinigung gebunden. Den Beweiswert dieser Bescheinigung kann der Arbeitgeber nur dadurch widerlegen, dass er den Arbeitnehmer auf seine Kosten durch einen Arzt seiner Wahl untersuchen lässt (EuGH, NZA 1992, 735; LAG Düsseldorf vom 25. 8. 1999, NZA-RR 2000, 13). Anders als bei einer im Inland ausgestellten Bescheinigung reicht es nicht zur Erschütterung des Beweiswertes der Bescheinigung aus, wenn der Arbeitgeber Umstände beweist, die nur zu ernsthaften Zweifeln an der krankheitsbedingten Arbeitsunfähigkeit Anlass geben (BAG vom 5. 2. 1997 – 5 AZR 747/93 –, ArbuR 1997, 297 ff. = DB 1997, 1235 ff.). Damit ist die Führung des Gegenbeweises in diesen Fällen erschwert. Ausgangspunkt dieser Rechtsprechung waren die unter Juristen berühmt gewordenen Entscheidungen des EuGH zu Arbeitsunfähigkeitsbescheinigungen der Familie Paletta, die mit allen Angehörigen regelmäßig im Anschluss an ihren Jahresurlaub in ihrer sizilianischen Heimat für mehrere Wochen arbeitsunfähig erkrankte (EuGH vom 3. 6. 1992 – Rs. 45/90 –, BB 1992, 1721 = NJW 1992, 2687). Sollten Sie sich über die Problematik der unterschiedlichen Rechtspositionen als EU-Bürger, EU-Auslandsbürger und Bürger des jeweiligen EU-Mitgliedstaates (auch unter dem Stichwort der sog. Inländerdiskriminierung) informieren wollen, so ist Ihnen die Lektüre des sog. Bosman-Urteils des EuGH zu den Transferbestimmungen im Profifußball in NJW 1996, 1168 ff. zu empfehlen.

Folgen der Verletzung der Anzeige- und/oder Nachweispflicht
Verletzt der Arbeitnehmer seine Anzeigepflicht aus § 5 Abs. 1 Satz 1 oder aus Abs. 2 Satz 1 EntgeltfortzahlungsG, so kann im Wiederholungsfalle nach einer vorhergehenden Abmahnung (dazu unter *Die Beendigung des Arbeitsverhältnisses – Die verhaltensbedingte Kündigung* ab Seite 241) eine ordentliche Kündigung (dazu unter *Die Beendigung des Arbeitserhältnisses – Die ordentliche Kündigung* ab Seite 205) oder in besonders schwerwiegenden Fällen sogar eine außerordentliche Kündigung (dazu ab *Die Beendigung des Arbeitsverhältnisses – Die außerordentliche Kündigung* ab Seite 207) ausgesprochen werden. Erwachsen dem Arbeitgeber durch die Pflichtverletzung Schäden, so ist der Arbeitnehmer zum Schadensersatz verpflichtet (BAG vom 5. 5. 1972 – 5 AZR 447/71 –, BB 1972, 1189 zur Nichtanzeige eines Kurtermins nach altem LFZG).

Verletzt der Arbeitnehmer seine Nachweispflicht, so ist der Arbeitgeber nach § 7 EntgeltfortzahlungsG lediglich zur – zeitweisen – Verweigerung der Entgeltzahlung berechtigt. Führt der Arbeitnehmer – nachträglich – den (vollständigen oder teilweisen) Nachweis, ist der Arbeitgeber in vollem oder teilweisen Umfang zur Leistung verpflichtet. Umgekehrt hat der Arbeitnehmer keinen Anspruch, wenn er den Nachweis nicht oder nicht vollständig führen kann (BAG vom 1.10.1997 – 5 AZR 726/96 –, DB 1998, 580 ff. = ArbuR 1998, 123).

Kein Anspruch bei verschuldeter Arbeitsunfähigkeit

Das BAG nimmt Verschulden an, wenn ein unvernünftiges, leichtfertiges Verhalten des Arbeitnehmers zu bejahen ist (BAG vom 23.11.1971, DB 1972, 395). So ist bei Verkehrsunfällen ein Verschulden gegeben, wenn der Verkehrsunfall durch grob fahrlässiges Verhalten des Arbeitnehmers verursacht worden ist (BAG vom 11.3.1987, DB 1987, 1495). Gleiches gilt, wenn der Unfall durch alkoholbedingte Fahruntüchtigkeit, überhöhte Geschwindigkeit (BAG vom 5.4.1962, DB 1962, 971), Überfahren einer Rotlicht zeigenden Ampel (BAG vom 8.7.1990, NJW 1992, 2418), das Überholen an unübersichtlicher Stelle oder die Benutzung eines verkehrsunsicheren Fahrzeugs (ArbG Marburg vom 24.8.1990, DB 1991, 869), durch nichtangelegte Sicherheitsgurte (BAG vom 7.10.1981, DB 1982, 496) verursacht wurde. Aber auch sonstige, alkoholbedingte Unfälle stellen eine selbstverschuldete Arbeitsunfähigkeit dar. Ebenso die Teilnahme an Schlägereien oder die Missachtung von Unfallverhütungsvorschriften. Dagegen stellt nach heutiger Ansicht der Selbstmordversuch keinen Ausschlusstatbestand mehr dar.

Problematisch ist die Ausübung gefährlicher Sportarten. Bis heute ist kaum eine Sportart als gefährlich angesehen worden, so z.B. nicht Autorennen, Amateurboxen (BAG, DB 1977, 639), Amateurfußball (BAG, NJW 1976, 1367), Karate, Surfen, Ski-Fahren. Ob Extremsportarten wie Fallschirmspringen, Bungee-Springen (dazu Gerauer, NZA 1994, 496) oder Bergsteigen als gefährliche Sportarten anzusehen sind, wird kontrovers diskutiert. Aber auch das Ausüben einer an sich nicht gefährlichen Sportart kann zum Ausschluss des Anspruchs führen, wenn gegen anerkannte Regeln oder gegen anerkannte Befähigungs- und/oder Ausstattungsvorschriften verstoßen wird (vgl. z. B. LAG München, BB 1972, 1324; ArbG Dortmund, DB 1966, 908).

Zum – straffreien – Schwangerschaftsabbruch gibt es eine gefestigte Rechtsprechung des BAG (vgl. vom 5. 4. 1989 – 5 AZR 495/87 –, DB 1989, 1522 f.), wonach keine verschuldete Arbeitsunfähigkeit zu bejahen ist.

Inwieweit Alkohol- und Drogensucht (gleich welcher Form, wie sog. weiche oder harte Drogen, Medikamente, Nikotin) – bei Rückfall nach erfolgter Therapie – als verschuldete Arbeitsunfähigkeit gewertet werden kann, ist in der Rechtsprechung und Wissenschaft nicht abschließend erörtert. Letztendlich kommt es auf den Einzelfall und dabei insbesondere darauf an, ob sich der kranke Arbeitnehmer in einem Zustand mangelnder Steuerungsfähigkeit befindet oder nicht (Giese, BB 1972, 360). Problematisch ist auch der arbeitsrechtliche Umgang mit AIDS und/oder HIV-infizierten Arbeitnehmern (ausführlicher unter *Die Beendigung des Arbeitsverhältnisses – Die personenbedingte Kündigung* ab Seite 235, 240).

Die Höhe des Anspruchs (§ 4 EntgeltfortzahlungsG)

Während der Arbeitsunfähigkeit ist der Verdienst fortzuzahlen, den der Arbeitnehmer erzielt hätte, wenn er gearbeitet hätte (Lohnausfallprinzip). Bei festem Monatsverdienst ist dieser zu zahlen. Bei Stundenlohn sind die infolge Arbeitsunfähigkeit ausgefallenen Stundenlöhne zu entlohnen, bei leistungsbezogenen Vergütungen (Akkordlohn, Provision) ist von dem vor der Arbeitsunfähigkeit erzielten Durchschnittslohn auszugehen. Auch laufende Leistungsprämien sind zu zahlen; so steht etwa einem Profifußballspieler auch die sog. Siegprämie zu (BAG vom 6. 12. 1995, NJW 1996,

2388). Nicht zu zahlen sind Schmutzzulagen und ähnliche Leistungen, die an die tatsächliche Arbeitsleistung gebunden sind. Seit dem 1. 1. 1999 beträgt der Entgeltfortzahlungsanspruch wieder 100% des Vergütungsausfalls.

Die Anspruchsdauer (§§ 3, 8 EntgeltfortzahlungsG)
Die Entgeltfortzahlung wird für die Dauer der Erkrankung vom ersten Tag an für längstens sechs Wochen geleistet. Danach wird Krankengeld von der Krankenkasse geleistet. Treten nacheinander mehrere jeweils neue Erkrankungen auf, liegen also wiederholte Erkrankungen vor, so hat dies zur Folge, dass für jede Erkrankung der Entgeltfortzahlungszeitraum von maximal sechs Wochen neu beginnt. Tritt eine zweite Erkrankung ein, während die erste Arbeitsunfähigkeit noch andauert, so wird insgesamt für längstens sechs Wochen Entgeltfortzahlung geleistet (Einheit des Verhinderungsfalls: BAG vom 14. 3. 1983, DB 1983, 2783). Liegt dagegen eine Fortsetzungserkrankung vor, also eine auf demselben Leiden beruhende Anschlusserkrankung, so entsteht erneut ein Anspruch auf Fortzahlung für längstens sechs Wochen, wenn der Arbeitnehmer vor der erneuten Arbeitsunfähigkeit mindestens sechs Monate nicht wegen derselben Krankheit arbeitsunfähig war oder seit Beginn der ersten Arbeitsunfähigkeit infolge derselben Krankheit eine Frist von zwölf Monaten abgelaufen ist. Anders ausgedrückt: Nach Ablauf von zwölf Monaten seit der Ersterkrankung beginnt der volle Entgeltanspruch wegen derselben Erkrankung unabhängig davon, wie oft der Arbeitnehmer innerhalb der abgelaufenen zwölf Monate wegen derselben Erkrankung arbeitsunfähig war.
Wird das Arbeitsverhältnis aus Anlass der Arbeitsunfähigkeit gekündigt, so endet der Anspruch auf Entgeltfortzahlung aus diesem Grund nicht (BAG vom 26. 5. 1999, PERSONAL 2000, 158). Gleiches gilt bei der Kündigung des Arbeitnehmers, wenn er zur außerordentlichen Kündigung wegen Pflichtverstoßes durch den Arbeitgeber berechtigt ist. Mit der Beendigung des Arbeitsverhältnisses

ohne Kündigung (Befristung) endet auch der Entgeltfortzahlungsanspruch.

Allerdings ist zu beachten, dass nach § 3 Absatz 3 EntgeltfortzahlungsG eine Wartefrist in Höhe von vier Wochen besteht. Dies hat
zur Folge, dass das Arbeitsverhältnis wenigstens seit vier Wochen
bestehen muss, damit ein Anspruch auf Entgeltfortzahlung entstehen kann. Besteht das Arbeitsverhältnis weniger als vier Wochen,
besteht grundsätzlich kein Anspruch auf Entgeltfortzahlung. Allerdings hat das BAG in seinem Urteil vom 26. 5. 1999 (PERSONAL
2000, 158) klar gestellt, dass in dem Fall, in dem ein Arbeitnehmer
zwar innerhalb der Wartefrist arbeitsunfähig erkrankt, die Arbeitsunfähigkeit aber über die Wartezeit hinaus andauert, der Entgeltfortzahlungsanspruch für die gesamte Dauer von sechs Wochen
entsteht.

Pflicht zum heilungsfördernden Verhalten

Verstößt der Arbeitnehmer gegen die Pflicht zum heilungsfördernden Verhalten, besteht der Entgeltfortzahlungsanspruch nicht für
den gesamten Arbeitsunfähigkeitszeitraum. Der Anspruch ist um
den Zeitrahmen zu kürzen, durch den sich der Heilungsprozess
durch den Pflichtverstoß verlängert (LAG Hamm vom 28. 8. 1991,
BB 1992, 279). Dies ist z. B. zu bejahen, wenn der Arbeitnehmer
ärztlichen Anweisungen zuwider handelt oder den Heilungsprozess
störende Tätigkeiten ausübt. In diesen Fällen kommt u. U. auch
eine Kündigung (BAG vom 26. 8. 1993 – 2 AZR 154/93 –, NJW
1994, 2439) bzw. ein Schadensersatzanspruch des Arbeitgebers in
Betracht (LAG Rheinland-Pfalz vom 15. 6. 1999 – 5 Sa 540/99 –,
FA 2000, 98 zu Detektivkosten).

c) Die Voraussetzungen und der Umfang der Entgeltfortzahlung bei Maßnahmen der medizinischen Vorsorge und Rehabilitation

Werden Maßnahmen der medizinischen Vorsorge oder Rehabilitation durch eine gesetzliche Kranken-, Renten- oder Unfallversicherung bewilligt und stationär durchgeführt, so muss der Arbeitnehmer dem Arbeitgeber den Zeitpunkt des Beginns der Maßnahme und die voraussichtliche Dauer bzw. eine Verlängerung der Maßnahme anzeigen. In diesen Fällen hat der Arbeitnehmer einen Entgeltfortzahlungsanspruch entsprechend den Vorschriften der Entgeltfortzahlung im Krankheitsfall. Sind Sie nicht Mitglied in einer gesetzlichen Kranken- oder Rentenversicherung, so besteht der Anspruch auf Entgeltfortzahlung, wenn die Maßnahme von einem Arzt angeordnet und stationär durchgeführt wird.

d) Die Voraussetzungen und der Umfang der Entgeltfortzahlung an Feiertagen

Gemeint sind ausschließlich die in den jeweiligen Landesgesetzen definierten gesetzlichen (nicht kirchlichen) Feiertage sowie der bundeseinheitliche Feiertag am 3. Oktober (Tag der deutschen Einheit). Entscheidend ist, dass die Arbeit infolge des Feiertages – nicht notgedrungen an diesem – ausfällt. So fällt wegen eines Feiertages die Arbeit für einen Zeitungsträger dadurch aus, dass am Feiertag keine Zeitung produziert wird und deshalb am darauf folgenden Werktag keine Zeitung zugestellt werden kann. Anerkannt ist, dass Feiertage, die in Zeiten bezahlten Erholungsurlaubes fallen, ebenfalls zu vergüten sind (BAG vom 31.5.1988, DB 1988, 2262). Wird wegen eines Feiertages vor- oder nachgearbeitet, so ist diese Arbeit zusätzlich zu entlohnen, der Anspruch auf Feiertagsentlohnung bleibt hiervon unberührt (BAG vom 25.6.1985, DB 1985, 2694).

Nimmt sich der Arbeitnehmer vor oder nach einem Feiertag ungerechtfertigt einen »Brückentag«, so entfällt der Anspruch auf Feiertagsentlohnung (§ 2 Abs. 3 EntgeltfortzahlungsG). Die Höhe der
Vergütung bestimmt sich auch in diesem Zusammenhang nach dem
Lohnausfallprinzip. Ruht das Arbeitsverhältnis infolge eines Arbeitskampfes (dazu unter *Die Folgen der Arbeitsverhinderung –
Lohn ohne Arbeit* ab Seite 146, 169), so entfällt der Entgeltanspruch (BAG vom 31. 5. 1988, BB 1988, 2465). Eine Unterbrechung des Streiks nur für einen oder mehrere Feiertage führt nicht
zum Entgeltfortzahlungsanspruch (BAG vom 1. 3. 1995, DB 1995,
1819). Hat ein Arbeitnehmer während eines Arbeitskampfes bewil-
ligten Urlaub, so entfällt der Anspruch nach EntgeltfortzahlungsG
nicht wegen des Arbeitskampfes (BAG vom 20. 7. 1982, DB 1982,
2575).

e) Der Anspruch auf Lohnzahlung nach dem Bundesurlaubsgesetz

Der berechtigte Personenkreis
Anspruch auf Gewährung von bezahlten Erholungsurlaub hat
gem. § 1 BUrlG jeder Arbeitnehmer (dazu unter *Arbeitsrecht –
Schutzgesetze für Arbeitnehmer* ab Seite 39). Neben den Arbeitern
und Angestellten sind auch die zu ihrer Berufsausbildung Beschäftigten und die arbeitnehmerähnlichen Beschäftigten (§ 2 BUrlG)
anspruchsberechtigt. Völlig unerheblich ist der vertraglich geschuldete Umfang der Arbeitsleistung (Voll- oder Teilzeit). Heimarbeit-
nehmer haben Anspruch auf Erholungsurlaub gem. der Sondervorschrift des § 12 BUrlG.

Die Höhe des gesetzlichen Erholungsurlaubs
Der (gesetzliche) Urlaub beträgt gem. § 3 BUrlG jährlich mindestens 24 Werktage (= nicht Sonn- und Feiertage). Auf den vollen Urlaub haben Arbeitnehmer jedoch erst nach einer Wartezeit von

sechs Monaten seit Beginn des Arbeitsverhältnisses Anspruch. In der Zeit davor besteht für jeden vollen Monat des Bestehens des Arbeitsverhältnisses jeweils ein Anspruch in Höhe von $^1/_{12}$ des Jahresurlaubs. Gleiches gilt, wenn der Arbeitnehmer vor Vollendung der Wartezeit aus dem Arbeitsverhältnis ausscheidet oder nach vollendeter Wartezeit in der ersten Hälfte des Kalenderjahres aus dem Arbeitsverhältnis ausscheidet (§ 5 Abs. 1 BUrlG). Letzteres ist dann der Fall, wenn ein Arbeitsverhältnis im Vorjahr begonnen hat, die Wartezeit aber erst im darauf folgenden, laufenden Kalenderjahr erfüllt wird. Obwohl wegen erfüllter Wartezeit eigentlich ein Anspruch auf den vollen Jahresurlaub entstanden ist, wird er nun zum Bruchteilsurlaub.

Die Urlaubsgewährung

Die zeitliche Festlegung des Urlaubs, d. h. die Bestimmung von Beginn und Ende der bezahlten Arbeitsfreistellung, erfolgt durch den Arbeitgeber. Dieser hat dabei die persönlichen Wünsche des Arbeitnehmers angemessen (§ 315 BGB), d. h. im Verhältnis zu den betrieblichen Belangen und unter Beachtung der Urlaubswünsche anderer Arbeitnehmer, zu berücksichtigen (§ 7 Abs. 1 Satz 1 BUrlG). Dabei können insbesondere soziale Belange (schulpflichtige Kinder, Alleinerziehende etc.) ein gewichtiges Abwägungskriterium darstellen. Im Anschluss an eine Maßnahme der medizinischen Vorsorge oder Rehabilitation kann der Arbeitnehmer die Gewährung von Urlaub verlangen (Satz 2).

Der Arbeitnehmer hat aus § 7 BUrlG einen Rechtsanspruch auf Festlegung des Erholungsurlaubs; somit erreicht er z. B. Planungssicherheit für den Abschluss von Reisen bzgl. der Betreuung schulpflichtiger Kinder etc. (BAG vom 31. 1. 1996 – 2 AZR 282/95 –; 18. 12. 1986, DB 1987, 1362). Mit der Festlegung des Urlaubs erfüllt der Arbeitgeber seine vertragliche Pflicht, da somit die Freistellung als (zukünftiger, aufschiebend bedingter) Anspruch (§ 158 Abs. 1 BGB) entsteht. Wird die Freistellung nach Festlegung unmöglich, so wird der Arbeitgeber – außer in den Fällen des § 9

BUrlG – von der Verpflichtung frei, sofern er die Unmöglichkeit nicht zu vertreten hat. So entsteht z.B. kein Anspruch auf Neufestsetzung, wenn eine Arbeitnehmerin schwanger wird und in der Urlaubszeit ein Beschäftigungsverbot nach MuSchG besteht (BAG 9.8.1994, NZA 1995, 174). Andererseits kann der Arbeitgeber von der festgelegten Urlaubszeit auch nicht mehr einseitig abweichen. Ausnahmen gelten nur bei Notfällen, die eine Verlegung des Urlaubs oder sogar eine Rückkehr aus dem Urlaub unumgänglich machen. Dabei ist der Arbeitgeber jedoch zum Ersatz aller daraus entstehenden Kosten des Arbeitnehmers einschließlich der Familienangehörigen verpflichtet (LAG Hessen vom 8.7.1996 – 11 Sa 966/95 –, ArbR 1997, 3). Allerdings ist auch der Arbeitnehmer an die vereinbarte Festlegung des Urlaubs gebunden (LAG Köln vom 28.8.1996, NZA-RR 1997, 83 f.).

Dringende betriebliche Gründe sind z.B. zu bejahen bei der Festlegung von **Betriebsferien** (BAG vom 28.7.1981, DB 1981, 1780, 1621). Dies gilt auch für angestellte Lehrer/innen in den Ferien, Erzieher/innen in Kindergärten, Beschäftigte an Universitäten in der vorlesungsfreien Zeit (LAG Berlin vom 20.5.1985, ArbuR 1986, 217) oder für Saisonbetriebe (LAG Köln vom 17.3.1995, NZA 1995, 1200 für einen Vergnügungspark). Üblich ist die Anordnung vor allem im produktiven Bereich wie bei großen Automobilunternehmen. Problematisch ist die Frage, ob der Arbeitgeber einseitig den gesamten Erholungsurlaub aus dringenden betrieblichen Gründen festlegen kann. Während das BAG (Urteil vom 28.7.1981, DB 1981, 1780) davon ausging, dass der gesamte gesetzliche Urlaub dem Bestimmungsrecht des Arbeitgebers nach § 315 BGB unterliegt und somit die persönlichen Belange des Arbeitnehmers im Sinne des § 7 BUrlG vollständig zurücktreten müssen, muss aus dem Urteil des BAG vom 28.1.1982 (DB 1982, 1065, 1823) eine abweichende Meinung folgen. Im Ergebnis würde die Möglichkeit der einseitigen Bestimmung über den gesamten Jahresurlaub die Regel des § 7 BUrlG und vor allem den dort auch zum Ausdruck gebrachten sozialen Gedanken im Rahmen der

Interessenabwägung aushöhlen. Die Verplanung des gesamten Jahresurlaubs durch einseitige Festlegung durch den Arbeitgeber widerspricht eindeutig dem Grundgedanken des § 7 BUrlG (so auch Bauer in: Küttner, Personalbuch 1998, Beck-Verlag, 5. A., Urlaubsgewährung Rdnr. 15).

Berücksichtigung innerhalb der Interessenabwägung können auch die Urlaubswünsche der anderen Arbeitnehmer finden. Dabei sind insbesondere soziale Gründe wie das Lebensalter, die Betriebszugehörigkeit, die Anzahl schulpflichtiger Kinder, der Urlaub anderer Familienmitglieder oder die besondere Situation allein erziehender Arbeitnehmer zu berücksichtigen.

Rückzahlung zuviel gezahlten Urlaubsentgelts

Scheidet ein Arbeitnehmer nach erfüllter Wartezeit aber in der ersten Hälfte eines Kalenderjahres aus dem Arbeitsverhältnis aus, so steht ihm gem. § 5 Abs. 1 c) BUrlG lediglich ein Bruchteilsurlaub zu. Dennoch kommt es in der Praxis häufig vor, dass dem Arbeitnehmer – wegen der erfüllten Wartezeit – der gesamte Urlaubsanspruch bereits gewährt worden ist. Dann stellt sich die Frage, ob der zuviel gewährte Urlaub vom Arbeitgeber in Form des Entgeltanspruchs zurückgefordert werden kann. Die gleiche Frage stellt sich aber unabhängig von § 5 Abs. 1 c) BUrlG generell bei zuviel gewährtem Urlaub. Nach § 5 Abs. 3 BUrlG besteht im Falle des Ausscheidens des Arbeitnehmers im ersten Kalenderhalbjahr bei zuviel gewährtem Urlaub ein Rückzahlungsverbot. Nach richtiger Ansicht ist aus diesem Verbot auch für andere Fälle des zuviel gewährten Urlaubs ein allgemein gültiger Rechtssatz des Rückzahlungsausschlusses zu entnehmen (so auch Schaub, Arbeitsrechts-Handbuch, 5. A., S. 876 f.). Eine Ausnahme kann nur dann gelten, wenn der Arbeitnehmer sich den Urlaub erschlichen hat oder die Rückzahlung (tarif- oder einzel-)vertraglich vereinbart ist.

Von dieser Frage ist zu unterscheiden die Rückzahlung zuviel oder zu Unrecht gezahlten Urlaubsgeldes (Sonderzuwendung). Dieses Problem wird – wie alle anderen Rückzahlungsansprüche bei Überzahlung – nach den allgemeinen Regeln des Bereicherungrechts nach §§ 812 ff. BGB gelöst (dazu ausführlich unter *Der Schutz des Arbeitseinkommens* ab Seite 178, 181).

Der Ausschluss von Doppelansprüchen
In jedem Kalenderjahr entsteht der Anspruch auf Erholungsurlaub nur einmal. Um Doppelansprüche zu vermeiden, enthält § 6 Abs. 1 BUrlG die Regelung, dass kein Anspruch auf Erholungsurlaub gegenüber einem neuen Arbeitgeber besteht, wenn oder soweit dem Arbeitnehmer bereits vom vorherigen Arbeitgeber Urlaub gewährt worden ist. Hat der Arbeitnehmer seinen ganzen Erholungsurlaub im Verlaufe des alten Arbeitsverhältnisses genommen, so entstehen keine Probleme. Gegenüber einem neuen Arbeitgeber entsteht ein neuer Urlaubsanspruch. Allerdings kann der neue Arbeitgeber die Urlaubsgewährung nach Maßgabe des § 6 Abs. 1 BUrlG insoweit verweigern, als im laufenden Kalenderjahr bereits Urlaub gewährt oder aber nach § 7 Abs. 4 BUrlG abgegolten worden ist (BAG vom 28. 2. 1991, DB 1991, 1987). Soweit noch Urlaubsansprüche zur Beendigung des – alten – Arbeitsverhältnisses bestehen, sind diese nach § 7 Abs. 4 BUrlG abzugelten. Bei einem Wechsel des Arbeitgebers scheidet somit die Nichtgewährung von Freizeit bzw. Abgeltung mit dem Hinweis auf einen neuen Anspruch beim zukünftigen Arbeitgeber aus. Ebenso hat der Arbeitnehmer kein Wahlrecht auf Abgeltung oder Anspruch auf Urlaubsgewährung gegen den neuen Arbeitgeber. Der jeweilige Urlaubsanspruch ist untrennbar verbunden mit dem jeweiligen, konkreten Arbeitsverhältnis (BAG vom 28. 2. 1991, a. a. O.).

Grundsatz des zusammenhängenden Urlaubs und die Übertragbarkeit
Grundsätzlich ist der Urlaub zusammenhängend, d. h. ohne Zerstückelung zu nehmen (§ 7 Abs. 2 Satz 1 BUrlG), da nur so dem Grundgedanken, der Erholung, Rechnung getragen werden kann. Davon kann nur aus dringenden betrieblichen Gründen oder aus in

der Person des Arbeitnehmers liegenden Gründen abgewichen werden. Dabei ist ein Urlaub – soweit in diesem Umfang ein Anspruch besteht – von mindestens zwölf aufeinander folgenden Werktagen sicher zu stellen (§ 7 Abs. 2 Satz 2 BUrlG).

Kann der Urlaub aus dringenden betrieblichen Gründen oder aus Gründen, die in der Person des Arbeitnehmers liegen (z. B. Krankheit) ausnahmsweise nicht im laufenden Kalenderjahr genommen werden, so ist er bis längstens 31. März des Folgejahres zu gewähren und zu nehmen (!). Im Gegensatz zu der gesetzlichen Regelung in § 7 Abs. 3 Satz 1 BUrlG sehen viele Tarifverträge eine Verlängerung des Übertragungszeitraumes vor und es reicht der Antritt des Urlaubs bis zum letzten Stichtag aus (so etwa § 47 Abs. 7 BAT für den öffentlichen Dienst).

Wird im laufenden Kalenderjahr die Wartezeit nicht erfüllt, so kann dieser Teilurlaub auf Verlangen des Arbeitnehmers auf das – ganze – folgende Kalenderjahr übertragen werden (§ 7 Abs. 3 Satz 2 BUrlG).

Das Problem der Erwerbstätigkeit im Urlaub

Dem Wortlaut nach ist Grundgedanke des Urlaubs nach dem Bundesurlaubsgesetz die Erholung des Arbeitnehmers. Daran knüpft sich zwingend die Frage, ob der Arbeitnehmer unter Einschränkung seiner persönlichen Freiheit (Art. 1 i. V. m. Art. 2 GG) verpflichtet ist, seinen Urlaub erholsam (schlafend?) zu gestalten. Es entspricht jedoch allgemeiner Rechtsmeinung, dass durch das BUrlG dem Arbeitnehmer die Möglichkeit zur selbstbestimmten Gestaltung seiner Freizeit mit dem Ziel der Erholung gegeben werden soll. Eine Einschränkung erfährt dieser Grundsatz allerdings durch § 8 BUrlG. Danach darf der Urlaub nicht zur Ausübung einer dem Erholungszweck zuwiderlaufenden Erwerbstätigkeit genutzt werden. Was aber ist darunter zu verstehen? Eindeutig geklärt ist nur die Frage der Erwerbsmäßigkeit und, dass es keinen Unterschied macht, ob die Tätigkeit in Abhängigkeit (Arbeitsvertrag, Werkvertrag oder Dienstvertrag) oder in Selbständigkeit ausgeübt wird (BAG vom 15.12.1983 – 6 AZR 604/80 –). Alles andere ist Einzelfallfrage, mithin kommt es auf die konkrete Situation an. Eindeutig sind auch die Rechtsfolgen eines Verstoßes gegen das Verbot des § 8 BUrlG; der Anspruch auf Urlaubsentgelt entfällt nicht (BAG vom 25.2.1988 – 8 AZR 596/85 –, NJW 1988, 2757 f. = DB 1988, 1554 f.). Dagegen kann der Arbeitgeber jedoch u. U. Anspruch auf Schadensersatz haben und auf Unterlassung der Tätigkeit klagen. In bestimmten Fällen kann durch die unerlaubte Tätigkeit auch ein Kündigungsrecht gegeben sein. Für den öffentlichen Dienst bestimmt § 47 Abs. 8 BAT, dass jede Erwerbstätigkeit im Urlaub vorher genehmigt werden muss. Bei Zuwiderhandlung geht der Anspruch auf Urlaubsentgelt verloren.

Vom Urlaubsentgelt und der Urlaubsabgeltung ist das Urlaubsgeld (als zusätzliches Entgelt; siehe dazu unter *Besondere Zahlungsansprüche des Arbeitnehmers* ab Seite 132) zu unterscheiden.

Die Auswirkungen von Erkrankung und von Maßnahmen der medizinischen Vorsorge und Rehabilitation auf den Erholungsurlaub

Erkrankt ein Arbeitnehmer während des Urlaubs, so werden die Zeiten, die durch ärztliche Arbeitsunfähigkeitsbescheinigung nachgewiesen werden, nicht auf den Jahresurlaub angerechnet (§ 9 BUrlG). Nur in Ausnahmefällen kann der Nachweis auch ohne ärztliches Attest mit der Folge der Nichtanrechnung geführt werden. Mit der Erkrankung wird die zeitliche Festlegung des Urlaubs hinfällig, weil während der Erkrankung der Urlaubsanspruch nicht erfüllt werden kann. Auf diese Nichterfüllbarkeit kann sich aber der Arbeitnehmer z. B. dann nicht berufen, wenn er die Arbeitsunfähigkeit durch eine medizinisch nicht gebotene Operation im Urlaub herbeigeführt hat (Rechtsgedanke des § 162 Abs. 2 BGB – unzulässige Herbeiführung der günstigen Bedingung; so LAG Köln vom 28.8.1996, NZA-RR 1997, 83 f.). Erkrankt der Arbeitnehmer vor Antritt des Urlaubs, so ist der Urlaub grundsätzlich neu festzusetzen. In keinem Fall kann der Arbeitnehmer eigenmächtig den Urlaub im Anschluss an die Arbeitsunfähigkeit nehmen. Das gilt übrigens grundsätzlich: Die eigenmächtige Selbstbeurlaubung kann zur fristgerechten oder außerordentlichen Kündigung führen (dazu unter *Die Beendigung des Arbeitsverhältnisses* ab Seite 203).

Besteht ein Anspruch auf Fortzahlung der Vergütung nach den Vorschriften der Entgeltfortzahlung im Krankheitsfall, so werden auch Maßnahmen der medizinischen Vorsorge und Rehabilitation nicht auf den Urlaub angerechnet.

Die Urlaubsabgeltung

Der Anspruch auf Urlaubsabgeltung entsteht mit Beendigung des Arbeitsverhältnisses, wenn ein bis dahin bestehender Urlaubsanspruch nicht oder nicht voll erfüllt ist. Verkürzt formuliert: ohne Urlaubsanspruch kein Abgeltungsanspruch. Grundsätzlich wird von dem Abgeltungsanspruch des § 7 Abs. 4 BUrlG der gesamte (auch tarif- oder einzelvertragliche Urlaub, der den gesetzlichen Mindesturlaub übersteigt) erfasst (BAG vom 28. 2. 1991, DB 1991, 1987). Allerdings besteht kein Abgeltungsanspruch, wenn der Arbeitnehmer bei Beendigung des Arbeitsverhältnisses und danach bis zum Zeitpunkt des Anspruchsverfalls (Übertragungszeitpunkt) arbeitsunfähig ist (BAG vom 5. 12. 1995, DB 1996, 1087). Da der Abgeltungsanspruch an einen bestehenden Urlaubsanspruch gebunden ist, erlischt auch dieser spätestens mit der letzen Übertragungsmöglichkeit. Endet das Arbeitsverhältnis mit dem Tod des Arbeitnehmers, entsteht kein Abgeltungsanspruch. Lediglich wenn zum Todeszeitpunkt bereits ein Rechtsstreit über den Abgeltungsanspruch bei Gericht anhängig ist, wird dieser vererblich (BAG vom 19. 11. 1996, DB 1997, 1472). Mit Beendigung des Arbeitsverhältnisses hat der Arbeitgeber dem Arbeitnehmer die Höhe des gewährten oder abgegoltenen Urlaubs zu bescheinigen (§ 6 Abs. 2 BUrlG).

Die Unabdingbarkeit des gesetzlichen Urlaubsanspruchs

Mit Ausnahme des gesetzlichen Mindesturlaubs (§ 3 BUrlG) und dem grundsätzlichen Anspruch auf bezahlten Erholungsurlaub (§ 1

BUrlG) für Arbeitnehmer, arbeitnehmerähnliche Personen und Heimarbeiter (§ 2 BUrlG) kann zu Ungunsten der Arbeitnehmer nur durch Tarifvertrag und nur durch ausdrückliche Formulierung abgewichen werden. Dagegen kann ohne Bedenken zu Gunsten der Arbeitnehmer von den Vorschriften des BUrlG abgewichen werden (dazu unter *Die unterschiedlichen Rechtsquellen und ihre Wechselwirkung – Das Günstigkeitsprinzip* ab Seite 24).

Die Beteiligung des Betriebsrats
Der Betriebsrat hat bei der Aufstellung allgemeiner Urlaubsgrundsätze und des Urlaubsplans mitzubestimmen. Können sich Arbeitgeber und Arbeitnehmer bei der zeitlichen Festlegung des Urlaubs nicht einigen, so kommt dem Betriebsrat auch insoweit ein Mitbestimmungsrecht zu (§ 87 Abs. 1 Nr. 5 BetrVG). Zu den allgemeinen Regeln zählen die Festlegung von Betriebsferien, die Kriterien einer sozialen Auswahl und die Festlegung von Urlaubssperren. Mit der Aufstellung des Urlaubsplans wird die verbindliche Festlegung des Urlaubs der einzelnen Arbeitnehmer getroffen. Damit wird der Urlaubsplan – bezogen auf das jeweilige Kalenderjahr – Bestandteil des Arbeitsvertrages und gehört somit zu den vom Arbeitgeber zu erbringenden vertraglichen Verpflichtungen. Vom Urlaubsplan ist die Urlaubsliste zu unterscheiden, in die die Arbeitnehmer ihre Urlaubswünsche eintragen.

f) Die kurzfristige Arbeitsverhinderung nach § 616 BGB

Wird ein Arbeitnehmer für eine verhältnismäßig kurze Zeit durch einen in seiner Person liegenden Grund ohne sein Verschulden an der Erbringung seiner Arbeitsleistung gehindert, so erhält er im Gegensatz zur allgemeinen Regel des § 323 Abs. 1 BGB dennoch Arbeitsentgelt. Der Entgeltanspruch nach § 616 BGB setzt mithin drei Bedingungen voraus:

– Der **Grund** der Arbeitsverhinderung liegt **in der Person des Ar-**

beitnehmers bzw. in dessen persönlichen Verhältnissen (**Umfeld**).
Eine Verhinderung liegt nicht erst dann vor, wenn dem Arbeitnehmer die Leistung unmöglich ist (§ 275 BGB), sondern schon
dann, wenn sie ihm nach Treu und Glauben (§ 242 BGB) vom
Arbeitgeber nicht zugemutet werden kann (Ausdruck der Fürsorgepflicht des Arbeitgebers – dazu unter *Die wichtigsten
Nebenpflichten aus dem Arbeitsverhältnis* ab Seite 188).

Von der Rechtsprechung anerkannte Gründe sind z.B. die eigene Ehe-
schließung (BAG, NJW 1983, 2600), Arzttermine, die zwingend inner-
halb der Arbeitszeit liegen (BAG, DB 1990, 2072), außerordentliche
Vorkommnisse in der Familie, wie Todesfall, Beerdigung, Geburten
(BAG, DB 1987, 2047; zur Befreiung bei Geburt eines nichtehelichen
Kindes: ArbG Frankfurt/Oder zu § 52 BAT-Ost vom 7.10.1998, NZA-
RR 1999, 89 ff.), goldene Hochzeit der Eltern (BAG, AP Nr. 43 zu § 616
BGB), Kommunion und Konfirmation der Kinder (BAG, AP Nr. 1 zu § 33
MTB II), **schwerwiegende Erkrankung** naher Angehöriger (BAG, AP
Nrn. 46, 47, 48, 49 und 50 zu § 616 BGB). Hierzu existiert in § 45
SGB V eine Spezialregelung. Danach besteht gegenüber der Kranken-
kasse ein Anspruch auf Krankengeld, wenn die Betreuung eines Kindes
unter 12 Jahren unbedingt erforderlich ist. Der Anspruch beträgt pro
Kind und Elternteil bis zu zehn, höchstens jedoch (insgesamt und für
mehrere Kinder) 25 Arbeitstage bzw. bis zu 20 Arbeitstage pro Kind und
höchstens 50 Arbeitstage pro Kalenderjahr für Alleinerziehende. Die Betreuungsnotwendigkeit ist durch ärztliches Attest nachzuweisen. Auf
Grund der Betreuungsnotwendigkeit besteht gegenüber dem Arbeitgeber ein Anspruch auf – unbezahlte – Freistellung. Ist (tarif- oder einzel-)-
vertraglich für solche Fälle der Arbeitsverhinderung eine bezahlte Freistellung vereinbart, entfällt der Anspruch aus § 45 SGB V. Weitere Fälle
sind etwa die Bestellung zum Laienrichter (BAG, DB 1983, 183), der
durch den Arbeitgeber (bei Versetzung) bewirkte Umzug (LAG Stuttgart,
DB 1958, 140), die Ausübung politischer, öffentlicher und religiöser
Pflichten (BAG vom 23.6.1995 – 3 AZR 857/94 –; BAG, AP Nr. 3 zu §
33 MTL II), die Wahrnehmung gewerkschaftlicher Ämter (BAG, DB
1983, 2695), das Ablegen von Prüfungen und die Stellensuche (BAG, AP
Nr. 1 zu § 629 BGB).

- Die **Arbeitsverhinderung** tritt **ohne Verschulden** des Arbeitnehmers ein. Darunter ist jeder grobe Verstoß gegen das von einem
  verständigen Menschen zu erwartende Verhalten zu verstehen
  (BAG, AP Nrn. 13, 38 zu § 1 ArbKrankhG und AP Nr. 45 zu
  § 616 BGB). Es gelten die gleichen Regeln wie bei der Frage der
  verschuldeten Arbeitsunfähigkeit (dazu unter *Die Folgen der
  Arbeitsverhinderung* ab Seite 147, 152).
- Die Verhinderung darf lediglich eine **verhältnismäßig kurze Zeit**
  umfassen. Kriterien der Bestimmung dieses unbestimmten Begriffs sind etwa die Verhinderungszeit in Abwägung zur Gesamt-
  betriebszugehörigkeit oder die üblicherweise für den Verhinde-
  rungsfall notwendige Zeit. In der Praxis haben sich Faustregeln
  entwickelt, wonach bei einer Beschäftigung von bis zu sechs Monaten drei Tage, bei einer Beschäftigungszeit von bis zu zwölf
  Monaten eine Woche und bei einer Beschäftigungszeit von mehr
  als zwölf Monaten zwei Wochen als unerheblich gelten sollen
  (vgl. Schaub, Arbeitsrechtshandbuch, 9. A., S. 812).

Da § 616 BGB jedoch durch Tarif- und Einzelvertrag erweitert,
eingeschränkt oder ausgeschlossen werden kann, ist immer eine
konkrete Einzelfallbetrachtung anzustellen. Ein völliger Ausschluss des § 616 BGB muss jedoch durch die besonderen Verhältnisse des Betriebes oder Wirtschaftszweiges sachlich gerechtfertigt
sein (BAG, AP Nr. 49 zu § 616 BGB). Zählt ein Tarifvertrag (so
etwa der BAT in § 52) abschließend die Befreiungstatbestände auf,
so bleibt für die von der Rechtsprechung entwickelten Anwendungsfälle kein Raum (BAG, DB 1990, 2072). Zählt ein Tarifvertrag dagegen nur beispielsweise Anwendungsfälle auf, so bleibt
Raum für weitere Befreiungsgründe nach § 616 BGB (BAG, NJW
1984, 2720).

g) Die Arbeitsverhinderung aufgrund spezieller Rechtsvorschriften – Beispiele

– Schwerbehinderte im Sinne des SchwbG haben einen Anspruch auf bezahlten zusätzlichen Urlaub von fünf Arbeitstagen im Urlaubsjahr (§ 47 SchwbG).

– Jugendliche haben einen je nach Lebensalter gestaffelten gesetzlichen Mindesturlaubsanspruch von wenigstens 25 und höchstens 30 Werktagen. Berufsschulpflichtigen Jugendlichen soll der Urlaub in den Schulferien gewährt werden. Geschieht dies nicht, so wird für jeden Tag, an dem die Berufsschule während des Urlaubs besucht wird, ein zusätzlicher Urlaubstag gewährt (§ 19 JArbSchG).

– Für Wehr- und Ersatzdienstleistende enthält das ArbPlSchG bzw. das ZDG Spezialvorschriften zur Gewährung, Übertragung, Zwölftelung und Abgeltung des Urlaubs.

– Das Bundeserziehungsgeldgesetz (BErzGG) enthält spezielle Vorschriften zur Auswirkung des Erziehungsurlaubs auf den Erholungsurlaub, wie etwa die Kürzungsmöglichkeit um je $1/12$ für jeden vollen Monat, in dem Erziehungsurlaub in Anspruch genommen wird (aber ausgeschlossen, wenn Teilzeitbeschäftigung im Erziehungsurlaub beim Arbeitgeber nach § 17 Abs. 1 BErzGG ausgeübt wird), die Übertragung von Resturlaub in die Zeit nach der Beendigung des Erziehungsurlaubs oder der Abgeltung nach Ausscheiden aus dem Arbeitsverhältnis nach Beendigung des Erziehungsurlaubs. Während des Erziehungsurlaubs ruht das Arbeitsverhältnis. Nach Beendigung des Erziehungsurlaubs lebt das (ungekündigte) Arbeitsverhältnis wieder in vollem Umfang auf (ausführlicher zum Kündigungsschutz nach MuSchG und BErzGG unter *Die Beendigung des Arbeitsverhältnisses – Besonderer Kündigungsschutz* ab Seite 256, 258).

– Infolge einer Schwangerschaft besteht im Falle von Beschäftigungsverboten (§§ 3, 4, 6, 7 MuSchG) ein Entgeltanspruch nach §§ 11, 14 MuSchG.

– Nach § 37 BetrVG behalten Betriebsratsmitglieder bei Wahrnehmung ihrer gesetzlichen Pflichten (Freistellung von der Erbringung der geschuldeten Arbeitsleistung) ihren Entgeltanspruch nach dem Lohnausfallprinzip.

– Gleiches gilt für die Schwerbehindertenvertretung nach § 24 Abs. 1 SchwbG.

– Auch der Sicherheitsbeauftragte im Sinne des SGB VII hat bei Teilnahme an Lehrgängen einen Anspruch auf Entgeltfortzahlung (§ 23 Abs. 3 SGB VII).

h) Betriebsrisiko, Wirtschaftsrisiko und Arbeitskampfrisiko

Wird die Erbringung der Arbeitsleistung für den Arbeitnehmer aus einem Grund, den weder er noch der Arbeitgeber zu vertreten haben, im bestehenden Arbeitserhältnis (nachträglich) unmöglich, so werden beide Vertragspartner gemäß den allgemeinen Vorschriften der §§ 275 und 323 BGB von ihren jeweiligen Leistungsverpflichtungen frei. Während hiervon für bestimmte Ereignisse kraft gesetzlicher oder auch vertraglicher Regelungen Ausnahmen gelten, so etwa bei der krankheitsbedingten Arbeitsunfähigkeit (dazu unter *Die Folgen der Arbeitsverhinderung* ab Seite 143, 147) oder bei der kurzfristigen Arbeitsverhinderung (auch dazu unter *Die Folgen der Arbeitsverhinderung* ab Seite 165), sind andere Sachverhalte schwieriger zu lösen. Soll es das Risiko des Arbeitnehmers sein, dass er seine Arbeitsleistung nicht erbringen kann, wenn durch Straßenarbeiten die Strom- und Telefonleitungen unterbrochen sind? Soll es das Risiko des Arbeitgebers sein, wenn der Arbeitnehmer wegen Überflutung der Betriebsstätte nicht arbeiten kann? Wer trägt das Risiko, wenn dringend benötigtes Material infolge eines Streiks bei der Zulieferfirma nicht angeliefert wird? Wer hat den Umstand zu vertreten, dass mangels Nachfrage der Produkte keine Aufträge eingehen?

Das **Betriebsrisiko** trägt nach ständiger Rechtsprechung des BAG der Arbeitgeber, weil er den Betrieb organisiert und leitet, wirtschaftlich initiativ wird und auch die Erträge erzielt (BAG vom 30.1.1991, DB 1991, 1525). Nach der neueren Rechtsprechung kommt es (grundsätzlich) nicht auf die Ursache der Betriebsstörung an (Ausnahme: Arbeitskampf; dazu unter *Die Folgen der Arbeitsverhinderung – Arbeitskampfrisiko* ab Seite 171). So hat der Arbeitgeber auch Ursachen zu vertreten, die von außen auf den Betrieb einwirken, wie etwa Naturkatastrophen (BAG vom 30.1. 1991, DB 1991, 1525). Im Ergebnis ist danach zu unterscheiden, ob der Arbeitnehmer infolge der Naturkatastrophe den Betrieb nicht erreichen kann (BAG vom 8.12.1982, DB 1983, 395 bei Fahrverbot wegen Smog-Alarm), so dass er das Risiko zu tragen hat, oder ob die Naturkatastrophe in den Betrieb hineinwirkt (BAG, NJW 1983, 2159 bei Heizungsausfall infolge plötzlichen Kälteeinbruchs; BAG vom 18.5.1999 – 9 AZR 14/98 –, ARST 1999, 191 bei witterungsbedingtem Arbeitsausfall), mit dem Ergebnis, dass den Arbeitgeber das Beschäftigungsrisiko trifft.

Da sich die individualrechtliche Verpflichtung des Arbeitgebers darauf beschränkt, dem Arbeitnehmer einen funktionsfähigen Arbeitsplatz zur Verfügung zu stellen, entfällt seine Vergütungspflicht, wenn der Arbeitnehmer nicht fähig und bereit ist, seine Arbeitsleistung zu erbringen.

Von den Grundsätzen der Betriebsrisikolehre kann tarif- oder einzelvertaglich abgewichen werden. So ist es z. B. zulässig, wenn vertraglich das Risiko bei Naturkatastrophen oder im Falle anderer Betriebsstörungen auf beide Partner verteilt wird, der Arbeitgeber zur Entgeltzahlung und der Arbeitnehmer zur Nacharbeit verpflichtet wird (so beispielsweise für den öffentlichen Dienst in § 52a BAT).

Vom Betriebsrisiko wird das sog. **Wirtschaftsrisiko** unterschieden. Wird die Arbeitsleistung wegen Verschlechterung der Wirtschaftslage, infolge von Auftrags- oder Geldmangel des Arbeitgebers sinnlos, so gelten die allgemeinen Regeln des BGB. Der Unternehmer ist grundsätzlich zur Fortzahlung der Vergütung verpflichtet. So wie er auch zur Einhaltung anderer Verträge, wie etwa Liefer-(Kauf-)-Verträge oder Mietverträge, verpflichtet ist, muss er auch im Arbeitsrecht das Risiko seiner wirtschaftlichen Leistungsfähigkeit tragen (§ 279 BGB; BAG vom 2. 6. 1994, DB 1994, 2552). Bei anhaltender wirtschaftlicher Schwierigkeit hat der Arbeitgeber regelmäßig nur die Möglichkeit der (betriebsbedingten) ordentlichen Kündigung (dazu unter *Die Beendigung des Arbeitsverhältnisses* ab Seite 227). Dies kann u. U. bis hin zur Betriebsstilllegung bei Beachtung der §§ 111 ff. BetrVG mit der Durchführung eines Interessenausgleichs und der Verpflichtung zum Abschluss eines Sozialplans (dazu unter *Überblick über das BetrVG* ab Seite 266, 271) führen.

Vom Betriebs- und Wirtschaftsrisiko ist das **Arbeitskampfrisiko** zu unterscheiden (grundlegend: BAG vom 12. 11. 1996 – 1 AZR 364/96 –, DB 1997, 578 ff. = ArbuR 1996, 501). Zum Verständnis der Lehre vom Arbeitskampfrisiko und den Folgen für die Vergütungspflicht ist es erforderlich, die Grundzüge des vom BAG aus der Koalitionsfreiheit des Art. 9 Abs. 3 GG entwickelten Arbeitskampfrechts zu kennen.

Das BAG geht von der sog. Kampfparität (vergleichbar einer Waage) aus. Voraussetzung einer gleichberechtigten Verhandlungssituation der beiden Tarifvertragsparteien ist, dass beide Seiten über den gleichen Verhandlungsdruck verfügen. Ist diese Waage im Ungleichgewicht, weigern sich etwa die Arbeitgeber zu verhandeln, so muss es dem benachteiligten Partner, der Gewerkschaft, erlaubt sein, mittels Kampfmaßnahmen (Streik) Verhandlungsdruck auf die andere Vertragspartei ausüben zu können. Übt ein Verhandlungspartner (etwa die Gewerkschaft) unverhältnismäßig hohen Druck aus (Verstoß gegen den Grundsatz der Verhältnismäßigkeit der Mittel), so kommt die Waage erneut ins Ungleichgewicht und berechtigt nun den anderen Vertragspartner (Arbeitgeber) seinerseits durch Kampfmaßnahmen (Aussperrung) Druck auszuüben, um so wieder Kampfparität (oder Gleichgewicht der Waage) herzustellen.

Der Streik ist das zentrale Arbeitskampfmittel der Arbeitnehmerseite. Er wird definiert als vorübergehende, planmäßige Arbeitsniederlegung einer größeren Zahl von Arbeitnehmern zur Erreichung eines gemeinschaftlichen Ziels (Schaub, Arbeitsrechtshandbuch, 9. A., S. 1610). Die Teilnahme an einem Streik führt grundsätzlich zum – vorübergehenden – Ruhen der vertraglichen Hauptpflichten (§§ 275, 323 BGB). Dagegen bleiben die vertraglichen Nebenpflichten bestehen. Dies gilt aber nur für den rechtmäßigen Streik. Ein Streik muss, damit er rechtmäßig ist, von einer Gewerkschaft (i. S. d. § 2 TVG; dazu unter *Überblick über das TVG* ab Seite 277) zur Regelung eines tariflich regelbaren Ziels (i. S. d. § 1 TVG; dazu ab Seite 277) geführt werden (BAG vom 7. 6. 1988, BB 1988, 2111).

Unzulässig ist somit der sog. wilde Streik, zu dem nicht von einer Gewerkschaft aufgerufen oder der nicht nachträglich von ihr übernommen wird (BAG vom 21. 10. 1969, DB 1970, 208 und BAG vom 5. 9. 1955, DB 1955, 1018). Unzulässig ist auch der sog. politische Streik, der Ziele verfolgt, die nicht durch das TVG gedeckt sind, sondern einen bestimmten gesamtpolitischen Inhalt hat (so etwa, wenn Mitarbeiter einer Windenergie-Gesellschaft gegen die Subventionierung der Atomkraft streiken würden). Die Teilnahme an einem rechtswidrigen Streik stellt eine schwerwiegende Verletzung der vertraglichen Pflichten dar und berechtigt den Arbeitgeber – u. U. auch zur fristlosen – Kündigung (dazu unter *Die Beendigung des Arbeitsverhältnisse* ab Seite 207).

Weiterhin ist es grundsätzlich erforderlich, dass der Streik unter Einhaltung der satzungsmäßigen Vorschriften der jeweiligen Gewerkschaft (Urabstimmung) und nicht während des Laufs eines Tarifvertrages (Friedenspflicht) beginnt. Weiterhin ist es grundsätzlich erforderlich, dass Arbeitskampfmaßnahmen erst nach dem Scheitern der Verhandlungen erklärt werden (sog. ultima-ratio-Prinzip; Ausnahme: Warnstreiks).

Unzulässig sind auch Betriebsbesetzungen und Betriebsblockaden, die über das Kontrollieren des freien Zugangs zum Betrieb durch

172

sog. Streikposten hinausgehen (BAG vom 21.6.1988, DB 1988, 2647). Rufen Gewerkschaften zum Boykott auf, so ist dieser grundsätzlich nur zulässig, wenn damit Arbeitnehmer aufgerufen werden sollen, nicht in dem betroffenen Betrieb zu arbeiten. Boykottaufrufe an die Kunden und Verbraucher des Betriebes sind unzulässig (Kania in: Küttner, Personalbuch 1998, S. 214; streitig!).

Das Arbeitskampfmittel der Arbeitgeber stellt die sog. **Aussperrung** dar. Die Rechtsprechung unterscheidet die Angriffsaussperrung, die Defensivaussperrung und die lösende Aussperrung. Lediglich die lösende Aussperrung führt zur Beendigung und nicht zum Ruhen des Arbeitsverhältnisses. Allerdings ist diese gemäß dem Grundsatz der Verhältnismäßigkeit nur zulässig bei langen und/oder erbittert geführten Arbeitskämpfen bzw. bei rechtswidrig geführten Streiks von gewisser Dauer. Damit soll der betroffene Betrieb vor dem wirtschaftlichen Konkurs gerettet werden, indem die durch Kündigung frei gewordenen Arbeitsplätze mit anderen Arbeitnehmern besetzt werden können. Allerdings ist eine fristlose Kündigung gegenüber besonders geschützten Arbeitnehmern (Betriebsratsmitglieder, Schwerbehinderte etc.) nicht zulässig und nach Streikende besteht ein Wiedereinstellungsanspruch der Gekündigten, sofern der Arbeitsplatz noch vorhanden ist (Schaub, Arbeitsrechtshandbuch, 9. A., S. 1632 f.).

Das BAG (vom 10.6.1980, DB 1980, 1266 ff.) hat zur Verhältnismäßigkeit der Abwehraussperrung Regeln entwickelt: Befinden sich weniger als 25% der Arbeitnehmer eines Tarifgebietes (wird durch die betroffene Branche und Region definiert) im Streik, so können die Arbeitgeber durch Aussperrung bis zu einer Gesamtgrenze in Höhe von 25% der im Tarifgebiet beschäftigten Arbeitnehmer reagieren. Befinden sich mehr als 25% der Arbeitnehmer des Tarifgebietes im Streik, können die Arbeitgeber durch Aussperrung bis zu einer Gesamtgrenze von 50% der im Tarifgebiet beschäftigten Arbeitnehmer reagieren. Das Bundesverfassungsgericht hat diese Rechtsprechung als mit Art. 9 Abs. 3 GG vereinbar erachtet (BVerfG vom 26. 5. 1991, AP Nr. 50 zu Art. 9 GG Arbeitskampf). Auch auf sog. Kurzstreiks können Arbeitgeber mit einer Abwehraussperrung reagieren. Dabei ist aber ein strenger Maßstab an die Verhältnismäßigkeit anzulegen. So verletzt etwa eine Aussperrung von zwei Tagen als Antwort auf einen halbstündigen Streik das Übermaßverbot. Insoweit behalten die Arbeitnehmer unter dem Gesichtspunkt des Annahmeverzugs nach § 615 BGB (dazu unter *Die Folgen der Arbeitsverhinderung – Der Annahmeverzug des Arbeitgebers* ab Seite 176) ihren Vergütungsanspruch (BAG vom 11. 8. 1992 – 1 AZR 103/92 –, NJW 1993, 218 ff. = DB 1993, 234 ff.). Gleiches gilt im Ergebnis generell für den Vergütungsanspruch bei rechtswidrigen Aussperrungen durch den Arbeitgeber (LAG Mecklenburg-Vorpommern vom 18. 7. 1996 – 1 Sa 330/95 –, NZA-RR 1997, 163 ff.).

Die Rechtsprechung lässt aber auch andere Kampfmittel des Arbeitgebers zu, so etwa die Betriebs- oder Betriebsteilstilllegung. Damit wird dem Arbeitgeber die Möglichkeit gegeben, sich von der Verpflichtung, arbeitswillige Arbeitnehmer zu beschäftigen (obwohl dies infolge des Arbeitskampfes nicht möglich ist), zu befreien. Nach neuer Rechtsprechung des BAG (vom 22. 3. 1994, NZA 1994, 632 und vom 31. 5. 1995, DB 1995, 1817) liegt es allein in der Kompetenz des Arbeitgebers, ob er zu diesem Mittel greift oder nicht. Allerdings muss er die Stilllegungsabsicht eindeutig erklären. Daran fehlt es, wenn er von den arbeitswilligen Arbeitnehmern ständige Abrufbarkeit verlangt (BAG vom 11. 7. 1995, DB 1996, 223).

Die Rechtsfolgen des Arbeitskampfes für die Vergütungspflicht
Der Arbeitnehmer, der an einem Arbeitskampf teilnimmt, verliert gem. §§ 275, 323 BGB für diese Zeit seinen Beschäftigungs- und Lohnanspruch. Zur Lohnsicherung dient allein – bei Mitgliedschaft – die gewerkschaftliche Unterstützungszahlung. Dagegen besteht kein Anspruch auf Arbeitslosenhilfe (§ 146 SGB III). Kampfunbeteiligte Dritte (z. B. nichtorganisierte Arbeitnehmer)

behalten dagegen nach überwiegender Meinung ihren Vergütungsanspruch gegenüber dem Arbeitgeber, wenn sie diesem ihre Arbeitskraft anbieten bzw. dieser nach allgemeinen Vorschriften mit der Annahme in Verzug gerät (§ 293 BGB). Davon kann sich der Arbeitgeber nur im Wege der Betriebs- oder Betriebsteilstilllegung befreien. Subsidiär besteht aber in jedem Fall ein Anspruch auf Sozialhilfe, auf die ein etwaiger Anspruch gegen den Arbeitgeber dann übergeht (Schaub, Arbeitsrechtshandbuch, 9. A., S. 1635).

Besondere Formen des Arbeitskampfes und die Auswirkung auf die Vergütungspflicht
Störungen im Vertragsverhältnis zwischen Arbeitgeber und Arbeitnehmer, die auf Arbeitskampfmaßnahmen in anderen Betrieben beruhen und die Fortsetzung des Betriebs ganz oder teilweise unmöglich oder für den Arbeitgeber wirtschaftlich unzumutbar machen, führen zu einem Verlust des Beschäftigungs- und Lohnanspruchs, wenn diese Fernwirkungen des Arbeitskampfes das Kräfteverhältnis der kampfführenden Parteien beeinflussen (BAG vom 12. 11. 1996 – 1 AZR 364/96 –, DB 1997, 578 ff. = ArbuR 1996, 501). Diese Rechtsprechung war die Antwort des BAG auf die vor allem von der IG Metall in den 70er Jahren entwickelte »Nadelstichtaktik«. Zur Vermeidung hoher Streikunterstützungszahlungen wurden nicht mehr große Firmen, sondern kleinere Zulieferfirmen im Tarifgebiet bestreikt mit der Folge, dass die größeren Betriebe nicht oder nur eingeschränkt produzieren konnten.
Nach Ansicht des BAG (vom 17. 2. 1998 – 1 AZR 386/97 –, DB 1998, 1566 ff. = ArbuR 1998, 121) gilt das gleiche Ergebnis in den Fällen, in denen die Arbeit in einem Betriebsteil infolge eines Streiks in einem anderen Betriebsteil unmöglich oder dem Arbeitgeber unzumutbar wird (Teilstreik), oder wenn die Kampfmaßnahme Störungen verursacht, die eine sofortige Wiederaufnahme der Arbeit nach Beendigung der Arbeitskampfmaßnahmen unmöglich oder unzumutbar machen (so ewa infolge sog. Wellenstreiks). Dabei ist es unerheblich, ob hiervon am Arbeitskampf beteiligte oder unbe-

teiligte Arbeitnehmer des Betriebes betroffen sind. In all diesen Fällen tragen die Arbeitnehmer, deren Arbeit ausfällt, das Entgeltrisiko. Dabei gehören zu den Streikfolgen auch solche Arbeitsausfälle, die durch abwehrende Gegenmaßnahmen des Arbeitgebers zur Verringerung der Betriebsstörungen ergriffen werden.

6. Der Annahmeverzug des Arbeitgebers

Eine besondere Form des Grundsatzes »Lohn ohne Arbeit« stellt der in § 615 BGB geregelte Annahmeverzug des Arbeitgebers dar. Der Annahmeverzug hat folgende Voraussetzungen:
- Er muss in den Zeitraum eines fortbestehenden Arbeitsverhältnisess fallen.
- Die Arbeitsleistung muss angeboten werden (§§ 293 ff. BGB). Dazu ist grundsätzlich das tatsächliche Angebot (Erscheinen am Arbeitsort) erforderlich. Ein wörtliches Angebot (§ 295 BGB) reicht nur dann aus, wenn zuvor der Arbeitgeber erklärt hat, er werde die Arbeitsleistung nicht annehmen oder der Arbeitgeber dem Arbeitnehmer die vertraglich geschuldete Arbeitsleistung (etwa unter Überschreitung des Direktionsrechts; dazu unter *Der Abschluss des Arbeitsvertrages* ab Seite 78, 86) nicht anbietet. Als ausreichendes Angebot ist auch die Kündigungsschutzklage des Arbeitnehmers anzusehen, da er damit zum Ausdruck bringt, dass er weiterhin (bei unrechtmäßiger Kündigung) seine Arbeitskraft anbieten will (BAG vom 19.4.1990, BB 1990, 2190). Erbringt der Arbeitgeber seine Mitwirkungshandlung (Bereitstellen eines funktionsfähigen Arbeitsplatzes) nicht, so bedarf es nach Ansicht des BAG (vom 12.6.1996, NJW 1997, 962 ff. für den Fall, dass der Arbeitgeber die Eintragung in einen Schichtplan verhindert hat) überhaupt keines Angebotes durch den Arbeitnehmer (§ 296 BGB).
- Der Arbeitnehmer muss leistungsbereit und -fähig sein (§ 297 BGB). Daran mangelt es z. B., wenn der Arbeitnehmer arbeitsun-

fähig erkrankt ist, ihm die Fahrerlaubnis entzogen wurde und er nicht anderweitig eingesetzt werden kann (BAG 18.12.1996, NJW 1987, 2837) oder einem ausländischen Arbeitnehmer die Arbeitserlaubnis nicht erteilt wird (BAG vom 19.1.1977, EzA § 19 AFG Nr. 3).

– Der Arbeitgeber nimmt die angebotene und geschuldete Leistung nicht an (§ 298 BGB). Annahmeverzug liegt somit auch dann vor, wenn der Arbeitgeber dem Arbeitnehmer eine andere als die geschuldete Tätigkeit zuweisen will (BAG vom 3.12.1980, BB 1991, 1399; BAG vom 27.1.1994, BB 1994, 1714).

Ein Fall des Annahmeverzugs liegt u.a. auch dann vor, wenn aufgrund eines erstinstanzlichen Urteils (hierzu ausführlicher unter *Überblick über das ArbGG* ab Seite 280) die Verpflichtung des Arbeitgebers zur Weiterbeschäftigung ausgesprochen wurde und der Arbeitgeber den Arbeitnehmer dennoch nicht zur Wiederaufnahme der Arbeit auffordert, vielmehr den Ausgang des zweitinstanzlichen (Berufungs-)Verfahrens abwartet (BAG – 9 AZR 194/99). Der Arbeitnehmer ist nicht verpflichtet, von sich aus unaufgefordert zur Wiederaufnahme der Arbeit zu erscheinen.

Der Arbeitnehmer muss sich allerdings Ersparnisse infolge des Annahmeverzugs (Fahrgeld etc.), Zwischenverdienste und andere Einkünfte (anderweitige Beschäftigung, Leistungen der Sozialversicherungsträger) und böswillig unterlassene anderweitige Beschäftigungen anrechnen lassen (§ 615 Satz 2 BGB).

IX. Der Schutz des Arbeitseinkommens

Die Arbeitsvergütung stellt die Existenzgrundlage des Arbeitnehmers dar. In einer kapitalorientierten Gesellschaft kommt somit dem Schutz des Arbeitseinkommens ein hoher Stellenwert zu. Natürlich kann dieser Schutz nicht absolut sein. Soweit sich der Arbeitnehmer als Vertragspartner oder infolge der Schädigung eines Dritten (Gläubiger) als Schuldner einer berechtigten Forderung gegenübersieht, ist er zur Erfüllung dieser Forderung auch unter Verwendung seines Einkommens verpflichtet. Kommt er dieser Verpflichtung nicht nach, so kann ein Gläubiger unter bestimmten Bedingungen das Arbeitseinkommen pfänden (1. Abschnitt). Im zweiten Abschnitt lernen Sie die wichtigsten Arten der Lohnsicherungen außerhalb des Pfändungsschutzes kennen und im dritten Abschnitt die Regeln des Vergütungsschutzes in der Insolvenz des Arbeitgebers. Im Zusammenhang mit der Rückzahlung von Gratifikationen (dazu unter *Der Arbeitsalltag – Besondere Zahlungsansprüche* ab Seite 132, 136) haben Sie schon wesentliche Merkmale einer zulässigen Rückzahlungsvereinbarung kennen gelernt. Im vierten Abschnitt lesen Sie noch einmal die Grundsätze der wirksamen Rückzahlungsvereinbarung mit Schwerpunkt auf den Ausbildungsvergütungen.

1. Die Voraussetzungen und Grenzen der Lohnpfändung

Die Pfändung von Arbeitsvergütungen ermöglicht es den Gläubigern des Arbeitnehmers, auf das Arbeitseinkommen zur Befriedigung ihrer Forderungen zuzugreifen. Die Pfändung bewirkt, dass der Arbeitgeber als sog. Drittschuldner die Vergütung im pfändbaren Umfang nicht mehr an den Arbeitnehmer auszahlen darf. Stattdessen wird die gepfändete Vergütung nach Wahl des Gläubigers (§ 835 Abs. 1 ZPO) an ihn zur Einziehung (erfüllungshalber; d. h. der Gläubiger hat neben seiner ursprünglichen Forderung nun noch eine weitere Befriedigungsmöglichkeit) oder an Zahlungs Statt (mit Erfüllungswirkung gem. § 364 Abs. 1 BGB) überwiesen.

a) Die Voraussetzungen und die Folgen der rechtswirksamen Pfändung

Der Gläubiger benötigt zur Vollstreckung in die Arbeitsvergütung des Schuldners wegen seiner Geldforderung einen sog. Pfändungs- und Überweisungsbeschluss, den er beim zuständigen Vollstreckungsgericht (Amtsgericht) beantragen muss. Die örtliche Zuständigkeit bestimmt sich nach dem Wohnsitz des Arbeitnehmers (§§ 828 Abs. 2, 13 ZPO). Voraussetzung ist jedoch, dass der Gläubiger einen vollstreckbaren, titulierten Anspruch hat. Dieser Nachweis wird durch ein rechtskräftiges Urteil, ein vorläufig vollstreckbares Urteil (§ 704 ZPO), oder z. B. durch einen Vollstreckungsbescheid (nach Durchführung des Mahnverfahrens) oder einen vollstreckbaren gerichtlichen (§ 794 ZPO), oder anwaltlichen Vergleich (§ 796a ZPO) geführt. Mit der Zustellung des Beschlusses wird es dem Arbeitgeber als Drittschuldner untersagt, an den Arbeitnehmer als Schuldner die Arbeitsvergütung im gepfändeten Umfang zu zahlen, und dem Arbeitnehmer wird untersagt, über die Vergütungsforderung zu verfügen (dazu unter *Lohnsicherung* ab Seite 180).

b) Die Grenzen der Lohnpfändung

Zur Sicherung des Existenzminimums bestimmt § 850c ZPO, dass nur ein Teil des dem Arbeitnehmer zustehenden Nettoeinkommens gepfändet werden kann. Der pfändbare Teil ist der als Anlage zu § 850c ZPO mit Gesetzeskraft geltenden Pfändungstabelle zu entnehmen. Nach dieser Tabelle bestimmt sich der pfändbare Teil des Arbeitseinkommens je nach Vergütungszeitraum und -höhe sowie der Zahl auf Grund gesetzlicher (BAG vom 26. 11. 1986, DB 1987, 794) Vorschriften bestehenden und tatsächlich erfüllten (BAG vom 26. 11. 1986, a. a. O.) Unterhaltsverpflichtungen. Ohne Unterhaltsverpflichtungen beginnt derzeit die Pfändbarkeit erst bei einem Nettoeinkomen ab 1220 DM. Allerdings sind gem. § 850a ZPO bestimmte Vergütungsbestandteile unpfändbar. Hierzu gehören z. B. die Hälfte der Vergütungen für Mehrarbeitsstunden, das Weihnachtsgeld bis zu 540 DM sowie Urlaubsgeld, Aufwendungsersatz für Fahrtkosten etc. Dagegen sind gezahlte Abfindungen grundsätzlich voll pfändbar (BAG vom 12. 9. 1979, DB 1980, 358), können aber auf Antrag des Arbeitnehmers nach § 850i ZPO wie andere Einmalzahlungen des Arbeitgebers zur Unterhaltssicherung der Familie des Arbeitnehmers unpfändbar werden. In besonderen Fällen kann der Arbeitnehmer abweichend von dem durch die Pfändungstabelle ermittelten Pfändungsfreibetrag einen höheren Betrag nach § 850f Abs. 1 ZPO festsetzen lassen, wenn dies aus besonderen beruflichen oder persönlichen Gründen notwendig ist.

2. Die wichtigsten Lohnsicherungen

Das Gesetz sieht außer der Pfändungsfreigrenze noch weitergehende Sicherheiten für das Arbeitseinkommen vor. Soweit ein Arbeitseinkommen unpfändbar ist (dazu *Lohnpfändung* ab Seite 178), kann es weder abgetreten (§ 400 BGB) noch auf Grund einzelvertraglicher Vereinbarung verpfändet werden (§ 1274 Abs. 2 BGB). Der Arbeitnehmer soll vor sich selbst geschützt werden, indem er etwa sein (und das seiner Familie) Existenzminimum zur Finanzierung von Darlehen verwendet. Wenn das Arbeitseinkommen abgetreten oder einzelvertraglich verpfändet worden ist, bevor ein Pfändungs- und Überweisungsbeschluss erlassen wird, werden die einzelnen Forderungen nach dem zeitlichen Rangprinzip (Priorität) befriedigt (*wer zuerst kommt, mahlt zuerst*). Soweit das Arbeitseinkommen unpfändbar ist, kann der Arbeitgeber wegen einer ihm gegenüber dem Arbeitnehmer aus dem Arbeitsverhältnis begründeten Forderung (Lohnüberzahlung, Schadensersatz) nicht aufrechnen (§ 394 BGB). Damit ist in solchen Fällen eine um die Forderung des Arbeitgebers geminderte Vergütungszahlung unzulässig. Ist der Arbeitnehmer mit der Erbringung einer seiner vertraglichen Pflichten in Verzug, so kann der Arbeitgeber grundsätzlich seine Vergütungspflicht zurückhalten (§ 273 BGB). Da das Zurückhalten wirtschaftlich aber wie eine Aufrechnung wirkt, ist auch dieses Recht entsprechend eingeschränkt (BAG vom 16. 10. 1967, AP Nr. 11 zu § 394 BGB). Nach § 614 BGB ist der Arbeitnehmer in der Regel vorleistungspflichtig. Erfüllt er seine Arbeitsverpflichtung nicht und greift keiner der Grundsätze »Lohn ohne Arbeit« (dazu unter die *Folgen der Arbeitsverhinderung* ab Seite 143, 146), verliert er seinen Entgeltanspruch (§ 323 BGB). Somit kommen in diesem Zusammenhang in erster Linie andere Pflichten, wie Herausgabe von Werkzeugen, Datenmaterial etc., in Frage. Von der Aufrechnung oder dem Zurückbehaltungsrecht ist die sog. Lohnanrechnung für andere Leistungen des Arbeitgebers oder eines Dritten zu unterscheiden. Damit sind etwa die Fälle gemeint, in denen der Arbeitnehmer auf Grund ausdrücklicher Vereinbarung mit dem Arbeitgeber zum internen Warenbezug berechtigt ist. Insoweit scheidet die Anwendung des § 394 BGB aus (Schaub, Arbeitsrechtshandbuch, 9. A., S. 730). Soweit der Arbeitnehmer Entgeltzahlungen ohne Rechtsgrund oder bei späterem Wegfall des Rechtsgrundes erhält, gelten grundsätzlich die Rechtsfolgen der ungerechtfertigten Bereicherung nach §§ 812 ff. BGB (allerdings u. a. eingeschränkt durch die Lehre zum faktischen Arbeitsverhältnis – dazu ausführlich unter *Rechtsfolgen einer wirksamen Anfechtung* ab Seite 70). Allerdings kann sich der Arbeitnehmer, der in Unkenntnis der Überzahlung das zuviel erhaltene Geld beispielsweise für Anschaffungen ausgegeben hat, die er ohne dieses Geld nicht getätigt hätte (etwa Luxusausgaben), auf die sog. Entreicherung nach § 818 Abs. 3 BGB berufen. Dagegen ist dieser Einwand ausgeschlossen, wenn der Arbeitnehmer das zuviel erhaltene Geld zur Schuldentilgung genutzt hat oder die Berufung auf die Entreicherung vertraglich ausgeschlossen ist.

3. Die Insolvenz des Arbeitgebers

Mit Inkrafttreten der Insolvenzordnung, die die alte Konkurs- und Vergleichsordnung zum 1. 1. 1999 abgelöst hat, sind für den Schutz der Arbeitsvergütung für Arbeitnehmer wesentliche Änderungen eingetreten.

a) Arbeitsentgeltansprüche aus der Zeit vor der Insolvenzeröffnung

Nach § 183 Abs. 1 Nr. 1 SGB III hat ein Arbeitnehmer Anspruch auf **Insolvenzgeld** (früher: Konkursausfallgeld), wenn er bei Eröffnung des Insolvenzverfahrens über das Vermögen seines Arbeitgebers für die letzten drei Monate, die der Eröffnung des Verfahrens vorausgehen, noch Ansprüche auf Arbeitsentgelt hat. Gleiches gilt für die beiden anderen Insolvenzereignisse im Falle der Abweisung des Antrags auf Eröffnung des Insolvenzverfahrens mangels Masse (§ 183 Abs. 1 Nr. 2 SGB III) oder bei vollständiger Beendigung der Betriebstätigkeit durch den Arbeitgeber im Inland, wenn ein Antrag nicht gestellt wurde oder mangels Masse offensichtlich nicht in Betracht kommt (§ 183 Abs. 1 Nr. 3 SGB III). Das Insolvenzgeld entspricht gem. § 185 Abs. 1 SGB III dem ausgefallenen Nettoarbeitsentgelt. Ansprüche auf Arbeitsentgelt, die älter als drei Monate sind, können nicht durch das Insolvenzgeld abgesichert werden. Sie werden gem. § 38 InsO als einfache Insolvenzforderungen ohne jeglichen Vorrang behandelt. Abweichend von der Möglichkeit der Nutzung des Insolvenzausfallgeldes bestimmt nun § 38 InsO, dass der Arbeitnehmer auf die Geltendmachung verzichten und seine Forderung als Insolvenzforderung anmelden kann. Häufig wird in der Praxis das Instrument der **Vorfinanzierung des Insolvenzgeldes** genutzt. Ein vorläufiger Insolvenzverwalter (§ 22 InsO), dessen Aufgabe die vorläufige Fortführung des Betriebes mit dem Ziel der Sanierung ist, kann die Arbeitnehmer zur weiteren Erbringung ihrer Arbeitsleistung oft nur dann bewegen, wenn er Arbeitsvergütung leistet. Da dies angesichts der Zahlungsschwierigkeiten des Betriebes nur schwer möglich ist, kommt es in der Praxis zum Forderungsverkauf (§§ 398 ff. BGB). Ein Dritter (Bank) kauft die Lohnforderung des Arbeitnehmers von diesem gegen Geldzahlung ab oder gewährt unter Abtretung der Lohnforderung zur Sicherheit einen Kredit in entsprechender Höhe. Findet diese Abtretung vor dem Antrag auf Insolvenzgeld, aber nach Eintritt des Insolvenzereignisses statt, so wird der Dritte Inhaber des Anspruchs auf Zahlung des Insolvenzgeldes (§ 188 Abs. 1 SGB III). Findet dagegen der Forderungsverkauf vor dem Insolvenzereignis statt, so hat der Dritte einen Anspruch auf Insolvenzgeld nur dann, wenn das Arbeitsamt vorher dem Forderungsübergang zugestimmt hat (§ 188 Abs. 4 SGB III). Damit soll insbesondere die Insolvenzverschleppung zu Lasten der Allgemeinheit verhindert werden.

b) Arbeitsentgeltansprüche aus der Zeit nach Eröffnung des Insolvenzverfahrens

Durch die Eröffnung des Insolvenzverfahrens wird das Arbeitsverhältnis nicht beendet. Will der Insolvenzverwalter die Bedingungen des Arbeitsverhältnisses verändern oder das Arbeitsverhältnis beenden, so muss er entweder eine einvernehmliche Lösung mit den Arbeitnehmern herbeiführen, oder aber unter Einhaltung der – nach § 113 InsO besonderen – Kündigungsfristen eine Änderungs- oder Beendigungskündigung (dazu unter *Beendigung des Arbeitsverhältnisses* ab Seite 212, 226), die gerichtlich überprüfbar ist, aussprechen. Gem. § 55 Abs. 1 Nr. 2 InsO stellen die Ansprüche auf Arbeitsvergütung, die nach der Eröffnung des Insolvenzverfahrens entstehen, Masseverbindlichkeiten dar. Im Gegensatz zu älteren, länger als drei Monate vor Eröffnung des Verfahrens entstandenen, Ansprüchen sind diese aber nach § 53 InsO vorweg und damit vorrangig zu befriedigen.

c) Die Vorschusszahlung auf das Insolvenzgeld

Nach § 185 SGB III kann, bevor der Insolvenzgeldanspruch abschließend festgestellt worden ist, ein Vorschuss durch das Arbeitsamt gezahlt werden. Dies ist möglich, wenn ein Antrag auf Eröffnung des Insolvenzverfahrens wegen Zahlungsunfähigkeit (§ 17 InsO), wegen drohender Zahlungsunfähigkeit (§ 18 InsO) oder wegen Überschuldung (§ 19 InsO) des Arbeitgebers durch ihn oder einen Gläubiger – auch durch den Arbeitnehmer – (§§ 13, 14 InsO) gestellt ist, das Arbeitsverhältnis beendet und die Anspruchsvoraussetzungen für Insolvenzgeld mit großer Wahrscheinlichkeit erfüllt sind. Die Höhe des Vorschusses wird durch das Arbeitsamt nach pflichtgemäßem Ermessen (in der Regel 70% bis 90% des Nettoentgelts) festgesetzt und auf das spätere Insolvenzgeld angerechnet.

d) Der Einfluss des Europäischen Arbeitsrechts auf den Insolvenzschutz

Welchen (ge)wichtigen Einfluss das Europäische Recht auf den nationalen Arbeitnehmerschutz hat, zeigt ein Urteil des EuGH vom 14. 7. 1998 (– Rs. C-125/97 –, JUSletter 1998, 10 f.). Auf Grundlage der **Richtlinie 80/987/EWG** zur Angleichung der Rechtsvorschriften der Mitgliedsstaaten über den Schutz der Arbeitnehmer bei Zahlungsunfähigkeit des Arbeitgebers gilt für den Fall, dass ein

Arbeitgeber in dem Zeitraum, der zur Anspruchsbegründung von Insolvenzgeld maßgeblich ist, Vergütungsleistungen erbringt und dem Arbeitnehmer darüber hinausgehend auch noch ältere Ansprüche zustehen, dass diese Leistungen vorrangig auf die älteren Ansprüche anzurechnen sind. Damit wird verhindert, dass die Arbeitnehmer nur ein verringertes Insolvenzgeld erhalten und mit ihren älteren Forderungen u. U. als nicht vorrangig zu befriedigende Ansprüche mangels ausreichender Masse ganz oder teilweise ausfallen (vgl. auch den Rechtsgedanken des § 366 Abs. 2 BGB).

4. Rückzahlungsklauseln

Neben den Ihnen schon bekannten Voraussetzungen der Rückzahlung von (Weihnachts-)Gratifikationen (dazu ausführlich unter *Gratifikationen* ab Seite 132, 136) stellt sich die Frage zulässiger Rückzahlungsklauseln vor allem noch im Zusammenhang mit Fort- und Ausbildungskosten. Der Arbeitgeber hat ein großes Interesse an qualifiziertem Personal. Aus diesem Grund übernimmt er häufig Fortbildungskosten oder gewährt Zuschüsse zu Qualifizierungsmaßnahmen. Daraus folgt zwangsläufig, dass der Arbeitgeber ein Interesse daran hat, dass der qualifizierte Arbeitnehmer seine Fähigkeiten auch im Betrieb – zumindest für eine bestimmte Zeit – einsetzt. Um den Arbeitnehmer dazu anzuhalten, ihn an den Betrieb zu binden, werden oft Rückzahlungsklauseln für den Fall des Ausscheidens nach erfolgter Qualifizierung zwischen Arbeitgeber und Arbeitnehmer vereinbart. Da der Arbeitnehmer aber durch diese Bindung in der Ausübung seiner freien Berufswahl (Arbeitsplatz) eingeschränkt wird (geschützt durch das Grundrecht aus Art. 12 GG), sind vertraglich vereinbarte Rückzahlungsklauseln nur eingeschränkt zulässig (BAG vom 15. 12. 1993, NZA 1994, 835 und grundsätzlich zur Frage der ausgewogenen Verhandlungsstärke zwischen Arbeitgeber und Arbeitnehmer: BAG vom 16. 3. 1994, NZA 1994, 937).

Das BAG setzt bei der Frage der Wirksamkeit einer Bindungsfrist die Dauer der Ausbildung und die vereinbarte Bindungsfrist in ein Verhältnis zueinander. Danach rechtfertigt eine Ausbildungsdauer von bis zu zwei Monaten eine Bindungsfrist bis zu einem Jahr (BAG vom 15.12.1993, NZA 1994, 835), eine Ausbildungsdauer von drei bis vier Monaten eine Bindungsfrist bis zu zwei Jahren (BAG vom 6.9.1995, NZA 1996, 314), eine Ausbildungsdauer zwischen sechs und 16 Monaten eine Bindungsfrist bis zu drei Jahren (BAG vom 23.2.1983, DB 1983, 1210; BAG vom 11.4.1984, NZA 1984, 288; BAG vom 15.5.1985, NZA 1986, 742; BAG vom 6.9.1995, DB 1996, 513). Eine Bindungsfrist von über drei Jahren ist dagegen nur zulässig, wenn durch die Teilnahme an der Maßnahme eine besonders hohe Qualifizierung durch den Arbeitnehmer erworben wird (BAG vom 19.6.1974, AP Nr.1 zu §611 BGB Ausbildungsbeihilfe und vom 12.12.1979, DB 1980, 1704).

Kommt es innerhalb der Bindungsfristen durch Kündigung des Arbeitnehmers zur Rückzahlungsverpflichtung, so stellt sich die Frage, ob der Arbeitnehmer die Gesamtkosten der u.U. sehr teuren Fortbildungsmaßnahme tragen muss. Einhellige Meinung unter Juristen ist, dass der Arbeitnehmer nur in vertretbaren Grenzen zur Rückzahlung verpflichtet sein kann. Was darunter zu verstehen ist, wurde bis heute durch das BAG abschließend noch nicht entschieden. In der Praxis wird eine monatliche Minderung der Rückzahlungsverpflichtung um $1/36$ als zulässig angesehen. Damit verringert sich der Rückzahlungsbetrag um jeden Monat des Bestehens des Arbeitsverhältnisses im Zeitrahmen der Gesamtbindungsdauer. Aber auch die Vereinbarung einer Minderung von $1/3$ pro Beschäftigungsjahr wird vom BAG als angemessen bewertet (BAG, DB 1986, 2135). Bei sehr hohen Rückforderungen, die das Einkommen des Arbeitnehmers als einzige Existenzgrundlage gefährden, sollte daran gedacht werden, in entsprechender Anwendung der vom BAG entwickelten Regeln zur eingeschränkten Arbeitnehmerhaftung (dazu ausführlich unter *Die Leistungsstörungen im Ar-*

beitsverhältnis ab Seite 123), eine Obergrenze von höchstens drei Bruttomonatsgehältern zu ziehen.

Unzulässig ist eine Vereinbarung, wenn die erfolgte Fortbildung zum Inhalt des Arbeitsvertrages zählt. Das ist zu bejahen, wenn der Arbeitnehmer die geschuldete Arbeitsleistung auch ohne die Maßnahme erbringen konnte oder wenn die Fortbildung allein im Interesse des Arbeitgebers liegt, weil es etwa zur Einarbeitung auf dem konkreten Arbeitsplatz der besonderen Schulungsmaßnahme bedarf (BAG vom 14. 6. 1995, DB 1996, 531). Rückzahlungsklauseln können durch Tarifvertrag eingeschränkt oder auch ausgeschlossen werden (BAG vom 14. 6. 1995, a. a. O.).

Nicht anzuwenden sind diese Regeln bei **Berufsausbildungsverträgen**. In diesen Fällen zählt die Ausbildung ja gerade zur originären vertraglichen Verpflichtung des Arbeitgebers als Ausbilder im Sinne des BBiG.

X. Die wichtigsten Nebenpflichten aus dem Arbeitsverhältnis

Neben den vertraglichen Hauptpflichten, ergänzt durch besondere gesetzliche oder durch die Rechtsprechung entwickelte Regeln, bilden noch eine Reihe von weiteren Schutzgesetzen die Gesamtheit der arbeitsrechtlichen Beziehungen und machen somit das Arbeitsverhältnis insgesamt aus. Aus der Vielzahl der bestehenden Schutzgesetze ist dem KSchG ein eigenes Kapitel (*Die Beendigung des Arbeitsverhältnisses* ab Seite 203, 222) vorbehalten. Ein Überblick über weitere, wichtige Schutzgesetze mit Bezug auf den wesentlichen Inhalt finden Sie im ersten Abschnitt. Im zweiten Abschnitt lesen Sie über den Inhalt der Treue- und Verschwiegenheitspflichten des Arbeitnehmers mit den besonderen Formen des Wettbewerbsverbots und der Problematik von Nebentätigkeiten. Wie sich das Recht auf ein Zeugnis über die geleistete Arbeit in der Praxis zu einer eigenen Wissenschaft wandelt, erfahren Sie im dritten Abschnitt, bevor im vierten Abschnitt noch auf besondere Arten der Gechlechtsdiskriminierung wie etwa unter dem Gesichtspunkt der sexuellen Belästigung am Arbeitsplatz eingegangen wird.

1. Die Fürsorgepflicht des Arbeitgebers und ein Überblick über die wichtigsten Arbeitssicherheitsgesetze

Die Fürsorgepflicht beinhaltet allgemein die Verpflichtung des Arbeitgebers, seine Rechte aus dem Arbeitsverhältnis so auszuüben, wie dies zur Wahrung der Belange des Arbeitnehmers, der Interessen der anderen Arbeitnehmer und der eigenen, betrieblichen Interessen erforderlich ist.

Die Pflicht des Arbeitgebers, das Leben und die Gesundheit des Arbeitnehmers zu schützen, wird durch die §§ 617 bis 619 BGB konkretisiert. Insbesondere durch § 618 BGB wird festgelegt, dass die Betriebsstätte, einschließlich aller zur Ausübung der vertraglich geschuldeten Tätigkeit vom Arbeitgeber zur Verfügung gestellten Arbeitsmittel so eingerichtet und gewartet werden müssen, dass eine Gefährdung des Arbeitnehmers unter normalen Umständen ausgeschlossen werden kann. Erfüllt der Arbeitgeber diese Verpflichtung nicht, so ist er im Falle der Verletzung oder des Todes des Arbeitnehmers zum Schadensersatz verpflichtet (§ 618 Abs. 3 i. V. m. §§ 842 bis 846 BGB). Auch kann der Arbeitnehmer von seinem Leistungsverweigerungsrecht (dazu ausführlich unter *Die Folgen der Arbeitsverhinderung* ab Seite 143, 145) Gebrauch machen. In diesem Zusammenhang ist besonders auf eine jüngere Entscheidung des BAG (vom 19. 2. 1997, NZA 1997, 821) zur Problematik **asbestverseuchter Arbeitsplätze** hinzuweisen. Die herrschende Meinung, der Arbeitgeber müsse bei Gesundheitsgefährdungen lediglich das Notwendigste unternehmen, damit etwaige (willkürliche!) Grenzwerte wieder eingehalten werden, ist abzulehnen. Diese Rechtsmeinung verkennt völlig, dass der Ausschluss der Gesundheitsgefährdung der Arbeitnehmer Ausfluss des gesetzlich zwingenden, gem. § 619 BGB unabdingbaren, Gesundheitsschutzes aus § 618 BGB ist. Weiterhin verkennt diese Meinung, dass das Risiko, gesundheitsschädigende Beeinträchtigungen am Arbeitsplatz nicht verhindern zu können, Bestandteil des allgemeinen Betriebsrisikos (dazu ausführlich unter *Die Folgen der Arbeitsverhinderung* ab Seite 143, 169) des Arbeitgebers ist.

Aktuell und Ausfluss der allgemeinen Fürsorgepflicht des Arbeitgebers ist die Diskussion um **Rauchverbote** am Arbeitsplatz. Das BAG (vom 19. 1. 1999 – 1 AZR 499/98 –, ARST 1999, 146) hat sich im Zusammenhang mit der Regelungskompetenz von Arbeitgeber und Betriebsrat allgemein zu dieser Frage geäußert. Jede Regelung muss zwischen den Interessen der Nichtraucher (Gesundheitsschutz aus Art. 2 Abs. 2 GG), den Interessen der Raucher (freie

Entfaltung der Persönlichkeit gem. Art. 1 i. V. m. Art. 2 GG) und den betrieblichen Möglichkeiten abwägen (vgl. auch BAG vom 17. 2. 1998 – 9 AZR 84/97 –, AP Nr. 26 zu § 618 BGB).

Auf Grund der Fürsorgepflicht des Arbeitgebers hat dieser auch gewisse Schutzmaßnahmen für die vom Arbeitnehmer in den Betrieb **mitgebrachten Sachen** zu ergreifen (BAG vom 5. 3. 1959, DB 1959, 833), sofern es sich dabei um persönlich unentbehrliche Sachen (Bekleidung, angemessenes Bargeld, Uhr etc.), um arbeitsdienliche Sachen, nicht jedoch um besonders wertvolle Sachen, die in keiner Beziehung zur Arbeitsleistung stehen (Schmuck, hoher Geldbetrag), handelt. Während der Arbeitgeber regelmäßig Abstellplätze für Zweiräder bereitstellen muss, trifft ihn eine Verpflichtung zur Bereitstellung von Firmen-Pkw-Parkplätzen grundsätzlich nicht.

Das Bereitstellen von gesetzlich vorgeschriebener Arbeitsschutzkleidung fällt ebenfalls unter den Anwendungsbereich der §§ 618, 619 BGB. Die Kosten hierfür hat der Arbeitgeber entsprechend § 670 BGB dem Arbeitnehmer zu erstatten. Dagegen ist der Arbeitgeber mangels einer ausdrücklichen vertraglichen Vereinbarung im Rahmen sog. Kleiderordnungen (einheitliches Erscheinungsbild im Unternehmen) nur zur Erstausstattung verpflichtet. Ansonsten gilt wie für den Verschleiß privater Kleidung, dass der Arbeitgeber nicht zum Aufwendungsersatz verpflichtet ist (BAG vom 15. 5. 1998 – 9 AZR 307/96 –, SAE 1999, 152). In diesem Zusammenhang ist auf das Mitbestimmungsrecht des Betriebsrates nach § 87 Absatz 1 Nr. 1 BetrVG hinzuweisen.

Die allgemeine Vorschrift des § 618 BGB wird durch eine Vielzahl gesetzlicher Regelungen näher definiert. So etwa durch die Arbeitsstättenverordnung, die sich mit der Lüftung, der Raumtemperatur, der Beleuchtung, der Gestaltung von Böden, Wänden, Decken und Dächern, Lärm- und Geruchsbelästigung etc. befasst. Oder die Bildschirmarbeitsverordnung, die besondere Regelungen für Bildschirmarbeitsplätze hinsichtlich der Arbeitsplatzgestaltung, besonderen Pausenregelung und dem Erfordernis wiederkehrender Augenuntersuchung enthält. Eine allgemeine Regelung erfahren die

Arbeitsschutzvorschriften im Arbeitsschutzgesetz (ArbSchG). In diesem Gesetz sind die Grundsätze der Arbeitssicherheit definiert.
Besonderen Einfluss auf den Bereich der Arbeitssicherheit nimmt die EU. Aus der Vielzahl der Richtlinien der EU können hier nur einige genannt werden. So die Richtlinie 88/642/EWG des Rates vom 16. 12. 1988 zum Schutz der Arbeitnehmer vor der Gefährdung durch chemische, physikalische und biologische Arbeitsstoffe bei der Arbeit. Auf diese Richtlinie baut z. B. die Richtlinie 91/382/EWG des Rates vom 25. 6. 1991 über die Gefährdung durch Asbest am Arbeitsplatz auf. Zu nennen ist auch noch die wichtige Richtlinie 86/188/EWG des Rates vom 12. 5. 1986 über den Schutz der Arbeitnehmer gegen Gefährdung durch Lärm am Arbeitsplatz. Wieder ein Beweis, wie wichtig das Europäische Arbeitsrecht als Schutzrecht für Arbeitnehmer ist!

2. Die Treue- und Verschwiegenheitspflicht des Arbeitnehmers mit den Sonderfällen des Wettbewerbsverbots und der Nebentätigkeit

a) Die Treue- und Verschwiegenheitspflicht

Die Treuepflicht umfasst allgemein die Verpflichtung des Arbeitnehmers, seine Verpflichtungen und Rechte aus dem Arbeitsverhältnis so auszuüben, dass der Arbeitgeber nicht geschädigt wird. Dazu zählen insbesondere die Verpflichtungen des Arbeitnehmers, während des Bestehens des Arbeitsverhältnisses in **keinen Wettbewerb** zum Arbeitgeber zu treten (BAG vom 17. 10. 1969, DB 1970, 497; vom 16. 6. 1976, DB 1977, 307; vom 6. 8. 1987, DB 1988, 451) sowie jede **Nebentätigkeit** zu unterlassen, mit der der Arbeitnehmer inhaltlich oder zeitlich in Kollision mit seiner vertraglichen Hauptleistungspflicht kommt (dazu ausführlicher unter *Wettbewerbsverbot und Nebentätigkeit* ab Seite 192).

Da der Arbeitnehmer zum sorgfältigen Umgang mit den ihm vom Arbeitgeber überlassenen Arbeitsmitteln und zur Beachtung der einschlägigen Unfallverhütungs- und Arbeitssicherheitsvorschriften verpflichtet ist, muss er jede Störung und jeden Schaden in seinem Arbeitsbereich unverzüglich melden. In besonders schwerwiegenden Fällen ist der Arbeitnehmer auch gehalten, Kollegen beim Arbeitgeber anzuzeigen (BAG vom 18. 6. 1970, DB 1970, 1598) bzw. Anzeige gegen den Arbeitgeber bei den zuständigen Behörden, etwa bei schwerwiegenden Umweltdelikten, zu erstatten. Zunächst – so die Rechtsprechung (BAG vom 5. 2. 1959, BB 1959, 920) soll der Arbeitnehmer jedoch verpflichtet sein, dem Arbeitgeber die Möglichkeit der Abhilfe zu geben. Diese Rechtsmeinung ist abzulehnen, führt sie doch im Ergebnis dazu, dass kein Arbeitnehmer aus Angst vor Repressalien durch den Arbeitgeber diesen Weg gehen wird (vgl. auch Ermann/Hanau, Handkommentar zum BGB, 9. A., § 611 Rdnr. 511). In sog. Tendenzbetrieben (dazu ausführlicher unter *Überblick über das BetrVG* ab Seite 266) gilt eine gesteigerte Loyalitätspflicht, die bis hin zur Einschränkung der persönlichen Freiheit gehen kann (so etwa für Arbeitnehmer der katholischen Kirche bei der Frage der Ehescheidung als Kündigungsgrund).

Während des Bestehens des Arbeitsverhältnisses gilt ein absolutes Verschwiegenheitsgebot (BAG vom 25. 8. 1966, BB 1966, 1308). Davon erfasst werden alle Betriebs- und Geschäftsgeheimnisse, aber auch Tatsachen, die die Person des Arbeitgebers oder die von Kollegen in besonderem Masse betreffen. Ausdruck der Treuepflicht ist auch das Verbot, **Schmiergelder** anzunehmen. Die Annahme üblicher Gelegenheitsgeschenke wie Kalender etc. sind erlaubt.

b) Das nachvertragliche Wettbewerbsverbot

Dass der Arbeitnehmer während des Bestehens des Arbeitsverhältnisses nicht in Wettbewerb zu seinem Arbeitgeber treten darf, wissen Sie bereits. Diese Pflicht endet jedoch regelmäßig mit dem Ende des Arbeitsverhältnisses, da damit gleichzeitig die Treuepflicht endet. Allerdings ist die Vereinbarung eines sog. nachvertraglichen Wettbewerbsverbots grundsätzlich zulässig. Damit soll verhindert werden, dass der Arbeitnehmer bei seiner neuen Tätigkeit Kenntnisse, Kundenkontakte etc. aus dem bisherigen Arbeitsverhältnis nutzt und somit direkt als Selbständiger oder mittelbar über seinen neuen Arbeitgeber in Wettbewerb zu seinem bisherigen Arbeitgeber tritt. Da der Arbeitnehmer durch die Vereinbarung eines nachvertraglichen Wettbewerbsverbots allerdings in seiner grundrechtlich geschützten Berufsfreiheit (Art. 12 GG) erheblich eingeschränkt wird, sind an die Wirksamkeit solcher Vereinbarungen strenge Anforderungen zu stellen. Die in §§ 74 ff. HGB für den Bereich des sog. Handlungsgehilfen getroffenen gesetzlichen Regelungen werden von der Rechtsprechung entsprechend angewendet. Danach ist ein nachvertragliches Wettbewerbsverbot nur zulässig, wenn es längstens für die Dauer von zwei Jahren geschlossen und als Ausgleich (Karenz) für die Behinderung in der freien Berufsausübung pro Verbotsjahr mindestens die Hälfte der letzten (Jahres-)-Vergütung des Arbeitnehmers gezahlt wird. Das Verbot muss schriftlich formuliert sein. Es kann Bestandteil eines vom Arbeitgeber und Arbeitnehmer unterzeichneten Arbeitsvertrages sein.

Haben Arbeitgeber und Arbeitnehmer eine nachvertragliche Verschwiegenheitspflicht des Arbeitnehmers vereinbart, so löst diese regelmäßig keinen Anspruch auf Wettbewerbsunterlassung aus. Ein solcher Anspruch folgt allein aus den allgemeinen wettbewerbsrechtlichen Bestimmungen der § 1 UWG, §§ 823, 826 BGB (vgl. BAG vom 19. 5. 1998, BB 1999, 212).

c) Die Nebentätigkeit

Die Ausübung einer Nebentätigkeit, d. h. einer weiteren, im Verhältnis zur Haupttätigkeit zusätzlichen Tätigkeit, gleich ob entgeltlich oder ehrenamtlich, gleich ob bei demselben oder einem anderen Arbeitnehmer oder in Selbständigkeit, bedarf grundsätzlich nicht der Genehmigung seitens des Arbeitgebers. Der Arbeitnehmer schuldet gem. § 611 Abs. 1 BGB auf Grund des Arbeitsverhältnisses allein die Erbringung der geschuldeten Leistung, nicht aber seine gesamte Arbeitskraft (BAG vom 14. 8. 1969, DB 1969, 1993). Allerdings ist die generelle Genehmigungspflicht gesetzlich für Beamte in § 42 BRRG, §§ 64 ff. BBG und den entsprechenden Landesbeamtengesetzen sowie über § 11 BAT für die Angestellten und über § 13 MTArb und § 11 BMT-G II für die Arbeiter im öffentlichen Dienst angeordnet. Aber auch wenn keine generelle Genehmigungspflicht für die Nebentätigkeit besteht, so ist der Arbeitnehmer aus den Grundsätzen der Treuepflicht zumindest verpflichtet, die Nebentätigkeit anzuzeigen, wenn durch diese Tätigkeit die Interessen des Arbeitgebers berührt werden. Dies ist der Fall, wenn der Arbeitnehmer in seiner Nebentätigkeit in Konflikt mit seiner vertraglichen Hauptpflicht gerät (BAG vom 18. 1. 1996, DB 1996, 2182). Dieser Konflikt kann inhaltlicher Natur (Wettbewerb) oder aber auch zeitlicher Natur sein (so etwa, wenn die Leistungsqualität infolge der Mehrfachbelastung leidet). Besteht kein Konflikt, so hat der Arbeitnehmer ein Recht (Art. 12 GG!) auf Ausübung der Nebentätigkeit (BAG vom 11. 12. 1974, ArbuR 1975, 186 für den öffentlichen Dienst) und kann im Falle der Verweigerung der Genehmigung das Verbot missachten (Küttner/Kania, Personalhandbuch, 1998, S. 1530, Rdnr. 17) oder auf Erteilung der Genehmigung klagen (BAG vom 18. 11. 1968, BB 1969, 447 für die sog. Feststellungsklage).

3. Das Recht auf ein Zeugnis

Jeder Arbeitnehmer kann bei Beendigung des Arbeitsverhältnisses die Ausstellung eines Zeugnisses vom Arbeitgeber verlangen (§ 630 BGB). Nach Ansicht des BAG (vom 1. 10. 1998 – 6 AZR 176/97 –, BB 1999, 903 f. für den Bereich des öffentlichen Dienstes) besteht auch ein Anspruch auf ein Zwischenzeugnis, wenn in Person des unmittelbaren Vorgesetzten ein Wechsel stattfindet, da ansonsten für längere Zeit keine sachgerechte Beurteilung des Arbeitnehmers möglich ist. Im Ergebnis besteht immer dann ein Anspruch auf ein Zwischenzeugnis, wenn der Arbeitnehmer ein berechtigtes Interesse daran hat.

Dem Zeugnis kommt eine doppelte Funktion zu. Einmal ermöglicht es durch die Dokumentation des beruflichen Werdegangs und der persönlichen und fachlichen Qualifikationen die fundierte Bewerbung um einen neuen Arbeitsplatz. Zum Zweiten ermöglicht es einem potentiellen neuen Arbeitgeber einen Vergleich mit den Anforderungen, die er an eine zu besetzenden Stelle stellt. Als Ausfluss der Fürsorgepflicht des Arbeitgebers muss das Zeugnis vom Wohlwollen getragen werden und es muss der Wahrheit entsprechen.

Es wird unterschieden zwischen dem **einfachen Zeugnis**, welches Art und Dauer der Beschäftigung wiedergibt, und dem **qualifizierten Zeugnis**, welches auch Aussagen über die Führung und Leistung des Arbeitnehmers enthält. Insoweit kommt dem Arbeitnehmer ein Wahlrecht zu.

Wie alle anderen Arbeitspapiere (Arbeitsbescheinigung im Sinne des § 312 SGB III) ist auch das Zeugnis eine Holschuld nach § 269 Abs. 2 BGB. Versendet der Arbeitgeber das Zeugnis auf Wunsch des Arbeitnehmers oder hält er es am letzten Arbeitstag nicht bereit, so besteht kein Anspruch des Arbeitnehmers auf ein »ungefaltenes Zeugnis« in DIN A 4-Format (BAG vom 21. 9. 1999, ARST 1999, 287).

Das Arbeitszeugnis ist in Maschinenschrift auf Geschäftsbogen in fehlerfreier Sprache und Grammatik zu fertigen. Streng zu beachten sind die Regeln der Interpunktion, da diese das Anbringen von geheimen Hinweisen an einen neuen Arbeitgeber verhindern (vgl. dazu allgemein BAG, BB 1960, 983). Das Datum des Zeugnisses muss sich unmittelbar an die Beendigung des Arbeitsverhältnisses anschließen, da ansonsten ebenfalls Rückschlüsse etwa auf eine längere Freistellung oder auf ausgetragene Kontroversen über den

Inhalt des Zeugnisses möglich sind (BGH, NZA 1993, 698). Wird allerdings erst nach einem längeren Zeitraum ein Zeugnis angefordert, so ist der tatsächliche Ausstellungszeitpunkt anzugeben.

Unzulässig ist das Anbringen der Privatanschrift des Arbeitnehmers im Adressfeld (LAG Hamburg, NZA 1994, 891), weil dies Rückschlüsse auf Spannungen im Verhältnis zwischen Arbeitgeber und Arbeitnehmer, etwa auf ein mögliches Hausverbot und somit die Notwendigkeit des Postversandes, zulässt.

Das Zeugnis muss vom Arbeitgeber selbst oder von einem berechtigten (betriebsangehörigen) Vertreter (Prokurist oder Handlungsbevollmächtigter mit Kennzeichnung) unterschrieben werden (LAG Hamm, DB 1966, 1815).

Der Grund des Ausscheidens ist nur auf Wunsch des Arbeitnehmers im Zeugnis zu vermerken. Gleiches gilt für die Mitgliedschaft im Betriebsrat.

Werden beim qualifizierten Zeugnis Angaben zur Leistung und zur Führung des Arbeitnehmers gemacht, so ist der Arbeitgeber grundsätzlich in der Formulierung des Zeugnisses unter Beachtung des Wohlwollens und des Grundsatzes der Wahrheit frei. In der Praxis hat sich bei der Benotung (»Zufriedenheitsskala«) eine »**Geheimsprache**« entwickelt, die von »stets zu unserer vollsten Zufriedenheit« für eine sehr gute Leistung über »zu unserer vollen Zufriedenheit« für eine durchschnittliche Leistung bis hin zu »er/sie hat sich bemüht, die ihm/ihr übertragenen Aufgaben zu unserer Zufriedenheit zu erledigen« für eine ungenügende Leistung reicht. Diese Geheimsprache dient weder der Klarheit, noch bewirkt sie Rechtssicherheit auf Seiten des Arbeitnehmers als Laie in der Zeugnissprache; sie **ist** rundweg **abzulehnen** (kritisch auch: LAG Düsseldorf vom 11.11.1994, DB 1995, 1135). Die Zeugnisgeheimsprache fordert geradezu Rechtsstreitigkeiten aus Unsicherheit und aus Unwissenheit heraus und erschwert das berufliche Fortkommen der Arbeitnehmer ohne Grund. Es ist nicht ersichtlich, warum ein Arbeitnehmer nicht die Beurteilung seiner Führung und Leistung entsprechend der im Schul- und Prüfungswesen geltenden, eindeutigen Zeugnissprache verlangen und erhalten sollte.

Nach herrschender Meinung trifft den Arbeitnehmer die Darlegungs- und Beweislast, wenn er ein Zeugnis mit überdurchschnittlicher Gesamtbeurteilung begehrt. Dagegen muss der Arbeitgeber darlegen und beweisen, warum er von einer durchschnittlichen Beurteilung nach unten abweichen will (LAG Köln vom 26. 4. 1996, NZA 1997, 84).

Der Arbeitgeber ist für den Schaden, der durch ein schuldhaft verspätet, unrichtig oder überhaupt nicht ausgestelltes Zeugnis eintritt, schadensersatzpflichtig. Der Schaden besteht regelmäßig in einem Verdienstausfall, den der Arbeitnehmer dadurch erleidet, dass er wegen fehlendem oder unrichtigem Zeugnis keinen neuen oder nur einen schlechter dotierten Arbeitsplatz findet.

4. Besondere Schutzgesetze

Zum Abschluss dieser begrenzten und doch umfangreichen Darlegung der arbeitsvertraglichen Nebenpflichten soll noch auf zwei »exotische« Schutzgesetze mit ernstem Hintergrund hingewiesen werden. Außerdem werden das Diskriminierungsverbot des § 611a BGB sowie die wesentlichen Vorschriften des Arbeitszeitgesetzes vorgestellt.

a) Das zweite Gleichberechtigungsgesetz vom 24. 6. 1994

Dieses Gesetz dient im Bereich des öffentlichen Dienstes (und nur dort!) der Durchsetzung (meint Förderung) der Gleichberechtigung von Frauen und Männern im Berufsleben sowie der Förderung der Vereinbarkeit von Familie und Beruf (§ 2). Ziel ist es, das berufliche Fortkommen von Frauen in solche (meist höheren) Positionen, in denen Frauen deutlich unterrepräsentiert sind, zu fördern. Demnach sind Frauen bei gleicher Qualifikation wie männliche Mitbewerber solange vorrangig bei Beförderungen, Höhergruppierungen oder Einstellungen zu berücksichtigen, bis in den jeweiligen Besoldungsgruppen bzw. Eingruppierungsgruppen etc. der Anteil von Frauen und Männern gleich (paritätisch) ist. Da diese Vorschrift einen offenkundigen Verstoß gegen das Verbot der Geschlechterdiskriminierung (gem. § 611a BGB, Art. 33 Abs. 2, 3 Abs. 2 GG) aus Sicht der Männer darstellt, wurden in der Vergangenheit viele Ländergleichstellungsgesetze als verfassungswidrig eingestuft und für unwirksam erklärt. In der Folgezeit wurde sodann eine Sozialklausel eingeführt, die das alte Rollenverständnis fortschreibt. Danach sollen bei gleicher Qualifikation von Frauen und Männern und bestehender Unterrepräsentanz von Frauen dennoch Männer bevorzugt werden, wenn besondere soziale Gründe in der Person des männlichen Bewerbers (alleinverdienender Ehemann) dafür sprechen (so z.B. § 13 Satz 2 LGG Saarland).

Für den Bereich der Privatwirtschaft existiert kein Gleichstellungsgesetz. Angesichts des verfassungsrechtlich besonders geschützten Rechts der Arbeitgeber, ihren »eingerichteten und ausgeübten Gewerbebetrieb« (Art. 14 i. V. m. Art. 12 GG) grundsätzlich nach freiem Ermessen zu organisieren, bestehen erhebliche Zweifel, ob das gesellschaftspolitische Problem der Gleichberechtigung von Frauen und Männern per Gesetz in der Privatwirtschaft verfassungskonform umzusetzen ist. Dabei bleiben die praktischen Probleme auch noch außen vor.

b) Das Gesetz zum Schutz der Beschäftigten vor sexueller Belästigung am Arbeitsplatz (Beschäftigtenschutzgesetz) vom 24. 6. 1994

Ziel dieses Gesetzes ist der Schutz vor sexueller Belästigung am Arbeitsplatz durch Vorgesetzte, Kollegen oder Dritte (etwa Kunden).

Die Belästigung kann durch Worte, Taten oder auch Gesten erfolgen. Dazu zählen auch anrüchige Witze, pornographische Bilder, Fotos, Berührungen, Anmerkungen, Fingerzeige etc. Die Liste der möglichen Belästigungsarten ist unerschöpflich.

Im Falle der sexuellen Belästigung haben betroffene Arbeitnehmer/Arbeitnehmerinnen ein Beschwerderecht. Der Arbeitgeber oder Dienstvorgesetzte muss die Beschwerde prüfen und Maßnahmen zur Verhinderung der Fortsetzung der Belästigung ergreifen (§ 3). Diese sind (§ 4 Abs. 1 Nr. 1) u. U. Abmahnung (dazu ausführlich unter *Die Beendigung des Arbeitsverhältnisses* ab Seite 242), Umsetzung, Versetzung (dazu ausführlich unter *Das Recht und die Pflicht zur Arbeitsleistung* ab Seite 116) oder Kündigung (dazu ausführlich unter *Die Beendigung des Arbeitsverhältnisses* ab Seite 204). Des Weiteren haben betroffene Arbeitnehmer in den Fällen, in denen der Arbeitgeber keine oder eine offensichtlich ungeeignete Maßnahme trifft, ein Leistungsverweigerungsrecht mit Entgeltfortzahlungsanspruch (§ 4 Abs. 2; ausführlich zum Leistungsverweigerungsrecht unter *Die Folgen der Arbeitsverhinderung* ab Seite 145 und unter *Das Recht und die Pflicht zur Arbeitsleistung* ab Seite 116). Eine ausdrückliche Anordnung des sog. Maßregelungsverbotes im Sinne des § 612a BGB enthält § 4 Abs. 3.

c) Das Diskriminierungsverbot aus § 611a BGB

Nach § 611a Abs. 1 BGB darf ein Arbeitgeber einen Arbeitnehmer insbesondere weder bei der Begründung des Arbeitsverhältnisses, beim beruflichen Aufstieg, bei einer Anweisung oder einer Kündigung wegen des Geschlechts benachteiligen. Ausdrücklich festgelegt ist auch das Gebot der geschlechtsneutralen internen und externen Stellenausschreibung. Ein Verstoß gegen dieses Gebot liegt schon dann vor, wenn ein Arbeitgeber – ohne sachlichen Grund – eine Stelle nur für Männer oder nur für Frauen ausschreibt. Bereits dieser

Verstoß rechtfertigt nach § 611a Abs. 2 BGB einen Schadensersatzanspruch eines wegen des Geschlechts abgelehnten Bewerbers (LAG Hamm vom 22. 11. 1996, NZA-RR 1997, 203 ff.). Es ist völlig unerheblich, ob der/die benachteiligte Bewerber/in bei geschlechtsneutraler Ausschreibung die Stelle erhalten hätte oder nicht. Nach Ansicht des EuGH ist die in § 611a Abs. 3 BGB festgeschriebene Obergrenze von drei Bruttomonatsverdiensten (bezogen auf die betreffende Stelle) wegen Verstoßes gegen das europarechtliche Diskriminierungsverbot unwirksam (EuGH, NZA 1997, 645). Diese Rechtsprechung hat auch die Neufassung des § 61b ArbGG erforderlich gemacht, der früher eine Summenbegrenzung beim Schadensersatz wegen Geschlechtsdiskriminierung enthielt.

Allerdings kann ein Schadensersatzanspruch wegen Rechtsmissbrauchs ausgeschlossen sein. So etwa, wenn der/die Benachteiligte sich ohne tatsächliches, ernsthaftes Interesse an der Stelle, mithin allein wegen der Geltendmachung eines Schadensersatzanspruchs – pro forma – beworben hat (LAG Hamm vom 22. 11. 1996, NZA-RR 1997, 203 ff; LAG Rheinland-Pfalz, BB 1996, 2523).

Aber auch außerhalb der geschlechtlichen Diskriminierung gelangt § 611a BGB zur Anwendung. So befasste sich das ArbG Marburg (vom 13. 2. 1998, ARST 1999, 163 f.) mit der Frage, ob die nicht unbefristete Beschäftigung wegen Körperübergewichts einen Verstoß gegen das Diskriminierungsverbot darstellen kann.

d) Das Arbeitszeitgesetz

Das Arbeitszeitgesetz dient dem Gesundheitsschutz und der Sicherheit der Arbeitnehmer (dazu ausführlich unter *Arbeitsrecht – Schutzgesetz für Arbeitnehmer* ab Seite 38) und der zu ihrer Berufsausbildung Beschäftigten. Ausgenommen sind leitende Angestellte im Sinne des § 5 Abs. 3 BetrVG (dazu ausführlicher unter *Überblick über das BetrVG* ab Seite 266) sowie vergleichbare Arbeitnehmer im öffentlichen Dienst. Arbeitszeit im Sinne des Gesetzes ist die Zeit vom Beginn bis zum Ende der vertraglich definierten Arbeit ohne Ruhepausen.

Nach § 4 ArbZG müssen Ruhepausen im Voraus festgesetzt werden. Sie dauern bei einer täglichen Arbeitszeit von mehr als sechs bis neun Stunden mindestens 30 Minuten und bei einer Arbeitszeit von mehr als neun Stunden mindestens 45 Minuten. Eine Aufteilung in mehrere Kurzpausen von jeweils mindestens 15 Minuten ist zulässig. Spätestens nach sechs Stunden muss eine Pause von mindestens 15 Minuten eingelegt werden. Die werktägliche (auch der Samstag ist ein Werktag) Arbeitszeit darf acht Stunden grundsätzlich nicht übersteigen. Sie kann auf höchstens zehn Stunden täglich verlängert werden, wenn bezogen auf einen Zeitraum von sechs Kalendermonaten oder 24 Wochen durchschnittlich acht Stunden werktäglich nicht überschritten werden (§ 3 ArbZG). Diese Regelung ermöglicht das Einführen von flexiblen Arbeitszeiten. Im Ergebnis bedeutet dies, dass in einer Kalenderwoche 60 Stunden gearbeitet werden können, wenn innerhalb des Ausgleichszeitraums durchschnittlich acht Stunden erreicht werden. Von diesem Ausgleichszeitraum kann in einem Tarifvertrag oder bei bestehender Öffnungsklausel auch durch eine Betriebsvereinbarung abgewichen werden (dazu ausführlicher unter *Der Abschluss des Arbeitsvertrages – Die Rechtsgrundlage BVE* ab Seite 78, 81). Damit wird eine weitergehende Flexibilisierung der Arbeitszeit erreicht. Die Wegezeit, also die Strecke von der Wohnung zur Arbeitsstätte, stellt grundsätzlich keine Arbeitszeit dar. Umkleide- und Waschzeiten sind nur ausnahmsweise Arbeitszeiten, so z. B. wenn im Betrieb besondere Schutzkleidung zu tragen ist. Nach der Beendigung der täglichen Arbeitszeit muss eine Ruhezeit von ununterbrochen mindestens elf Stunden gewährleistet sein, bevor erneut mit der Arbeit begonnen werden darf (§ 5 Abs. 1 ArbZG).

Sonn- und Feiertagsbeschäftigung ist grundsätzlich unzulässig (§ 9 Abs. 1 ArbZG). Sowohl von der Festlegung des Ausgleichszeitraums, der Dauer der Ruhezeiten, der Sonn- und Feiertagsbeschäftigung und der täglichen Arbeitszeit kann durch Tarifvertrag, durch Betriebsvereinbarung oder auf Grund gesetzlicher Ermächtigung abgewichen werden. So bestehen vielfältige Ausnahmen im Bereich der Krankenpflege, im Gaststättengewerbe, im Veranstaltungsgewerbe, im kirchlichen Bereich, bei öffentlichen Notdiensten, im Bereich der Medien, der Versorgungsbetriebe, für erforderliche Wartungs- und Reparaturarbeiten, im Bäcker- und Konditorengewerbe, in der Landwirtschaft, bei Inventurarbeiten oder in Notfällen. Einen Sonderfall beinhaltet § 13 Abs. 5 ArbZG. Danach kann Sonn- und Feiertagsarbeit genehmigt werden, wenn damit die Konkurrenzfähigkeit gegenüber ausländischen Mitbewerbern gesichert wird. Für geleistete Sonn- und Feiertagsarbeit ist nach § 11 ArbZG an einem Ersatztag innerhalb von zwei Wochen (bei Sonntagsarbeit) bzw. innerhalb von acht Wochen bei Feiertagsarbeit Arbeitsbefreiung zu gewähren. Mindestens 15 Sonntage im Jahr müssen beschäftigungsfrei bleiben.

Eine besondere Form der Arbeitszeitgestaltung stellt die **Gleitzeit** dar. Dabei können die Arbeitnehmer Beginn und Ende der täglichen Arbeitszeit innerhalb eines bestimmten Rahmens selbst festlegen, wobei allerdings die Anwesenheit zu bestimmten Zeiten (Kernzeit) in der Regel Pflicht ist. Persönliche Verhinderungen des Arbeitnehmers während der Gleitzeit begründen wegen der fehlenden Arbeitspflicht keinen Anspruch auf Arbeitsbefreiung (BAG vom 16. 12. 1993, DB 1994, 2034). Somit führen nur Verhinderungen, die in die Kernzeit fallen, zu einem Anspruch auf Arbeitsbefreiung.

Gem. § 87 Abs. 1 Nr. 2 und Nr. 3 BetrVG ist die Festlegung der täglichen Arbeitszeit, die Verteilung der Wochenarbeitszeit auf die einzelnen Arbeitstage, die Festlegung der Pausen und die kurzzeitige Verlängerung oder Verkürzung der Arbeitszeit mitbestimmungspflichtig (dazu ausführlich unter Überblick über das BetrVG ab Seite 266, 268).

XI. Die Beendigung des Arbeitsverhältnisses

Wie jedes andere Vertragsverhältnis endet auch das Arbeitsverhältnis irgendwann. Die unterschiedlichen Gründe der Beendigung erfahren Sie in einem Überblick im ersten Abschnitt. Im zweiten Abschnitt wird dann die Kündigung eines Arbeitsverhältnisses im Allgemeinen und unter dem besonderen Gesichtspunkt der ordentlichen und außerordentlichen Kündigung dargestellt. Im dritten Abschnitt wird eingehend auf die Besonderheiten der Kündigung nach dem KSchG eingegangen. Im vierten Abschnitt werden die umfangreichen Auswirkungen der Beteiligung des Betriebsrats erläutert. Im fünften Abschnitt wird der Kündigungsschutzprozess vorgestellt. Im sechsten Abschnitt wird der besondere Kündigungsschutz bestimmter Arbeitnehmer dargestellt. Die Folgen einer einvernehmlichen Aufhebung des Arbeitsvertrages mit den sozial- und steuerrechtlichen Besonderheiten bei Zahlung einer Abfindung werden schließlich im siebten Abschnitt erörtert.

1. Überblick über die Beendigungsgründe

Ein Arbeitsverhältnis endet
- durch den **Tod des Arbeitnehmers.** Dies folgt zwingend aus § 613 Satz 1 BGB, wonach die Arbeitsleistung vom Arbeitnehmer höchstpersönlich zu erbringen ist. Mithin kommt es im Vertragsverhältnis zwischen Arbeitgeber und Arbeitnehmer nicht zu der ansonsten im Erbrecht geltenden (Gesamt-)Rechtsnachfolge (§ 1922 Abs. 1 BGB), die Erben werden nicht zu neuen Arbeitnehmern des Arbeitgebers. Dagegen endet das Arbeitsverhältnis nicht durch den Tod des Arbeitgebers. Insoweit treten die Erben

nach § 1922 Abs. 1 BGB in die Stellung des Arbeitgebers ein, da – grundsätzlich – auf Seiten des Arbeitgebers keine höchstpersönliche Leistungspflicht und kein höchstpersönlicher Anspruch besteht. Etwas anderes gilt nur in Einzelfällen, so etwa bei Tätigkeiten als Privatsekretär/in, Krankenpfleger/in etc.;

- infolge **Zeitablaufs** bei befristeten Verträgen (dazu ausführlich unter *Der Abschluss des Arbeitsvertrages* ab Seite 91);
- infolge **Zweckerreichung** (dazu ausführlich unter *Der Abschluss des Arbeitsvertrages* ab Seite 97);
- infolge Eintritts einer **auflösenden Bedingung** bei Vereinbarung eines auflösend bedingten Arbeitsverhältnisses (dazu ausführlich unter *Der Abschluss des Arbeitsvertrages* ab Seite 98);
- auf Grund einer **fristgemäßen** (ordentlichen) **oder** einer **außerordentlichen** (fristlosen) **Kündigung** eines Vertragspartners (dazu ausführlich unter *Die Beendigung des Arbeitsverhältnisses* ab Seite 205);
- auf Grund einer **einvernehmlichen Auflösung** des Arbeitsverhältnisses;
- auf Grund einer **gerichtlichen Auflösung** des Arbeitsverhältnisses gem. §§ 9, 10 KSchG auf Antrag des Arbeitgebers, des Arbeitnehmers oder beider (dazu ausführlicher unter *Der Auflösungs- und Abfindungsanspruch nach dem KSchG* ab Seite 252).

2. Die Kündigung im Allgemeinen und nach den Vorschriften des BGB

a) Der Begriff der Kündigung

Unter Kündigung versteht man eine einseitige empfangsbedürftige (Willens-)Erklärung, die das Arbeitsverhältnis unmittelbar für die Zukunft sofort (fristlos) oder nach Ablauf einer gewissen Frist (ordentlich) beenden soll. Diese Wirkung (Rechtsfolge) der Erklärung tritt ein, ohne dass der Empfänger der Erklärung irgendeine Mitwirkungshandlung unternehmen muss (folgt aus § 130 Abs. 1 Satz 1 BGB). Es bedarf also insbesondere nicht der »Annahme« der Kündigung. Solche Erklärungen bestätigen in der Praxis allein den Zugang der Kündigung und erleichtern somit im Streitfall dem Kündigenden (dieser ist beweispflichtig: vgl. BGH, NJW 1964, 1176 und 1996, 2035) den Nachweis des Zugangs als Wirksamkeitsvoraussetzung der Kündigung. Mit der Beendigung enden alle vertraglichen Rechte und Pflichten. Lediglich für noch nicht erfüllte Ansprüche aus der Vergangenheit behält das Arbeitsverhältnis seine Bedeutung.

b) Die Kündigungsarten

aa) Die ordentliche Kündigung

Von einer ordentlichen Kündigung spricht man, wenn das Arbeitsverhältnis unter Einhaltung der einschlägigen (gesetzlichen, tariflichen oder einzelvertraglichen) Fristen gekündigt wird. Seit Oktober 1993 gelten einheitliche Kündigungsfristen für Arbeiter und Angestellte.

Während der **Probezeit** innerhalb eines unbefristeten Arbeitsverhältnisses (dazu ausführlich unter *Der Abschluss des Arbeitsvertrages* ab Seite 93), also längstens für sechs Monate, kann die gesetzliche Kündigungsfrist auf **zwei Wochen** verkürzt werden (§ 622 Abs. 3 BGB). Ansonsten beträgt die **gesetzliche Grundkündigungsfrist vier Wochen** zum 15. oder zum Ende eines Kalendermonats (§ 622 Abs. 1 BGB).

Nach § 622 Abs. 2 BGB bestehen **für Arbeitgeberkündigungen** (und nur für diese) mit zunehmender Dauer der Betriebszugehörigkeit des Arbeitnehmers **verlängerte Fristen**. Beträgt die **Betriebszugehörigkeit** zwei Jahre, so beträgt die Kündigungsfrist einen Monat zum Monatsende. Beträgt die Betriebszugehörigkeit fünf Jahre, so beträgt die Kündigungsfrist zwei Monate zum Monatsende, bei einer Betriebszugehörigkeit von acht Jahren besteht eine Kündigungsfrist von drei Monaten und bei einer Betriebszugehörigkeit von zehn Jahren beträgt sie vier Monate (jeweils zum Monatsende). Besteht die Betriebszugehörigkeit schon zwölf Jahre, so beträgt die Kündigungsfrist fünf Monate, besteht sie schon 15 Jahre, sechs Monate und bei einer Betriebszugehörigkeit von 20 Jahren beträgt die Kündigungsfrist sieben Monate (jeweils) zum Monatsende. Bei der Berechnung der Betriebszugehörigkeit bleiben Zeiten, die vor der Vollendung des 25. Lebensjahres des Arbeitnehmers liegen, unberücksichtigt (§ 622 Abs. 2 Satz 2 BGB).

Nach § 622 Abs. 4 BGB dürfen **durch Tarifvertrag** die Grundkündigungsfrist, die verlängerte Arbeitgeberkündigungsfrist und die verkürzte Frist in der Probezeit **abgekürzt** werden. Ist die Geltung eines Tarifvertrages einzelvertraglich vereinbart, so gelten diese verkürzten Fristen.

Nach § 622 Abs. 5 BGB kann auch **einzelvertraglich** eine **kürzere Grundkündigungsfrist** vereinbart werden. Dies ist aber nur möglich, wenn der Arbeitnehmer nur vorübergehend zur Aushilfe und nicht länger als für drei Monate beschäftigt wird. In Betrieben mit in der Regel nicht mehr als 20 Arbeitnehmern (ausschließlich der zu ihrer Berufsausbildung Beschäftigten) kann ebenfalls die Grundkündigungsfrist einzelvertraglich verkürzt werden. Allerdings darf die Frist vier Wochen nicht unterschreiten (dabei ohne die Begrenzung auf den 15. oder das Ende eines Kalendermonats). Bei der Feststellung der Anzahl der Beschäftigten werden Teilzeitkräfte, deren wöchentliche Arbeitszeit nicht mehr als 20 Stunden beträgt, mit dem Faktor 0,5 und solche, deren wöchentliche Arbeitszeit nicht mehr als 30 Stunden beträgt, mit dem Faktor 0,75 gerechnet.

Längere als die gesetzlichen **Fristen** können stets vereinbart werden (§ 622 Abs. 5 Satz 3 BGB). Allerdings dürfen für die Arbeitnehmerkündigung keine längeren Fristen als für die Arbeitgeberkündigung vereinbart werden (§ 622 Abs. 6 BGB).

Eine absolute Höchstgrenze für Arbeitnehmerkündigungen folgt aus § 624 BGB. Die Bindungsdauer darf danach nicht länger als fünf Jahre betragen. Jedoch kann eine zu lange Bindungsdauer im Einzelfall auch schon früher anzunehmen sein. Diese relative Höchstgrenze folgt aus dem Schutzgedanken des Art. 12 GG und aus § 138 BGB. Durch eine unverhältnismäßig hohe Kündigungsfrist wird der Arbeitnehmer an der Ausübung seiner freien Berufswahl aus Art. 12 GG gehindert, ohne dass dem ein berechtigtes Interesse des Arbeitgebers gegenübersteht (§ 138 BGB: sittenwidrige Klausel). Das BAG (vom 19. 12. 1991, DB 1992, 949) hält eine einjährige Kündigungsfrist zum Ablauf von jeweils fünf Jahren Vertragsdauer für rechtmäßig.

Entschieden durch das BAG ist auch die Frage, welche Kündigungsfristen gelten, wenn sich – wie 1993 geschehen – die gesetzlichen Kündigungsfristen ändern und somit in Widerspruch zu bestehenden tarifvertraglichen Regelungen treten. Wiederholt ein Tarifvertrag lediglich die gesetzlichen Vorschriften unverändert oder verweist auf diese, so gelten die neuen gesetzlichen Regelungen (deklaratorische Wirkung des Tarifvertrages: BAG vom 4. 3. 1993, DB 1993, 1578 und vom 5. 10. 1995, DB 1995, 2173). Dagegen gelten die tarifvertaglichen Regelungen bei einer späteren Gesetzesänderung weiter, wenn die Tarifvertragsparteien erkennbar eine eigenständige Regelung treffen wollten oder getroffen haben (konstitutive Wirkung: BAG vom 14. 2. 1996, DB 1996, 1088).

bb) Die außerordentliche Kündigung

Die außerordentliche Kündigung führt nach § 626 Abs. 1 BGB zur sofortigen Beendigung des Arbeitsverhältnisses (Ausnahme: soziale Auslauffrist; dazu unter *Besonderer Kündigungsschutz* ab Seite 256). Erforderlich ist das Vorliegen eines **wichtigen Grundes**. Es müssen Tatsachen vorliegen, aufgrund derer dem Kündigenden unter Berücksichtigung aller Umstände des Einzelfalles und unter Abwägung der Interessen beider Vertragsteile die Fortsetzung des Vertragsverhältnisses bis zum Ablauf der Kündigungsfrist oder bis zur vereinbarten Beendigung des Dienstverhältnisses nicht zugemutet werden kann. Das bedeutet, dass die außerordentliche Kündigung das letzte und alleinige verhältnismäßige Mittel darstellen muss (**ultima-ratio**). Kommt dagegen ein anderes Sanktionsmittel in Betracht, welches geringere Folgen für den Gekündigten hat (Abmahnung, Versetzung, Änderungskündigung oder ordentliche Kündigung), ist die außerordentliche Kündigung mangels Unzumutbarkeit der Fortsetzung des Arbeitsverhältnisses rechtsunwirksam.

Nach der Neufassung des § 623 BGB (hierzu ausführlicher unter *Die Kündigungserklärung* ab Seite 214) ist die Schriftform der außerordentlichen Kündigung gesetzlich zwingend vorgeschrieben (siehe auch § 15 Abs. 3 BBiG für das Berufsausbildungsverhältnis). Eine ohne Beachtung der Schriftform (gemäß den Vorschriften des § 126 BGB) ausgesprochene Kündigung ist somit unwirksam. Dagegen bedarf die fristlose Kündigung grundsätzlich keiner Begründung (anders: § 15 Abs. 3 BBiG). Allerdings kann der Gekündigte nach § 626 Abs. 2 Satz 3 BGB verlangen, dass ihm die Kündigungsgründe unverzüglich schriftlich mitgeteilt werden.

Nach § 626 Abs. 2 BGB kann die Kündigung **nur innerhalb einer Frist von zwei Wochen erfolgen,** nachdem der Kündigende von den für die Kündigung maßgebenden Tatsachen Kenntnis erlangt hat. Nach Ablauf dieser Frist gilt die Weiterbeschäftigung unwiderlegbar als zumutbar. In der Praxis ist der Beginn dieser Frist oft problematisch, wenn der zur Kündigung Berechtigte noch Sachverhaltsaufklärung (etwa durch Anhörung des Arbeitnehmers) betreiben muss. Hat der Arbeitgeber Hinweise, die die außerordentliche Kündigung rechtfertigen können, will er sich aber weitere Gewissheit verschaffen, so beginnt die Frist erst mit Sachverhaltsaufklärung zu laufen (BAG vom 29. 7. 1993, DB 1994, 146). Allerdings muss diese Ermittlung zügig durchgeführt werden. So gilt bei der Anhörung des Betroffenen längstens ein Zeitraum von einer Woche als angemessen (BAG vom 31. 3. 1993, DB 1994, 839). Bei dauerhaftem Pflichtverstoß wie ständiges Zuspätkommen, ständige unentschuldigte Fehlzeiten, beginnt die Frist mit dem letzten Pflichtverstoß zu laufen (BAG vom 10. 4. 1975, DB 1975, 1656). Soll wegen dauernder Arbeitsunfähigkeit fristlos gekündigt werden, reicht es aus, wenn die Arbeitsunfähigkeit bis in die letzten zwei Wochen vor dem Ausspruch der Kündigung hineinreicht (BAG vom 21. 3. 1996, DB 1996, 1574). Ein laufendes Strafverfahren hemmt den Fristlauf nach § 626 Abs. 2 BGB, wenn die eigenen Aufklärungsversuche den Arbeitgeber nicht in die Kenntnis versetzen, die zum Ausspruch der fristlosen Kündigung rechtfertigen. Kenntnis muss in der Person des Kündigungsberechtigten gegeben sein. Das ist bei Betrieben, die von natürlichen Personen betrieben werden (OHG, KG, GbR), der Inhaber bzw. jeder Gesellschafter mit Einzelvertretungsmacht. Dagegen ist bei Betrieben, die von juristischen Personen (Verein, GmbH, AG) betrieben werden, vor Ausspruch der Kündigung eine Beschlussfassung durch alle gesetzlichen Vertreter erforderlich. Die Frist des § 626 Abs. 2 BGB beginnt mit Kenntnis einer vertretungsberechtigten Person zu laufen (BAG vom 20. 9. 1984, DB 1985, 237). Ist aber die Gesellschafterversammlung kraft Satzung zum Ausspruch der Kündigung berechtigt, beginnt die Frist erst mit Kenntnis aller Gesellschafter zu laufen (BAG vom 17. 3. 1980, NJW 1981, 166). Wird die Einberufung der Versammlung von einem dazu berechtigten Mitglied nach Kenntniserlangung unangemessen verzögert, so muss sich die Gesellschaft so behandeln lassen, als wäre sie in einem zumutbaren Zeitrahmen einberufen worden. Ab diesem fiktiven Zeitpunkt beginnt die Frist zu laufen (BAG vom 15. 6. 1998 – II ZR 318/96 –).

Aus der Vielzahl der Rechtsprechung sollen **einige Gründe**, die eine **außerordentliche Kündigung rechtfertigen** können, vorgestellt werden:

– Alkohol: Nach BAG vom 14. 11. 1984 (DB 1985, 2003), wenn der Genuss zur dauerhaften Arbeitsunfähigkeit führt und keine Abhängigkeit im medizinischen Sinne zu bejahen ist (dazu ausführlich unter *Die personenbedingte Kündigung* ab Seite 235).

- Arbeitsbummelei und Arbeitsverweigerung: Verletzt ein Arbeitnehmer seine geschuldete Arbeitsleistung schuldhaft und beharrlich, indem er fortgesetzt unpünktlich, gar nicht oder nur erheblich unter dem betriebsüblichen Durchschnitt leistet (LAG Köln vom 26. 2. 1999, NZA-RR 2000, 25), so kann eine fristlose Kündigung gerechtfertigt sein (BAG vom 17. 8. 1988, DB 1989, 329 und BAG vom 21. 11. 1996 – 2 AZR 357/95 –).
- Grobe Beleidigung von Vorgesetzten und Arbeitgebern (BAG vom 15. 12. 1977, DB 1978, 1038).
- Die nachhaltige Störung des Betriebsfriedens (BAG vom 9. 12. 1982, DB 1983, 2578 für den Fall des Provozierens von Kollegen durch radikale politische Meinungsäußerung).
- Untersuchungs- und Strafhaft von erheblicher Dauer, wenn der Arbeitgeber keine zumutbaren Überbrückungsmöglichkeiten hat (BAG vom 15. 11. 1984, DB 1986, 50 und vom 9. 3. 1995, DB 1995, 733).
- Angedrohte Krankheit (BAG vom 5. 11. 1992, DB 1993, 486), vorgetäuschte Krankheit und erschlichene Arbeitsunfähigkeitsbescheinigung (BAG vom 26. 8. 1993, DB 1993, 2534). Dagegen rechtfertigt die Androhung, sich krankschreiben zu lassen, dann keine Kündigung, wenn tatsächlich Gründe einer Arbeitsunfähigkeit vorliegen (LAG Köln vom 26. 2. 1999, NZA-RR 2000, 25).
- Sexuelle Belästigung von Kollegen (BAG vom 9. 1. 1996, DB 1986, 1339; siehe auch *Besondere Schutzgesetze* ab Seite 197).
- Straftaten, die zum nachhaltigen Vertrauensbruch zwischen Arbeitgeber und Arbeitnehmer führen, unabhängig vom materiellen Wert etwa gestohlener oder unterschlagener Sachen (BAG vom 17. 4. 1984, DB 1984, 2702; vom 27. 1. 1977, DB 1977, 869).
- Unzulässiger Wettbewerb und Ausübung einer nicht genehmigten Nebentätigkeit (BAG vom 6. 10. 1983, DB 1984, 289; vom 21. 1. 1982 – 2 AZR 761/79 –).

Vor Ausspruch der Kündigung ist der Betriebsrat nach § 102 BetrVG zu hören (dazu unter *Die Beteiligung des Betriebsrats bei Kündigungen* ab Seite 245).

cc) Die Verdachtskündigung

Steht ein Arbeitnehmer unter dem dringenden Verdacht, eine schwerwiegende Pflichtverletzung gegen den Arbeitgeber begangen zu haben, kann dies im Einzelfall eine ordentliche oder auch außerordentliche Kündigung rechtfertigen (BAG seit 4. 11. 1957, AP Nr. 39 zu § 1 KSchG in ständiger Rspr.; so auch vom 14. 9. 1994, SAE 1996, 52 zum Verdacht strafbarer Handlungen; LAG Hamburg vom 8. 7. 1998, NZA-RR 1999, 469; BAG vom 12. 8. 1999 – 2 AZR 923/98 –, FA 2000, 86) zum Verdacht beim Diebstahl geringwertiger Sachen). Nach der Rechtsprechung des BAG ist die Kündigung wegen des Verdachts einer Pflichtverletzung von der Kündigung wegen einer vom Arbeitgeber als erwiesen angesehenen Pflichtverletzung zu unterscheiden (BAG vom 13. 9. 1995, AP Nrn. 18, 19, 23, 25 zu § 626 BGB Verdacht strafbarer Handlung). Während bei der Verdachtskündigung Grund für die vom Arbeitgeber angeführte Zerrüttung des Vertrauensverhältnisses der Verdacht (als solcher) ist, stellt bei der als erwiesen angesehenen verhaltensbedingten Kündigung (dazu ausführlich unter *Die Kündigung nach dem KSchG* ab Seite 221) die Handlung den Grund für die Zerrüttung dar. Daraus erklärt sich, dass an die Wirksamkeit einer Verdachtskündigung hohe Anforderungen zu stellen sind, denn sinngemäß muss bei der Abwägung der unterschiedlichen Interessen von Arbeitgeber und Arbeitnehmer der Grundsatz »Im Zweifel für den Angeklagten – in dubio pro reo –« aus dem Strafrecht auch im Arbeitsrecht gelten. So muss der Verdacht objektiv durch konkrete Tatsachen begründet sein. Die subjektive Einschätzung des Arbeitgebers ist unerheblich. Weiterhin muss der Verdacht dringend sein, d. h. es muss eine große Wahrscheinlichkeit für die Pflichtwidrigkeit bestehen (BAG vom 4. 6. 1964, AP Nr. 13 zu § 626 BGB Verdacht strafbarer Handlung). Der Arbeitgeber muss alles Zumutbare unternommen haben, um den Sachverhalt aufzuklären, d. h. er muss insbesondere den betroffenen Arbeitnehmer anhören. Die schuldhafte Unterlassung der Anhörung bewirkt regelmäßig die

Unwirksamkeit der Kündigung (BAG vom 13.9.1995, AP Nr. 25
zu § 626 BGB Verdacht strafbarer Handlung). Relevant sind allein
die zum Zeitpunkt des Kündigungsaussspruchs bekannten Tatsachen (so auch Weber, SAE 1996, 57). Seit seinem Urteil vom 29.4.
1999 (ARST 1999, 248) nimmt das BAG nunmehr im Gegensatz
zu seiner früheren Rechtsprechung ebenfalls diese Rechtsposition
ein.

dd) Die Änderungskündigung

Mit der Änderungskündigung bezweckt der Arbeitgeber, eine Veränderung der aktuell geltenden Arbeitsbedingungen zu erreichen.
Das Beschäftigungsverhältnis wird gekündigt und gleichzeitig wird
dem Arbeitnehmer die Fortsetzung des Arbeitsverhältnisses nach
Ablauf der auch hier einzuhaltenden Kündigungsfrist zu geänderten Bedingungen angeboten. Nimmt der Arbeitnehmer das Angebot vorbehaltlos an, wird das Vertragsverhältnis nach Ablauf der
Kündigungsfrist zu den geänderten Bedingungen fortgesetzt. Lehnt
der Arbeitnehmer das Angebot ab, so wandelt sich die Änderungskündigung in eine Beendigungskündigung, mit der Folge, dass das
Arbeitsverhältnis – vorbehaltlich einer Kündigungsschutzklage
(dazu unter *Die Kündigung nach dem KSchG* ab Seite 248) – mit
Ablauf der Kündigungsfrist endet. Der Arbeitnehmer kann aber
auch lediglich die Rechtmäßigkeit der vom Arbeitgeber gewünsch-
ten Änderung der Vertragsbedingungen gerichtlich überprüfen
lassen. Dies geschieht dadurch, dass er die Änderungskündigung
unter dem Vorbehalt annimmt, dass die Änderung der Arbeitsbedingungen nicht sozial ungerechtfertigt ist (§ 2 Satz 1 KSchG). Diesen Vorbehalt muss der Arbeitnehmer innerhalb der Kündigungsfrist, spätestens jedoch innerhalb von drei Wochen nach Zugang
der Kündigung gegenüber dem Arbeitgeber erklären. Nach § 4
KSchG ist die Klage auf Feststellung der sozial ungerechtfertigten
Änderung der Arbeitsbedingungen spätestens drei Wochen nach

Zugang der Kündigung (dazu unter *Die Kündigungserklärung* ab Seite 214, 217) beim Arbeitsgericht einzureichen. Gewinnt der Arbeitnehmer das Verfahren, so wird das Arbeitsverhältnis unverändert fortgesetzt. Verliert er das Verfahren, so wird das Arbeitsverhältnis zu den geänderten Bedingungen fortgesetzt. Nach § 102 Abs. 1 Satz 1 BetrVG ist der Betriebsrat zu hören (dazu ausführlicher unter *Die Beteiligung des Betriebsrats bei Kündigungen* ab Seite 245).

ee) Die Teilkündigung

Mit der Teilkündigung sollen gegen den Willen des Vertragspartners einzelne Bestimmungen aus dem Arbeitsvertrag herausgenommen werden, während die übrigen (Rest-)Bestimmungen bestehen bleiben sollen (BAG vom 22. 1. 1997, DB 1997, 1938). Nach Ansicht des BAG (vom 23. 8. 1989, DB 1990, 47) ist die Teilkündigung unzulässig. Die Unterscheidung zur zulässigen Änderungskündigung ist für den juristischen Laien nur schwer zu verstehen. Während bei der Änderungskündigung Leistung und Gegenleistung – wenn auch mit geändertem Umfang – gleich bleiben, soll durch die Teilkündigung einseitig die eigene Verpflichtung geändert werden, während der andere Vertragspartner seine Leistung in unverändertem Umfang weiterhin erbringen soll.

ff) Die Druckkündigung

Von einer Druckkündigung spricht man, wenn Dritte (andere Arbeitnehmer, der Betriebsrat nach § 104 BetrVG, Kunden, Lieferanten etc.) unter Androhung von Nachteilen (eigene Kündigung, Einstellung der Geschäftsbeziehungen etc.) den Arbeitgeber zur Kündigung eines Arbeitnehmers veranlassen. Je nach Fallgestaltung ist diese als betriebs-, verhaltens- oder personenbedingte Kündigung zu prüfen (dazu unter *Die Kündigung nach dem KSchG* ab Seite 221). Der Arbeitgeber ist verpflichtet, sich solange schützend vor den betroffenen Arbeitnehmer zu stellen, wie die Drohung objektiv nicht gerechtfertigt ist. Gelingt es ihm nicht, die Drohung abzuwenden, kann er zur Kündigung berechtigt sein, um so schweren Schaden vom Betrieb abzuwenden (BAG vom 19.6.1986, DB 1986, 2498).

gg) Die vorsorgliche und bedingte Kündigung

Bei der vorsorglichen Kündigung wird gekündigt, man behält sich jedoch vor, die Kündigung unter Umständen wieder zurückzunehmen. So etwa, wenn der Arbeitgeber unter dem Vorbehalt kündigt, dass der Arbeitnehmer nicht bereit ist, zu geänderten Bedingungen weiter zu arbeiten (Form der Änderungskündigung). Diese **vorsorgliche Kündigung ist zulässig** (BAG vom 12.10.1954, DB 1956, 1133). Bei der **bedingten** Kündigung macht man die Wirksamkeit der Kündigung von dem Eintritt eines bestimmten Umstandes abhängig. So etwa, wenn der Arbeitgeber das Arbeitsverhältnis für den Fall kündigt, dass ein bestimmter Auftrag durch einen Kunden nicht erteilt wird. Diese **Kündigung ist unzulässig** (BAG vom 27.6.1968, DB 1968, 1588).

c) Die Kündigungserklärung

Die Kündigungserklärung wird als einseitige, empfangsbedürftige Willenserklärung mit dem Zugang beim Empfänger wirksam (§ 130 BGB). Es ist nicht erforderlich, dass der Empfänger die Erklärung annimmt.

Die Form der Kündigungserklärung

Bis zum 1.5.2000 (Inkrafttreten des Arbeitsgerichtsbeschleunigungsgesetzes) galt, dass eine Kündigungserklärung mangels gesetzlicher Regelung (so etwa in § 15 Abs. 3 BBiG) oder vertraglicher Vereinbarung (so in § 4 BAT für den öffentlichen Dienst) formlos wirksam ist. Nunmehr schreibt der neue § 623 BGB vor, dass »die Beendigung von Arbeitsverhältnissen durch Kündigung oder Aufhebungsvertrag (dazu ausführlicher unter *Die einvernehmliche Beendigung eines Arbeitsverhältnisses und die Abfindung* ab Seite 261) sowie die Befristung (dazu ausführlicher unter *Der befristete, auf Zeit … angelegte Arbeitsvertrag* ab Seite 90) zu ihrer Wirksamkeit der **Schriftform** (bedürfen). Von § 623 BGB werden sowohl die Arbeitgeber-, als auch die Arbeitnehmerkündigung erfasst. Die neue, zwingende Formvorschrift dient nicht nur der Vermeidung von Beweisschwierigkeiten, sondern schützt den Arbeitnehmer auch vor unbedachten Eigenkündigungen. Schriftformzwang besteht für die ordentliche und die außerordentliche Kündigung sowie für die Änderungskündigung; dagegen nicht beim Widerruf einzelner Arbeitsbedingungen, da dieser nicht zur Beendigung des Arbeitsverhältnisses führt. Auch nach der Neufassung des § 623 BGB bleibt es dabei, dass die Kündigungsgründe nicht mitgeteilt werden müssen (Ausnahme: § 15 Abs. 3 BBiG), es sei denn, der Arbeitnehmer verlangt nach § 626 Absatz 2 Satz 3 BGB im Falle der außerordentlichen Kündigung die schriftliche Mitteilung der Gründe (BAG vom 21.3.1959, AP Nr. 55 zu § 1 KSchG).

Die Kündigung zur Unzeit

Die Kündigung kann grundsätzlich zu jeder Zeit und an jedem Ort wirksam erklärt werden. Wählt der Kündigende aber absichtlich oder aus gedankenloser Missachtung der besonderen Belange des Gekündigten dessen besondere Situation, so kann eine Kündigung zur Unzeit gegeben sein, die dann unwirksam ist, wenn der Arbeitnehmer sie aus diesem Grund unverzüglich zurückweist. So etwa, wenn die Kündigung am Tag des Arbeitsunfalls im Krankenhaus

zugestellt wird (LAG Bremen vom 29.10.1985, DB 1986, 393).
Dagegen stellt der Zugang der Kündigung an Sonn- und Feiertagen, auch am 24. Dezember keine Unzeit dar (BAG vom 14.11.1984, DB 1985, 2003).

Der Inhalt einer Kündigung
Die Kündigung muss zwingend erkennen lassen, zu welchem Zeitpunkt das Arbeitsverhältnis enden soll. Dagegen ist eine Begründung der Kündigung mangels ausdrücklicher anderslautender Vereinbarung grundsätzlich kein Wirksamkeitserfordernis (BAG vom 17.8.1972, DB 1973, 481). Die gesetzlichen Begründungspflichten bei der außerordentlichen Kündigung nach § 626 Abs. 2 BGB und im Rahmen von Berufsausbildungsverhältnissen nach § 15 Abs. 3 BBiG kennen Sie schon (dazu unter *Die außerordentliche Kündigung* ab Seite 207 und unter *Besondere Vertragsarten* ab Seite 112). Widerspricht ein Betriebsrat nach § 102 Abs. 4 BetrVG der Kündigung (dazu ausführlich unter *Die Beteiligung des Betriebsrats bei Kündigungen* ab Seite 245), so ist der Kündigung diese schriftliche Stellungnahme beizufügen. Allerdings ist diese Verpflichtung keine Wirksamkeitsvoraussetzung für die Kündigung. Die Kündigungserklärung muss klar und eindeutig sein. Unklarheiten gehen immer zu Lasten des Kündigenden (BAG vom 11.6.1959, DB 1959, 892). Aus der Erklärung muss zweifelsfrei folgen, dass das Arbeitsverhältnis zu einem bestimmten Zeitpunkt, fristgerecht oder fristlos enden soll (BAG vom 13.1.1982, DB 1982, 2577). Die Erklärung, dass das Arbeitsverhältnis »zum nächstmöglichen Zeitpunkt« gekündigt werde, ist ausreichend (BAG vom 18.4.1985, DB 1985, 2255).

Die Kündigungsberechtigung
Im Rahmen der Kündigung eines Arbeitsverhältnisses können sich sowohl der Kündigende nach § 164 Abs. 1 BGB beim Ausspruch der Kündigung als auch der Gekündigte nach § 164 Abs. 3 BGB beim Empfang der Kündigung vertreten lassen. Legt der bevoll-

mächtigte Vertreter bei der Kündigung keine schriftliche Vollmacht im Original vor, so kann sie der Gekündigte aus diesem Grund (sofort) zurückweisen (§ 174 Satz 1 BGB) mit der Folge, dass diese Kündigung unwirksam ist (BAG vom 4.2.1981, DB 1981, 1874) und erneut ausgesprochen werden muss. Dabei ist zu beachten, dass im Falle der Vertretung bei der Zurückweisung ebenfalls die Vollmacht im Original vorzulegen ist, weil ansonsten das Zurückweisen seinerseits nach § 174 Satz 1 BGB unwirksam werden kann. Die Vorlage ist kraft Gesetzes nicht erforderlich beim besonderen Vertreter im Sinne des § 30 BGB (Verein als Arbeitgeber), ferner, wenn der Gekündigte die Vertretungsbefugnis kennt (§ 174 Satz 2 BGB) bzw. sich so behandeln lassen muss. Dies ist grundsätzlich der Fall, wenn die Kündigung vom vertretungsberechtigten Prokuristen, vom Handlungsbevollmächtigten oder vom Personalleiter ausgesprochen wird (BAG vom 29.10.1992, DB 1993, 541). Dagegen bedarf es etwa bei der Kündigung durch einen Prozessbevollmächtigten (Rechtsanwalt) des Kündigenden der Vorlage einer ausdrücklichen Vollmacht (BAG vom 10.8.1977, DB 1978, 1042).

Der Zugang der Kündigung

Der Zeitpunkt, in dem die Kündigung zugeht, ist entscheidend für den Beginn der Kündigungsfrist. Die Kündigung ist zugegangen, wenn derjenige, an den sie gerichtet ist, unter gewöhnlichen Verhältnissen von ihr Kenntnis nehmen kann (BAG vom 2.3.1989, DB 1989, 2619). Während der Zugang unter Anwesenden wenig Probleme bereitet, ergeben sich in der Praxis oft Schwierigkeiten, wenn die Kündigung einem Abwesenden zugestellt wird. Denken Sie z.B. an die Fälle, in denen Sie verreist sind, im Krankenhaus zur Genesung liegen, der Kündigungsbrief spät abends in Ihren Briefkasten geworfen wird oder ähnliche Begebenheiten.

Mit der Einführung der zwingenden Schriftform der Kündigungserklärung nach § 623 BGB seit dem 1. Mai 2000 durch das Arbeitsgerichtsbeschleunigungsgesetz (BGBl. I, 333) sind die Rechtsprobleme der mündlich ausgesprochenen Kündigung als gelöst anzusehen. Damit hat insbesondere § 147 Abs. 1 Satz 2 BGB, der die fernmündlich ausgesprochene Kündigung einer mündlichen Kündigung gleichstellt, seine Bedeutung verloren. Dagegen bleibt es dabei, dass die Übergabe einer schriftlichen Kündigung in diesem Moment zugeht, unabhängig davon, wann der Gekündigte sie liest.

Die einem **Abwesenden** gegenüber erklärte Kündigung geht zu und wird somit wirksam, wenn sie so in dessen Machtbereich gelangt ist, dass der Empfänger unter gewöhnlichen Umständen davon Kenntnis nehmen kann. Entscheidend ist mithin, wann der Gekündigte von der Kündigung hätte Kenntnis nehmen, nicht dagegen, wann er tatsächlich Kenntnis genommen hat (BAG vom 11. 11. 1992, DB 1993, 487). Mit dem Einwurf in den Briefkasten geht die Kündigungserklärung zu, wenn und sobald mit der Leerung durch den Empfänger zu rechnen ist. Wird eine Kündigungserklärung am letzten Tag, der der Einhaltung einer Frist dient, spät abends um 23 Uhr in den Briefkasten des Gekündigten eingeworfen, so geht sie erst am nächsten Tag zu und ist damit verfristet, da üblicherweise Briefkästen nicht erst um 23 Uhr abends geleert werden (BAG vom 8. 12. 1983, DB 84, 1202). Werden Briefsendungen postlagernd oder per Postfach zugestellt, so liegt Zugang in dem Moment vor, in dem die Post die Sendung zum Abholen bereithält und üblicherweise mit der Abholung gerechnet werden kann (BAG vom 24. 10. 1985, DB 1986, 652). Ist der Empfänger vorübergehend abwesend (Urlaub, Krankenhausaufenthalt etc.), so geht die Kündigungserklärung mit der Zustellung und nicht erst mit der Rückkehr und Kenntnisnahme zu (BAG vom 2. 3. 1989, DB 1989, 2619). Wusste der Kündigende von der Abwesenheit und nutzt diese gerade aus, um eine Frist in Gang zu setzen, so hindert dies den Zugang nach dem Grundsatz treuwidrigen Verhaltens im Sinne des § 242 BGB (dazu BAG, NJW 1989, 606, 2213). Wird die Kündigungserklärung einem sog. Empfangsboten (Vermieter, Hausangestellte, Familienangehörige und Lebensgefährte) übergeben, so ist sie in diesem Moment zugegangen. Ein Einschreiben geht nicht schon mit dem Einwurf des Benachrichtungsschreibens, sondern erst mit Abholung des Schreibens zu (BAG vom 24. 10. 1985, DB 1986, 652). Etwas anderes gilt nur dann, wenn der Empfänger in Erwartung des Kündigungsschreibens das Schreiben trotz Benachrichtigung nicht abholt (BAG vom 3. 4. 1986, DB 1986, 2336). Ob das seit jüngster Zeit von der Deutschen Post AG angebotene Einwurfeinschreiben, bei dem der Zusteller den Einwurf des Schreibens dokumentiert, wie eine normale Briefsendung (Zugang mit Einwurf) zu bewerten ist und wie beim Bestreitensfall des Zugangs die Dokumentation des Briefzustellers zu behandeln ist, ist höchstrichterlich noch nicht entschieden. Wird das Kündigungsschreiben mittels Zustellung im Sinne der Vorschriften der §§ 166 ff. (insbesondere Postzustellungsurkunde nach § 195) ZPO versandt, so geht es bereits mit der Benachrichtigung über die Niederlegung zu.

Für den Zugang trifft denjenigen die **Beweislast**, der sich auf den Zugang beruft (BGH, NJW 1996, 2035).

Die Umdeutung von Kündigungserklärungen

Eine unwirksame Kündigung kann grundsätzlich nach § 140 BGB in eine wirksame Kündigung umgedeutet werden. So kann etwa eine unwirksame außerordentliche Kündigung in eine ordentliche Kündigung umgedeutet werden, wenn es erkennbarer Wille des Kündigenden ist, das Arbeitsverhältnis in jedem Fall beenden zu wollen (BAG vom 13. 8. 1987, DB 1988, 813). Wurde aber der Betriebsrat (was die Regel sein dürfte) nur nach § 102 BetrVG zur außerordentlichen und nicht auch – wenn auch nur hilfsweise – zu einer ordentlichen Kündigung gehört, so scheitert die Umdeutung an der fehlenden Beteiligung des Betriebsrats, die Kündigung ist folglich unwirksam (§ 102 Abs. 1 Satz 3 BetrVG; dazu ausführlicher unter *Die Beteiligung des Betriebsrats bei Kündigungen* ab Seite 242). Hat aber der Betriebsrat der außerordentlichen Kündigung ausdrücklich und ohne Vorbehalt zugestimmt, so ist darin auch die Beteiligung zu einer ordentlichen Kündigung zu sehen (BAG vom 12. 7. 1984, DB 1985, 340). Angesichts der in tatsächlicher und rechtlicher Hinsicht unterschiedlichen Qualität der Beteiligungsrechte des Betriebsrats bei der außerordentlichen und bei der ordentlichen Kündigung (dazu unter *Die Beteiligung des Betriebsrats bei Kündigungen* ab Seite 242) ist diese Rechtsmeinung abzulehnen. Dagegen ist die Umdeutung einer ordentlichen Kündigung in eine außerordentliche Kündigung schlichtweg ausgeschlossen, weil dies zu einer Umgehung der Kündigungsfristen führen würde (BAG vom 14. 10. 1975, DB 1976, 104).

Die Beseitigung einer Kündigung

Die Kündigung wird, wie Sie nun wissen, mit dem Zugang beim Empfänger wirksam. Dennoch können beide Vertragsparteien durch einvernehmliche Vereinbarung den Eintritt der Rechtsfolge, die Beendigung des Arbeitsverhältnisses, aufheben und das Arbeitsverhältnis unverändert fortsetzen. Dagegen kann eine Kündigung noch gleichzeitig mit ihrem Zugang beim Empfänger einseitig widerrufen werden (§ 130 Abs. 1 Satz 2 BGB). Dagegen ist die Rücknahme der Kündigung nach Zugang ausgeschlossen (BAG vom 29. 1. 1981, DB 1981, 2438). In der Rücknahme der Kündigung kann jedoch ein Angebot auf Fortsetzung des Arbeitsverhältnisses gesehen werden. Wird dieses Angebot noch im Laufe der Kündigungsfrist angenommen, so heben beide Vertragspartner – wie bei der einvernehmlichen Beseitigung der Kündigung – die Rechtsfolge der wirksamen Kündigung auf, und das Arbeitsverhältnis wird unverändert fortgesetzt. Wird das Angebot erst nach Ablauf der Kündigungsfrist angenommen, so kommt es zum Abschluss eines neuen Arbeitsvertrages zu unveränderten Bedingungen (zu undifferenziert Küttner/Eisemann, in: Personalhandbuch 1998, S. 1192, Rdnr. 65). Wie jede Willenserklärung kann auch die Kündigungserklärung angefochten werden (dazu ausführlich unter *Das Ende des Arbeitsverhältnisses – vor dem Beginn* ab Seite 70).

Das Nachschieben von Kündigungsgründen

Häufig erfährt ein Arbeitgeber erst nach Ausspruch der Kündigung weitere Tatsachen, die die Kündigung rechtfertigen können. Liegen diese Gründe vor dem Ausspruch der Kündigung, können sie grundsätzlich nachgeschoben werden. Dies gilt unabhängig von der Frage, ob sie dem Kündigenden beim Zugang der Kündigung bekannt waren oder nicht (BAG vom 4. 6. 1997 – 2 AZR 362/96 –). Waren diese Gründe dem Arbeitgeber allerdings beim Ausspruch der Kündigung bereits bekannt, so kann er sie wegen § 102 Abs. 1 Satz 2 BetrVG nur dann nachschieben, wenn er sie dem Betriebsrat mitgeteilt hat. Waren die Gründe dem Arbeitgeber bei Ausspruch der Kündigung nicht bekannt, kann er sie ebenfalls nur dann nachschieben, wenn er den Betriebsrat auch zu diesen Gründen nach § 102 BetrVG nachträglich anhört (BAG vom 28. 2. 1990, DB 1990, 2430). Gründe, die erst nach dem Zugang der Kündigung entstanden sind, können nicht nachgeschoben werden. Sie können allenfalls eine neue Kündigung rechtfertigen (BAG vom 8. 8. 1968, DB 1968, 1816), wobei dann erneut das Verfahren nach § 102 BetrVG einzuhalten ist. Dagegen schließt die Frist des § 626 Abs. 2 BGB das Nachschieben nachträglich bekannt gewordener Gründe nicht schon deswegen aus, weil die Zweiwochenfrist abgelaufen ist. Die Frist des § 626 Abs. 2 BGB bezieht sich auf die Ausübung des Kündigungsrechts und nicht auf die zugrunde liegenden Kündigungsgründe (BAG vom 4. 6. 1997, NZA 1997, 158).

3. Die Kündigung nach dem KSchG

Die Anwendbarkeit des allgemeinen Kündigungsschutzes nach dem KSchG ist an gewisse Bedingungen geknüpft. **Außerhalb dieses allgemeinen Kündigungsschutzes** ist der **besondere Kündigungsschutz** etwa nach dem MuSchG, dem SchwbG etc. (dazu ausführlicher unter *Besonderer Kündigungsschutz* ab Seite 256) zu beachten. Daneben gibt es aber noch eine Reihe von **allgemeinen**

Unwirksamkeitsgründen, die eine Kündigung angreifbar machen, ohne dass die Anwendbarkeit des allgemeinen Kündigungsschutzes gegeben sein muss. Bevor auf den Kündigungsschutz nach den Vorschriften des KSchG eingegangen wird, sollen zunächst einige wichtige Unwirksamkeitsgründe **außerhalb des Geltungsbereichs des KSchG** dargestellt werden. Dabei legt die Rechtsprechung strenge Maßstäbe an diese Unwirksamkeitsgründe, um so eine Ausweitung des KSchG über seinen gesetzlichen Geltungsbereich hinaus auszuschließen.

Die nach § 138 BGB sittenwidrige Kündigung
Sittenwidrig ist eine Kündigung nur dann, wenn sie dem Anstandsgefühl aller billig und gerecht Denkenden widerspricht. Dies gilt insbesondere dann, wenn Rachsucht oder Vergeltung Motiv der Kündigung sind (BAG vom 19.7.1973, DB 1973, 2307). So ist auch eine Kündigung, die wegen Krankheit ausgesprochen wird, sittenwidrig, wenn sie der Arbeitgeber selbst verursacht hat (BAG 8.6.1972, DB 1972, 2070) oder wenn die Beihilfe zu einer Straftat abgelehnt wurde und aus diesem Grund gekündigt wird (ArbG Göttingen, DB 1961, 1296). Sittenwidrig ist auch eine Kündigung, die deswegen ausgesprochen wird, weil ein/e Arbeitnehmer/in sexuelle Beziehungen abgelehnt hat. Dagegen ist ein Bezug auf das »Anstandsgefühl der Allgemeinheit« ausgeschlossen, wenn eine Kündigung unter Berufung auf anerkannte Rechtsgrundsätze zulässig ist. Dies ist etwa bei Kündigungen im kirchlichen oder religiösen Bereich der Fall, wenn der Kündigungsgrund im Verstoß gegen die Regeln der Glaubensgemeinschaft liegt (BAG vom 24.4.1997 – 2 AZR 268/96 –).

Die nach § 242 BGB treuwidrige Kündigung
Gerade über § 242 BGB kann keine Ausdehnung des Anwendungsbereiches des KSchG erfolgen. Das Kündigungsschutzgesetz konkretisiert für seinen Anwendungsbereich den Grundsatz von Treu und Glauben nach § 242 BGB (BAG vom 23.6.1994, DB 1994,

2190). Nur soweit dieser Grundsatz nicht bereits seinen Niederschlag im KSchG, gefunden hat, also darüber hinausgeht, kann eine Kündigung wegen Verstoßes gegen § 242 BGB unwirksam sein. Kündigt ein Arbeitgeber kurz vor dem Eintritt der Wartezeit des § 1 Abs. 1 KSchG, nur um dem Arbeitnehmer den Kündigungsschutz zu nehmen, so liegt ein Verstoß gegen § 242 BGB vor (BAG vom 28. 9. 1978, DB 1979, 1135). Wird die Kündigung gegenüber einem ansonsten untadeligen Arbeitnehmer ausschließlich wegen dessen privaten Lebensumständen ausgesprochen, so ist sie ebenfalls treuwidrig (BAG vom 23. 6. 1994, DB 1994, 2190 wegen Homosexualität).

Die wegen Verstoßes gegen das Diskriminierungsverbot und gegen das Maßregelungsverbot unwirksame Kündigung
§ 611a BGB verbietet eine Kündigung, die ihren ausschließlichen Grund im Geschlecht eines Arbeitnehmers hat (BAG vom 28. 9. 1972, DB 1972, 2356). Unzulässig ist auch die sog. mittelbare Diskriminierung. Diese liegt vor, wenn Arbeitnehmer eines Geschlechts ohne sachlichen Grund ausschließlich oder vorrangig von Kündigungen betroffen sind. Macht ein Arbeitnehmer von seinen ihm zustehenden Rechten Gebrauch und wird aus diesem Grund gekündigt, ist diese Kündigung wegen Verstoßes gegen das Maßregelungsverbot nach § 612a BGB unwirksam. Dies ist z. B. der Fall, wenn die Kündigung wegen Betätigung für eine Gewerkschaft im Betrieb erfolgt (LAG Hamm vom 18. 12. 1987). Drängt ein Arbeitgeber einen Arbeitnehmer zur Arbeitsverweigerung, weil er ihn nach gewonnener Kündigungsschutzklage auf diesem Weg fristlos entlassen will, liegt ebenfalls ein Verstoß gegen § 612a BGB vor (LAG Schleswig-Holstein vom 25. 7. 1989).

a) Die Voraussetzungen der Anwendbarkeit des KSchG

Kündigungsschutz nach den Vorschriften des KSchG genießen nur Arbeitnehmer, deren Arbeitsverhältnis in demselben Betrieb oder Unternehmen beim Zugang der Kündigung länger als sechs Monate besteht (§ 1 Abs. 1 KSchG). Dabei bleiben tatsächliche Unterbrechungen (Urlaub, Krankheit) völlig und Unterbrechungen aus rechtlichen Gründen (mehrere befristete Arbeitsverträge hintereinander) unberücksichtigt, wenn zwischen den mehreren kurzfristigen Arbeitsverhältnissen ein enger sachlicher Zusammenhang besteht (BAG vom 18. 1. 1979, DB 1979, 1754). So sind Zeiten eines vorangegangenen Ausbildungsverhältnisses ebenso anzurechnen wie ein vorangegangenes befristetes Arbeitsverhältnis (BAG vom 6. 12. 1976, DB 1977, 213 und vom 12. 2. 1982, DB 1981, 2498). Insgesamt ist für die Beurteilung des engen sachlichen Zusammenhangs auf die Definition und Rechtsprechung zu § 1 Abs. 3 BeschFG Bezug zu nehmen (zustimmend Etzel in: Gemeinschaftskommentar zum KSchG, § 1 Rdnr. 117. Dagegen a. A. BAG vom 10. 5. 1989, BB 1990, 214 und vom 20. 8. 1998, FA 1999, 21).

Weiterhin ist die Anwendbarkeit der Regeln des allgemeinen Kündigungsschutzes ausgeschlossen, wenn in dem betreffenden Betrieb nicht regelmäßig wenigstens sechs Arbeitnehmer beschäftigt werden. Bei der Feststellung der Anzahl der Arbeitnehmer sind Auszubildende überhaupt nicht (§ 23 Abs. 1 Satz 2 KSchG) und Teilzeitkräfte entsprechend ihrer wöchentlichen Arbeitszeit nur anteilmäßig zu berücksichtigen. Teilzeitkräfte mit nicht mehr als 20 Stunden wöchentlich werden mit einem Faktor 0,5 und Teilzeitbeschäftigte mit einer wöchentlichen Arbeitszeit von nicht mehr als 30 Stunden mit einem Faktor 0,75 berücksichtigt (§ 23 Abs. 1 Satz 3 KSchG). Diese Quotelung kennen Sie bereits von § 622 Abs. 5 Nr. 2 BGB (dazu ausführlich unter *Die Beendigung des Arbeitsverhältnisses – Die ordentliche Kündigung* ab Seite 205). So findet der allgemeine Kündigungsschutz in Betrieben, in denen elf Arbeitnehmer mit jeweils 20 Stunden in der Woche beschäftigt sind, keine Anwendung.

Das BVerfG hat sich in seinem Beschluss vom 27.1.1998 (– 1 BvL 15/87 –, EzA § 23 KSchG Nr. 17, 18) mit der Verfassungsmäßigkeit der sog. **Kleinbetriebsklausel** auseinandergesetzt. Danach ist zwar die Klausel grundsätzlich verfassungskonform, allerdings ist der Begriff »Betrieb« im Wege der verfassungskonformen Auslegung auf solche Organisationen zu beschränken, für deren Schutz die Klausel ursprünglich gedacht war. Das sind in erster Linie die kleinen Familienbetriebe, in denen der Inhaber selbst noch mitarbeitet. Das BAG hat mit seinem Urteil vom 12.11.1998 (– 2 AZR 459/97 –, FA 1999, 68) erstmals vorsichtig die seit Jahrzehnten vorgenommene strenge Trennung von Unternehmens- und Betriebsbegriff gelockert. So lässt es in den Fällen, in denen verschiedene Betriebe eines Unternehmens in Kernfragen des sozialen und personellen Bereichs durch eine einheitliche institutionelle Leitung gelenkt werden, eine betriebsübergreifende Feststellung der nach § 23 Abs. 1 Satz 2 KSchG erforderlichen Beschäftigtenzahl zu. Gleiches gilt, wenn offenkundig die Anwendbarkeit des KSchG, etwa durch die Ausgliederung in Kleinbetriebe, umgangen werden soll. Mit Urteil vom 29.4.1999 (– 2 AZR 352/98 –, EzA § 23 KSchG Nr. 21) hat das BAG einer weitergehenden Ausdehnung des § 23 KSchG ausdrücklich widersprochen.

b) Die Kündigungsarten nach dem KSchG

Das KSchG erklärt ordentliche Kündigungen für unwirksam, wenn sie **nicht sozial gerechtfertigt sind** (§ 1 Abs. 1 KSchG). Danach ist eine ordentliche Kündigung sozial ungerechtfertigt, wenn sie nicht durch Gründe, die in der Person (**personenbedingte Kündigung**) oder im Verhalten (**verhaltensbedingte Kündigung**) des Arbeitnehmers liegen oder durch dringende betriebliche Gründe (**betriebsbedingte Kündigung**) bedingt ist. Ausfluss des Gedankens der sozial vertretbaren Kündigung ist der Grundsatz der Verhältnismäßigkeit, der das ganze Kündigungsrecht beherrscht. Da der Arbeitnehmer durch die Kündigung in der Regel nachhaltig in seiner Existenzgrundlage getroffen wird, muss die Kündigung das letzte Mittel zur Beilegung des vertraglichen Konflikts darstellen (sog. **ultima-ratio-Prinzip**). Deshalb muss der Arbeitgeber vor Ausspruch einer Kündigung versuchen, diese durch andere, angemessene Maßnahmen zu vermeiden. Insbesondere muss er prüfen, ob eine Weiterbeschäftigungsmöglichkeit auf einem anderen freien Arbeitsplatz im Betrieb oder in einem anderen Betrieb des Unternehmens möglich ist. Diese Weiterbeschäftigungsmöglichkeit kann u. U. auch erst nach einer zumutbaren Umschulungs- oder Fortbildungsmaßnahme oder durch Ausspruch einer Änderungskündigung gegeben sein (§ 1 Abs. 2 Satz 2 Nr. 15 und Satz 3 KSchG).

Danach muss ein **Arbeitgeber vor Ausspruch einer Beendigungskündigung nach dem KSchG folgende Fragen prüfen:**

– Geben Gründe, die in der Person oder im Verhalten des Arbeitnehmers liegen, einen Anlass für die auszusprechende Kündigung, bzw. bewirken dringende betriebliche Interessen die Kündigung?

Wenn einer oder mehrere Gründe dieser Art vorliegen:

– Wird die Fortsetzung des Arbeitsverhältnisses aus diesen Gründen für den Arbeitgeber unzumutbar? Die Beantwortung dieser Frage erfolgt im Rahmen einer Interessensabwägung, die je nach Kündigungsgrund verschieden ist (dazu unter der jeweiligen Kündigungsart). Entscheidend ist dabei, ob zum Zeitpunkt des Ausspruchs der Kündigung solche schwerwiegenden Gründe gegeben sind, die das Arbeitsverhältnis zukünftig derart beeinträchtigen, dass es zur Beendigung kommen muss. Die Kündigung dient nicht der Vergangenheitsbewältigung, sondern dem Ausschluss weiterer Beeinträchtigungen des Arbeitsverhältnisses durch den Arbeitnehmer (sog. **negative Zukunftsprognose**).

Unzumutbarkeit ist in jedem Fall zu verneinen,

– wenn der Arbeitnehmer an einem anderen Arbeitsplatz in demselben Betrieb oder in einem anderen Betrieb des Unternehmens weiterbeschäftigt werden kann und der Betriebsrat aus diesem Grund der Kündigung nach § 102 Abs. 2 Satz 1 BetrVG schriftlich widersprochen hat, oder

– wenn die Kündigung gegen eine Auswahlrichtlinie im Sinne des § 95 BetrVG (dazu ausführlicher unter *Überblick über das BetrVG* ab Seite 270) verstößt und der Betriebsrat deswegen der Kündigung nach § 102 Abs. 2 Satz 1 BetrVG widersprochen hat.

Unzumutbarkeit ist aber auch dann zu verneinen,

– wenn die Weiterbeschäftigung des Arbeitnehmers nach zumutbaren Umschulungs- oder Fortbildungsmaßnahmen möglich wird und der Arbeitnehmer damit einverstanden ist, oder

– wenn die Weiterbeschäftigung des Arbeitnehmers zu geänderten Arbeitsbedingungen möglich ist und der Arbeitnehmer damit einverstanden ist (Änderungsvereinbarung). Nimmt der Arbeitnehmer das Änderungsangebot unter Vorbehalt an (Änderungskündigung), so kann er die soziale Rechtfertigung der Änderung nach § 2 KSchG gerichtlich überprüfen lassen (dazu unter *Die Änderungskündigung* ab Seite 212 und unter *Der Kündigungsschutzprozess* ab Seite 248).

Wenn keiner dieser absoluten Gründe (§ 1 Abs. 2 Satz 2 und Satz 3 KSchG) für eine sozialwidrige Kündigung vorliegt, kann der Arbeitgeber die Beendigungskündigung aussprechen, sofern ein Kündigungsgrund im Sinne des § 1 Abs. 2 Satz 1 KSchG vorliegt. Dabei sind je nach Kündigungsart unterschiedliche Kriterien zu beachten:

aa) Die betriebsbedingte Kündigung

Anlass für eine betriebsbedingte Kündigung sind Veränderungen, die der Betriebsinhaber im Rahmen seiner Rechte als freier Unternehmer (Art. 12 Abs. 1 Satz 1 und Art. 14 Abs. 1 Satz 1 GG: das sog. Recht des eingerichteten und ausgeübten Gewerbebetriebes) infolge inner- oder außerbetrieblicher Umstände vornimmt. Es ist das Recht des Unternehmers frei darüber zu entscheiden, was, wie viel und mit wem er produzieren will. So kann sich die Notwendigkeit der betriebsbedingten Kündigung aus dem Umstand ergeben, dass ein Unternehmer seinen Personalstand verkleinern und verstärkt mechanisch produzieren will, dass er weniger Produkte produzieren will, dass er gewisse Produkte nicht mehr selbst produziert, sondern sich bei Fremdfirmen einkauft oder den Betrieb ganz oder teilweise schließen will. Der Anlass kann aber auch von außen kommen, so etwa, wenn Aufträge verloren gehen oder wenn Kosten eingespart werden müssen, um am freien Wettbewerbsmarkt konkurrenzfähig bleiben zu können.

Die Überprüfung der Rechtmäßigkeit der betriebsbedingten Kündigung erfolgt in mehreren Schritten.

- **1. Schritt:**

  Entscheidet sich ein Unternehmer zum Personalabbau, so ist diese Entscheidung vom Arbeitsgericht im Rahmen einer Kündigungsschutzklage nur daraufhin zu überprüfen, ob sie offensichtlich unsachlich oder willkürlich ist (BAG vom 30. 4. 1987, DB 1987, 2207). So kann das Gericht prüfen, ob die vom Arbeitgeber behaupteten inner- oder außerbetrieblichen Gründe (z. B. Verlust eines Auftrags, organisatorische Veränderungen) tatsächlich vorliegen und zum Wegfall von Arbeitsplätzen führen (BAG vom 15. 6. 1989, DB 1989, 2384 und vom 17. 6. 1999, BB 1999, 2408). Dieses Prüfungsrecht folgt aus der Sozialpflichtigkeit des Eigentums nach Art. 14 Abs. 2 GG und den gesetzlichen Schranken des Eigentums nach Art. 14 Abs. 1 Satz 2 GG.

- **2. Schritt:**

  Eine weitere Einschränkung erfährt die Entscheidungskompetenz des Arbeitgebers durch das Erfordernis, dass die betrieblichen Gründe nach § 1 Abs. 2 KSchG **dringend** die Konsequenz der Kündigung erfordern, sie mithin unvermeidbar machen (ultima-ratio-Gedanke: BAG vom 29. 3. 1990, DB 1991, 173 und vom 18. 1. 1990, DB 1990, 1773). Daran fehlt es schon, wenn einer der absoluten Gründe für die Sozialwidrigkeit im Sinne des § 1 Abs. 2 Satz 2 und 3 KSchG vorliegt und der Betriebsrat nach § 102 Abs. 2 Satz 1 BetrVG aus diesen Gründen der Kündigung widersprochen hat.

Die Gründe im Einzelnen:

Freier, vergleichbarer, gleichwertiger Arbeitsplatz
(§ 1 Abs. 2 Satz 2 Nr. 1b KSchG)
Vergleichbar und gleichwertig ist ein Arbeitsplatz, auf dem der Arbeitgeber den Arbeitnehmer kraft seines Direktionsrechts (dazu ausführlich unter *Das Recht und die Pflicht zur Arbeitsleistung* ab Seite 116 und unter *Die Rechtsgrundlage Direktionsrecht* ab Seite 86) ohne Änderung des Arbeitsvertrages weiterbeschäftigen kann (BAG vom 29. 3. 1990, DB 1991, 173). Frei sind die zum Zeitpunkt der Kündigung unbesetzten Arbeitsplätze. Wird ein noch besetzter Arbeitsplatz bis zum Ablauf der Kündigungsfrist des betroffenen Arbeitnehmers frei, so ist dieser ebenfalls als frei anzusehen (BAG vom 29. 3. 1990, DB 1991, 173). Wird ein Arbeitsplatz erst nach Ablauf der Kündigungsfrist des betroffenen Arbeitnehmers frei, so ist zu prüfen, ob dem Arbeitgeber die Überbrückung dieses Zeitraums (etwa durch Gewährung von Urlaub, Abbau von Überstunden oder für Einarbeitungszeiten) zumutbar ist (BAG vom 15. 12. 1994, DB 1995, 979). Dagegen ist der Arbeitgeber nicht zur Schaffung eines neuen Arbeitsplatzes verpflichtet (BAG vom 3. 2. 1977, DB 1977, 1320). Verhindert ein Arbeitgeber die mögliche Weiterbeschäftigung, indem er einen freien und vergleichbaren Arbeitsplatz, etwa durch eine Neueinstellung in zeitlicher Nähe zur Kündigung des betroffenen Arbeitnehmers, besetzt, so handelt er treuwidrig (§ 242 BGB) und die Kündigung ist aus diesem Grund unwirksam (vgl. bzgl. des Weiterbeschäftigungsanspruchs des Auszubildenden, der Mitglied in der Jugend- und Auszubildendenvertretung ist, FKHE, Handkommentar zum BetrVG, 18. A., § 78a Rdnr. 46). Die Möglichkeit der Weiterbeschäftigung ist auf alle Betriebe eines Unternehmens zu beziehen, dagegen grundsätzlich nicht auf alle Unternehmen eines Konzerns. Ausnahmsweise besteht lediglich aufgrund ausdrücklicher Vereinbarung in einem Tarif- oder Einzelvertrag oder einer Betriebsvereinbarung ein solcher Vergleichsansatz. Gleiches gilt für den Fall, dass der Arbeitnehmer

mehrfach innerhalb des Konzerns eingesetzt wurde und nunmehr gerade wegen des Wegfalls dieser Tätigkeit in seinem Stammbetrieb oder -unternehmen der Arbeitsplatz wegfallen soll (dazu insgesamt BAG vom 27.11.1991, DB 1992, 1247).

Sind mehrere Arbeitnehmer von einer drohenden betriebsbedingten Kündigung betroffen, stehen aber nicht genügend freie Arbeitsplätze zur Weiterbeschäftigung im Wege der Versetzung zur Verfügung, so sind die Grundsätze der Sozialauswahl auch bei der Auswahl der zu versetzenden Arbeitnehmer zu berücksichtigen (LAG Köln vom 15.8.1996, NZA 1997, 887).

Zumutbare Umschulungs- oder Fortbildungsmaßnahme
Eine Verpflichtung zur Weiterbeschäftigung besteht ferner, wenn diese nach Durchführung einer zumutbaren Fortbildungs- oder Umschulungsmaßnahme auf einem freien Arbeitsplatz erfolgen kann. Die Beurteilung der Zumutbarkeit bezieht sich allein auf den Arbeitgeber und ist zu verneinen, wenn sie nicht innerhalb einer vertretbaren Zeit (gewöhnliche Einarbeitungszeit) oder mit vertretbarem Aufwand erfolgen kann (Schaub, Arbeitsrechtshandbuch, 9.A., S.1195 d). Der Arbeitnehmer muss zur Umschulung bereit und fähig sein (LAG Düsseldorf vom 17.10.1972, DB 1973, 2307).

Weiterbeschäftigung zu geänderten (schlechteren) Bedingungen
Der Arbeitgeber muss vor oder statt dem Ausspruch einer Beendigungskündigung von sich aus dem Arbeitnehmer die Weiterbeschäftigung auf einem freien Arbeitsplatz zu geänderten Bedingungen anbieten, wenn dies beiden Vertragsparteien zumutbar ist. Er muss zugleich betonen, dass er im Falle des vorbehaltlosen Ablehnens eine Beendigungskündigung aussprechen wird. Nach Ansicht des BAG (vom 29.3.1990, DB 1991, 173) soll dem Arbeitnehmer dann eine Überlegungsfrist von einer Woche zustehen. Diese Meinung ist abzulehnen, denn nach §§ 2 und 4 KSchG hat der Arbeitnehmer drei Wochen Zeit, die Rechtmäßigkeit einer Änderungskündigung gerichtlich überprüfen zu lassen. Der gleiche Zeitraum

muss ihm auch als Überlegungszeitraum zustehen. Lehnt er das Änderungsangebot ab, so kommt es zur Beendigungskündigung, wobei sich der Arbeitnehmer in einem Kündigungschutzprozess nunmehr auf die anderweitige Beschäftigungsmöglichkeit nicht mehr berufen kann. Bei dieser betriebsbedingten Änderungskündigung sind grundsätzlich dieselben Kriterien wie bei einer betriebsbedingten Beendigungskündigung zu beachten. Allerdings ist die Rechtmäßigkeit der Sozialauswahl nur bezogen auf die Veränderung der Arbeitsbedingungen zu überprüfen. So sind z. B. Unterhaltsverpflichtungen ohne Bedeutung, wenn durch die veränderten Arbeitsbedingungen keine Einkommenseinbuße eintritt. Dagegen stellen Lebensalter und Betriebszugehörigkeit grundsätzliche Kriterien dar. Widerspricht allerdings der Betriebsrat der Änderungskündigung nach § 102 Abs. 2 BetrVG und legt der Arbeitnehmer Änderungsschutzklage nach § 2 KSchG ein, so muss er nach § 102 Abs. 5 BetrVG auf sein Verlangen hin zu ungeänderten Bedingungen weiterbeschäftigt werden (dazu ausführlich unter *Die Beteiligung des Betriebsrats bei Kündigungen* ab Seite 245).

- **3. Schritt:**

  Des Weiteren ist erforderlich, dass die Gründe **betriebs- und arbeitsplatzbezogen** Auswirkungen haben. Das bedeutet z. B., dass sich die Überprüfung der betriebsbedingten Kündigung nicht auf die Verhältnisse eines Betriebsteils beschränken lässt. Es ist vielmehr auf den gesamten Betrieb abzustellen. So führt die Stilllegung eines Betriebsteils nicht automatisch zur betriebsbedingten Kündigung, sondern erst dann, wenn eine Weiterbeschäftigung im ganzen Betrieb oder Unternehmen nicht möglich ist (BAG vom 17. 5. 1984, DB 1985, 1190). Der Bezug der Umstände zum Arbeitsplatz ist nicht erst dann gegeben, wenn der konkrete Arbeitsplatz wegfällt, sondern schon dann, wenn das Bedürfnis zur Weiterbeschäftigung des Arbeitnehmers insgesamt entfallen ist (BAG vom 30. 5. 1985, DB 1986, 232). Kündigt ein Großbäcker von zehn Gesellen zwei Gesellen, weil der Absatz von Kuchen erheblich nachgelassen hat, so sind davon nicht nur die Gesellen betroffen, die ausschließlich oder überwiegend Kuchen gebacken haben, sondern alle zehn Gesellen.

- **4. Schritt:**
  Aber auch wenn nach alledem dringende betriebliche Gründe für eine Kündigung vorliegen, kann sie infolge **fehlender oder nur mangelhafter Sozialauswahl** dennoch rechtsunwirksam sein (§ 1 Abs. 3 Satz 1 KSchG). Bei diesem Prüfschritt geht es nicht mehr um die Frage, ob rechtswirksam wegen dringender betrieblicher Gründe gekündigt werden kann, sondern allein um die Frage, wem wirksam gekündigt werden kann. Nach der erneuten Änderung des § 1 Abs. 3 KSchG durch die neue Bundesregierung gelten nun wieder als Kriterien der Sozialauswahl alle von der Rechtsprechung vor dem Jahr 1996 entwickelten sozialen Gesichtspunkte wie Lebensalter, Betriebszugehörigkeit, Unterhaltsverpflichtungen und das gesamte soziale Umfeld (Erkrankungen, Schwerbehinderung, betreuungspflichtige Angehörige, Einkommenssituation des Ehegatten, Vermittlungschancen auf dem Arbeitsmarkt etc.). Die **Prüfung der Sozialauswahl** ist kompliziert und läuft **in mehreren Schritten** ab:

Der betroffene Personenkreis

Nach § 1 Abs. 3 KSchG sind solche Arbeitnehmer, die aus betriebstechnischen, wirtschaftlichen oder aus sonstigen berechtigten betrieblichen Bedürfnissen weiterbeschäftigt werden müssen, aus dem Kreis der zu vergleichenden Arbeitnehmer herauszunehmen. Arbeitnehmer, die einen besonderen Kündigungsschutz haben (dazu unter *Besonderer Kündigungsschutz* ab Seite 256), nehmen ebenfalls nicht bzw. erst nach erteilter Zustimmung durch die zuständige Behörde an der Sozialauswahl teil (BAG vom 24. 3. 1983, DB 1983, 1822). Miteinzubeziehen sind dagegen nach § 14 Abs. 2 KSchG leitende Angestellte, dagegen nicht Arbeitnehmer ohne Kündigungsschutz.

Die Vergleichbarkeit der Arbeitnehmer

In die Prüfung einzubeziehen sind alle Arbeitnehmer des Betriebs, nicht nur etwa eines betroffenen Betriebsteils, die nach arbeitsplatzbezogenen Merkmalen, also tätigkeitsbezogen, miteinander auf der gleichen Ebene der Betriebshierarchie vergleichbar sind (sog. horizontale Vergleichbarkeit: BAG vom 29. 3. 1990, DB 1991, 173; vom 7. 2. 1985, DB 1986, 436). Mithin stellt sich die

Frage der Vergleichbarkeit als Frage der Austauschbarkeit. An der Austauschbarkeit fehlt es aber, wenn der Arbeitgeber den Arbeitnehmer nicht einseitig im Wege der Anweisung auf einen anderen Arbeitsplatz um- oder versetzen kann (BAG vom 17.9.1998, SAE 1999, 167). Dabei ist eine notwendige Einarbeitungszeit unschädlich (BAG vom 25.4.1985, DB 1985, 2205). Anders als bei der Frage der Weiterbeschäftigungsmöglichkeit nach § 1 Abs. 2 Satz 2 Nr. 1b) KSchG findet hier kein unternehmensweiter Vergleich statt. Problematisch ist die Frage, ob *Vollzeit- mit Teilzeitarbeitnehmern* und umgekehrt vergleichbar sind. Entscheidet sich ein Arbeitgeber dafür, zukünftig bestimmte Arbeiten nur noch von Vollzeitkräften ausführen zu lassen, so stellt dies eine freie unternehmerische Entscheidung dar, die nur auf Willkür hin überprüfbar ist. Bei nicht zu beanstandender Unternehmensentscheidung ist es dann aber zulässig, dass bei Kündigung von Teilzeitkräften die Vollzeitkräfte nicht in die Sozialauswahl einbezogen werden. Will dagegen ein Arbeitgeber in einem bestimmten Arbeitsbereich oder im ganzen Betrieb lediglich die Zahl der insgesamt geleisteten Arbeitsstunden abbauen, ohne dass dies auf einer Organisationsentscheidung »Vollzeit statt Teilzeit« beruht, so sind sämtliche Arbeitnehmer ohne Rücksicht auf ihre Wochenarbeitszeit in die Sozialauswahl einzubeziehen (BAG vom 3.12.1998, SAE 1999, 274 ff. und vom 12.8.1999 – 2 AZR 12/99 –, FA 2000, 51).

Die Gewichtung der Sozialdaten

Im Rahmen der sozialen Auswahl ist unter mehreren vergleichbaren Arbeitnehmern derjenige zu entlassen, der nach seinen Sozialdaten am wenigsten des sozialen Schutzes bedarf (BAG, AP Nrn. 7, 15 zu § 1 KSchG Betriebsbedingte Kündigung). Aber wer ist das? Im Ergebnis ist darauf abzustellen, ob der Arbeitgeber bei der Festlegung der Sozialdaten und deren Gewichtung untereinander keine Willkür, d. h. sachliche Erwägungen angestellt hat. Insoweit ist die Überprüfung der vorgenommenen Sozialauswahl durch das Arbeitsgericht eingeschränkt. Kein Gericht kann seine eigene Bewertung an die Stelle einer sachlichen Auswahl durch den Arbeitgeber setzen (Weller, RdA 1986, 222 ff.). Nach § 95 Abs. 1 BetrVG können Arbeitgeber und Betriebsrat so genannte Auswahlkriterien auch für die erforderliche Sozialauswahl aufstellen. Diese sind dann grundsätzlich bindend, es sei denn, dass sie offenkundig gegen das Willkürverbot verstoßen. Das ist u. a. zu bejahen, wenn die wesentlichen Sozialdaten wie Lebensalter, Betriebszugehörigkeit und Unterhaltsverpflichtungen nicht angemessen berücksichtigt werden (BAG vom 20. 10. 1983, DB 1984, 563).

Ein Arbeitnehmer kann sich auf eine mangelhafte Sozialauswahl auch dann berufen, wenn der Verlust des Arbeitsplatzes als Folge seines Widerspruchs gegen den Übergang des Arbeitsverhältnisses auf einen Teilbetriebserwerber nach § 613a BGB eintritt. Allerdings sind bei der dann beim »alten« Arbeitgeber notwendigen betriebsbedingten Kündigung im Rahmen der Sozialauswahl die Gründe für den Widerspruch zu berücksichtigen. Nur wenn dem Widerspruch gewichtige Gründe wie drohender baldiger Arbeitsplatzverlust oder baldige wesentliche Verschlechterungen der Arbeitsbedingungen beim Erwerber zu Grunde liegen, kann ein nicht ganz erheblich weniger schutzbedürftiger anderer Arbeitnehmer verdrängt werden (BAG vom 18. 3. 1999 – 8 AZR 190/98 –, ARST 1999, 268).

Im Rahmen der betriebsbedingten Kündigung muss der Arbeitgeber **darlegen und** u. U. **beweisen**, dass dringende betriebliche Gründe zur Kündigung geführt haben. Bestreitet der Arbeitnehmer daraufhin den Wegfall seines Arbeitsplatzes als Folge der betrieblichen Gründe, so muss nun er vortragen, wie er sich seine Weiterbeschäftigung vorstellt. Nun wiederum ist es Sache des Arbeitgebers darzulegen und zu beweisen, warum eine vom Arbeitnehmer behauptete Weiterbeschäftigung nicht möglich ist (dazu insgesamt BAG vom 20. 1. 1994, DB 1994, 1627 und vom 27. 9. 1984, DB 1985, 1186). Nach § 1 Abs. 3 Satz 3 KSchG hat der Arbeitnehmer die Tatsachen darzulegen und zu beweisen, die die Kündigung wegen fehlender oder mangels ausreichender Sozialauswahl unwirksam machen (BAG vom 5. 5. 1994, DB 1994, 1827). Da der Arbeitnehmer selten über die erforderlichen Informationen verfügt, hilft ihm der Auskunftsanspruch nach § 1 Abs. 3 Satz 1, 2. HS KSchG. Danach muss der Arbeitgeber auf Verlangen des Arbeitnehmers die Gründe mitteilen, die zur getroffenen sozialen Auswahl geführt haben, und zwar in dem Umfang, wie sie dem Arbeitnehmer unbekannt sind.

bb) Die personenbedingte Kündigung

Gründe in der Person des Arbeitnehmers, welche eine Kündigung rechtfertigen können, sind solche Umstände, die die persönlichen Eigenschaften und Fähigkeiten des Arbeitnehmers betreffen, aus seiner Sphäre stammen (BAG vom 21. 11. 1985, DB 1986, 2133). Voraussetzung der personenbedingten Kündigung ist, dass der Arbeitnehmer seine Fähigkeiten oder seine Eignung verloren hat, die geschuldete Arbeitsleistung ganz oder zum Teil zu erbringen (BAG vom 28. 2. 1990, DB 1990, 2430). Da es nicht auf ein Verschulden des Arbeitnehmers ankommt, ist – anders als bei der verhaltensbedingten Kündigung – eine Abmahnung (dazu unter *Die verhaltensbedingte Kündigung* ab Seite 241) nicht erforderlich. Gerade bei der personenbedingten Kündigung ist der Arbeitgeber wegen des Grundsatzes der Verhältnismäßigkeit (ultima-ratio-Prinzip) verpflichtet, die Möglichkeiten der Weiterbeschäftigung auf einem anderen, freien Arbeitsplatz zu prüfen. Insoweit gelten die unter der betriebsbedingten Kündigung zu § 1 Abs. 2 Satz 2 und Satz 3 KSchG gemachten Ausführungen auch hier. Dabei sind die Widerspruchsmöglichkeiten des Betriebsrats im Sinne des § 1 Abs. 2 Satz 2 Nr. 1b), 2b) und Satz 3 KSchG selbst dann im Rahmen der Interessenabwägung zu berücksichtigen, wenn der Betriebsrat der Kündigung nicht aus diesen Gründen widersprochen hat.
Hauptanwendungsfall der personenbedingten Kündigung ist die Kündigung wegen Krankheit. Entgegen einer weit verbreiteten Meinung schützt Krankheit nicht vor Kündigung. Die rechtliche Überprüfung einer krankheitsbedingten Kündigung erfolgt in drei

Stufen (BAG vom 29.4.1999, ARST 1999, 248 und SAE 2000, 14).

- **1. Stufe:** negative Prognose

  Es ist eine negative Prognose hinsichtlich des voraussichtlichen Gesundheitszustandes erforderlich. Die krankheitsbedingte Kündigung stellt keine Sanktion für Erkrankungen in der Vergangenheit dar (BAG vom 23.6.1983, DB 1983, 2524). Zum Zeitpunkt des Zugangs der Kündigung müssen objektive Anhaltspunkte dafür gegeben sein, dass der Arbeitnehmer auch zukünftig wegen Krankheit nicht arbeitsfähig sein wird. Wird die Prognose nachträglich durch die tatsächliche Entwicklung bis zur mündlichen Verhandlung in der Tatsacheninstanz (dazu ausführlich unter *Überblick über das ArbGG* ab Seite 280) widerlegt, so hat dies keine Auswirkungen auf die Richtigkeit der Prognose zum Zeitpunkt der Kündigung (BAG vom 29.4.1999 – 2 AZR 431/98 –, ARST 1999, 248 unter ausdrücklicher Aufgabe der bisherigen Rechtsprechung). Offen gelassen hat das BAG in seinem Urteil vom 17.6.1999 (– 2 AZR 639/98 –, ARST 1999, 261), ob es an seiner Rechtsprechung festhalten will, dass bei einer Korrektur der negativen Prognose nach Kündigungsausspruch aber noch im Laufe der Kündigungsfrist ein Wiedereinstellungsanspruch begründet sein kann.

- **2. Stufe:** erhebliche betriebliche Auswirkungen

  Die bisherigen und nach der Prognose zu erwartenden Auswirkungen des Gesundheitszustandes des Arbeitnehmers müssen zu einer erheblichen Beeinträchtigung der betrieblichen Interessen führen. Diese kann durch Störungen im Betriebsablauf oder durch wirtschaftliche Belastungen gegeben sein. Denkbar sind Produktionsausfälle, Verlust von Kundenaufträgen, nicht beschaffbares Ersatzpersonal (BAG vom 2.11.1983, DB 1984, 831) oder außerordentlich hohe Entgeltfortzahlungskosten (BAG vom 29.7.1993, DB 1993, 2439).

- **3. Stufe:** Interessenabwägung

  Der Interessenabwägung kommt bei der krankheitsbedingten Kündigung ein besonders großes Gewicht zu. Es ist zu prüfen, ob die durch die Krankheit verursachten Beeinträchtigungen der betrieblichen Interessen aufgrund der Besonderheiten des Einzelfalles vom Arbeitgeber gerade noch hinzunehmen sind oder ob ein solches Ausmaß der Beeinträchtigung eingetreten ist, dass das Arbeitsverhältnis beendet werden muss (BAG vom 25. 11. 1982, DB 1983, 1047). Dabei sind insbesondere die sozialen Daten des Arbeitnehmers (Familienstand, Alter: BAG vom 16. 2. 1989, DB 1989, 2075), die Frage, ob es betriebliche Ursachen für die Erkrankung gibt (BAG 6. 9. 1989, DB 1990, 431) oder ob und in welchem Umfang der Arbeitgeber über Personalreserven verfügt (BAG vom 29. 7. 1993, DB 1993, 2439) angemessen zu berücksichtigen. Auch ist bei der Interessenabwägung zu berücksichtigen, ob es dem Arbeitgeber zumutbar ist, die betrieblichen Beeinträchtigungen durch Überbrückungsmaßnahmen (Einstellen von Aushilfskräften, betriebliche Umorganisationen etc.) zu mildern.

Je nachdem, ob es sich um eine Kündigung wegen krankheitsbedingter Leistungsminderung, wegen einer langandauernden Erkrankung, wegen krankheitsbedingter dauernder Leistungsunfähigkeit (Unvermögen) oder wegen häufiger Kurzerkrankungen handelt, ergeben sich für die Prüfungsschritte unterschiedliche Anforderungen:

Die Kündigung wegen krankheitsbedingter Leistungsminderung

In diesem Fall kann der Arbeitnehmer aufgrund gesundheitlicher Beeinträchtigungen seine vertraglich geschuldete Arbeitsleistung auf Dauer nicht mehr in vollem Umfang erbringen. Bevor es zum Ausspruch einer krankheitsbedingten Kündigung kommen kann, muss der Arbeitgeber **leidensgerechte Arbeitsplätze** frei machen oder schaffen, soweit ihm das im Rahmen des Direktionsrechts (dazu ausführlich *Das Recht und die Pflicht zur Arbeit* ab Seite 116 und unter *Die Rechtsgrundlage Direktionsrecht* ab Seite 86) möglich ist. Dies kann im Wege von Umorganisationen im Betriebsablauf oder durch Versetzungen geschehen (BAG vom 12. 7. 1995, DB 1995, 1469 und vom 29. 1. 1997, DB 1997, 1039). Der Arbeitgeber ist jedoch nicht dazu verpflichtet, Arbeitsplätze freizukündigen, noch muss er das Zustimmungsersetzungsverfahren nach § 99 Abs. 4 BetrVG einleiten, wenn der Betriebsrat seine Zustimmung zu einer Versetzung, durch die ein Arbeitsplatz frei gemacht werden soll, nicht erteilt (BAG vom 29.1.1997, DB 1997, 1039). Führt eine betriebliche Umorganisation dazu, dass ein Arbeitnehmer nur noch in einer Weise beschäftigt werden kann, die sein Leiden verschlimmert, ist eine krankheitsbedingte Kündigung möglich, sofern der Arbeitnehmer nicht auf der gesundheitsbeeinträchtigenden Beschäftigung besteht (BAG vom 6.11.1997 – 2 AZR 94/97 –). Im Rahmen der Interessenabwägung ist der Umstand, dass die Minderung der Leistungsfähigkeit ihre Ursache in der bisherigen Tätigkeit hat, zu Gunsten des Arbeitnehmers zu berücksichtigen.

Die Kündigung wegen langandauernder Erkrankung

Wird die geschuldete Leistung infolge einer Erkrankung des Arbeitnehmers während einer längeren, zusammenhängenden Zeitfolge nicht erbracht, kann eine Kündigung gerechtfertigt sein, auch wenn die Genesung nicht auszuschließen ist (BAG, NZA 1990, 727). Diese Kündigung ist nur zulässig, wenn die Arbeitsunfähigkeit bei Zugang der Kündigung noch andauert, der Zeitpunkt der Wiederherstellung der Gesundheit objektiv nicht absehbar ist und gerade diese Ungewissheit in unzumutbarem Umfang die betrieblichen Interessen des Arbeitgebers beeinträchtigt (BAG vom 25.11.1982, DB 1983, 1047). Da es dem Arbeitgeber bei Langzeiterkrankungen regelmäßig zumutbar ist, die Fehlzeiten durch den Abschluss befristeter (Aushilfs-)Verträge zu überbrücken und auch die wirtschaftlichen Belastungen aufgrund der Entgeltfortzahlung auf sechs Wochen begrenzbar sind (dazu ausführlich unter *Die Folgen der Arbeitsverhinderung – Lohn ohne Arbeit* ab Seite 146), kommen Kündigungen wegen langandauernder Erkrankung praktisch nur im Falle der dauernden Arbeitsunfähigkeit (Unvermögen) vor. Von einer (feststehenden) dauernden Leistungsunfähigkeit ist auch dann auszugehen, wenn zum Zeitpunkt der Kündigung die Möglichkeit der Genesung mindestens für die Dauer der nächsten 24 Monate ungewiss ist (BAG vom 24.9.1999, ARST 1999, 248 ff.: Das BAG orientiert sich dabei an der höchstmöglichen Befristungsdauer nach § 1 Abs. 1 BeschFG.).

Die Kündigung wegen krankheitsbedingter dauernder
Leistungsunfähigkeit (Unvermögen)
Ist vorauszusehen, dass ein Arbeitnehmer in Zukunft die geschuldete Arbeitsleistung nicht mehr erbringen kann, liegt eine erhebliche betriebliche Beeinträchtigung des Arbeitgebers vor, weil das Verhältnis von Leistung und Gegenleistung auf Dauer gestört ist. Der Vertrag gilt als sinnentleert (BAG vom 28.2.1990, AP Nr.25 zu §1 KSchG 1969 Krankheit; vom 21.5.1992, DB 1993, 1292).

Die Kündigung wegen häufiger Kurzerkrankungen
Kurzzeiterkrankungen wirken sich erheblich auf den Betriebsablauf aus, weil sie immer wieder zu kurzfristigen, nicht einplanbaren Störungen im Betriebsablauf führen. Zum Zeitpunkt des Zugangs der Kündigung müssen objektive Tatsachen vorliegen, die die Annahme rechtfertigen, dass auch in Zukunft mit häufigeren Fehlzeiten zu rechnen ist. Dabei wirken die Kurzerkrankungen in der Vergangenheit nur als Indiz für diese Prognose, nicht aber als Anlass für die Kündigung (BAG vom 10.11.1983, SAE 1984, 205). Das bedeutet, dass zum Zeitpunkt der Kündigung eine Wiederholungsgefahr bestehen muss (BAG vom 6.9.1989, DB 1990, 943). In der Praxis hat sich ein Orientierungssatz dahin entwickelt, dass bei Fehlzeitenqouten von 25% bezogen auf ein Kalenderjahr eine Indizwirkung für eine Negativprognose gegeben sein kann (LAG Hamm vom 15.12.1981, DB 1982, 283). Eine erhebliche wirtschaftliche Belastung des Arbeitgebers ist bei außergewöhnlich hohen Entgeltfortzahlungen (in der Zukunft!) zu bejahen. Diese müssen dann aber über den Entgeltfortzahlungsrahmen von sechs Wochen nach §3 EntgeltfortzahlungsG hinausgehen (BAG vom 6.9.1989, DB 1990, 429).
Zur Verdeutlichung der Problematik einer personenbedingten Kündigung sollen einige Beispiele aus der Rechtsprechung vorgestellt werden:

- Außerhalb eines krankhaften Zustandes (Abhängigkeit) können alkohol- oder drogenbedingte Schlechtleistungen und Fehlzeiten zur personen- oder verhaltensbedingten Kündigung führen. Besteht dagegen eine psychische oder physische Abhängigkeit, kommt ausschließlich die krankheits(personen-)bedingte Kündigung in Betracht (BAG vom 1.6.1983, DB 1983, 2420; vom 9.4.1987, DB 1987, 2156). Ist ein Arbeitnehmer im Zeitpunkt der Kündigung nicht therapiebereit, so ist die Prognose, er werde auch in Zukunft abhängigkeitsbedingt fehlen, regelmäßig zulässig. Ist der Arbeitnehmer zum Zeitpunkt der Kündigung therapiebereit, so ist eine negative Prognose als Voraussetzung einer personenbedingten Kündigung regelmäßig ausgeschlossen. Wird der Arbeitnehmer nach erfolgreicher Therapie wieder rückfällig, so rechtfertigt dies wiederum eine personenbedingte Kündigung (BAG vom 11.11.1987, DB 1988, 402) wegen erheblicher Beeinträchtigung der betrieblichen Interessen des Arbeitgebers.
- Aber auch eine fehlende Eignung für die vertraglich geschuldete Arbeitsleistung kann eine personenbedingte Kündigung rechtfertigen. Dies ist bei mangelnder fachlicher Qualifikation, bei Nichtbestehen von erforderlichen Prüfungen, bei mangelhaften Kenntnissen oder mangelhaften Führungsqualitäten zu bejahen (BAG vom 31.1.1996, DB 1996, 990).
- Außerhalb des Arbeitsverhältnisses begangene Straftaten, die Straf- oder Untersuchungshaft nach sich ziehen, rechtfertigen ebenfalls eine personenbedingte Kündigung, wenn der Arbeitgeber dem Arbeitsausfall nicht zumutbar mit Überbrückungsmaßnahmen begegnen kann (BAG 22.9.1994, DB 1995, 1716).

Der Arbeitgeber muss die Tatsachen darlegen und beweisen, aus denen sich die negative Zukunftsprognose und die erheblichen Beeinträchtigungen betrieblicher Interessen ergeben. Insbesondere muss er darlegen und beweisen, welche Überbrückungsmaßnahmen er getroffen hat bzw. warum er keine geeigneten Maßnahmen treffen konnte (BAG vom 15.8.1984, DB 1985, 976). Im Falle der häufigen Kurzerkrankungen gilt dies auch für die objektiven Tatsachen, auf die er die Wiederholungsgefahr stützt (BAG vom 23.6.1983, DB 1983, 2524).

cc) Die verhaltensbedingte Kündigung

Die verhaltensbedingte Kündigung ist gerechtfertigt, wenn Umstände im Verhalten des Arbeitnehmers vorliegen, die bei verständiger Würdigung in Abwägung der beiderseitigen Interessen der Vertragsparteien die Kündigung als billigenswert und angemessen erscheinen lassen (BAG vom 21. 5. 1992, DB 1992, 2446). Als Gründe kommen Leistungsstörungen (Schlecht- und Nichtleistung), Störungen der betrieblichen Ordnung (Beleidigungen, Verstöße gegen Verhaltensregeln), Störungen im Vertrauensbereich (Straftaten gegen den Arbeitgeber) und die Verletzung von Nebenpflichten (z. B. die Verletzung der Anzeige- oder Nachweispflicht nach § 5 EntgeltfortzahlungsG oder die Ausübung einer unzulässigen Nebentätigkeit) in Betracht. Auch bei der verhaltensbedingten Kündigung sind mehrere Prüfschritte zu beachten:

1. Schritt: objektiver Kündigungsgrund
Wie bei der außerordentlichen Kündigung ist zu fragen, ob das Verhalten des Arbeitnehmers an sich geeignet ist, eine ordentliche Kündigung zu rechtfertigen (BAG vom 17. 1. 1991, DB 1991). Dies ist in jedem Fall bei rechtswidrigen (= ohne Rechtfertigungsgrund wie gegensätzlich etwa die nach EntgeltfortzahlungsG oder die nach § 616 BGB gerechtfertigte Arbeitsverhinderung) und schuldhaften Verstößen gegen vertragliche Haupt- und Nebenpflichten der Fall. Grundsätzlich kommt jede Verschuldensform wie Vorsatz und Fahrlässigkeit in Betracht (BAG vom 21. 5. 1992, DB 1992, 2446). Bei verhaltensbedingten Störungen wird unterschieden, ob diese Störungen den sog. Leistungsbereich oder den sog. Vertrauensbereich betreffen. Diese Unterscheidung hat grundsätzlich Bedeutung für die Frage, ob vor Ausspruch der Kündigung eine Abmahnung auszusprechen ist (dazu ausführlich unter *Abmahnung* ab Seite 242).
Um Störungen im Leistungsbereich handelt es sich z. B. bei ständiger Arbeitsbummelei (BAG, DB 1994, 1477), wiederholtem Zuspätkommen (BAG, ARST 1997, 179; ArbG Frankfurt/Main, NZA-RR 1999, 133), Überziehen von Pausen, fehlerhaftem Arbeiten (BAG, DB 1989, 284), Nichtbefolgen von Arbeitsanweisungen (BAG, DB 1986, 1075), ständi-

ger Missachtung einer Betriebsordnung (Rauch- und Alkoholverbot: BAG, DB 1983, 180), Störung des Betriebsfriedens durch Tätlichkeiten gegen Kollegen (BAG, DB 1985, 340), Nichtanzeige oder Nichtnachweis von Arbeitsunfähigkeit etc.

Zu Störungen im Verhaltensbereich sind vor allem unerlaubte Handlungen gegenüber dem Arbeitgeber wie Diebstahl (u. U. auch geringwertiger Sachen: LAG Köln, NZA-RR 1996, 86), Unterschlagung (LG Hamm, DB 1986, 1338), Annahme von Schmiergeldern, das Erschleichen von Arbeitsunfähigkeitsbescheinigungen, Genesungsgefährdung durch verbotene Tätigkeit in der Arbeitsunfähigkeit (LAG Köln, NZA-RR 1999, 188), grobe Beleidigungen und Tätlichkeiten, vertragswidrige Konkurrenztätigkeit etc. zu rechnen.

Ob das vertragswidrige Verhalten Ausfluss auf den Betriebsablauf hat oder nicht, ist erst im Rahmen der Interessensabwägung zu prüfen.

2. Schritt: Negativprognose

Auch die verhaltensbedingte Kündigung ist zukunftsbezogen. Das bedeutet, dass die verhaltensbedingte Leistungsstörung nur dann kündigungsrelevant ist, wenn auch künftige Vertragsverletzungen zu befürchten sind (BAG vom 17. 1. 1991, DB 1991, 1226). Entscheidend ist daher, ob eine Wiederholungsgefahr besteht (**Störung im Leistungsbereich**) oder ob sich die begangene Vertragsverletzung auch zukünftig belastend auf das Verhältnis zwischen Arbeitgeber und Arbeitnehmer auswirkt (**Störung im Vertrauensbereich**). Ansatzpunkt für die Negativprognose ist die Abmahnung.

Aus der Notwendigkeit einer verschuldeten Pflichtverletzung durch den Arbeitnehmer, dem Erfordernis einer Wiederholungsgefahr, aber auch aus der erforderlichen Interessensabwägung ergibt sich, dass zur Wirksamkeit einer zulässigen verhaltensbedingten Kündigung grundsätzlich eine **Abmahnung** durch den Arbeitgeber erfolgt sein muss. Da die Kündigung nicht bezweckt, den Arbeitnehmer für vergangene Verfehlungen zu bestrafen (BAG vom 21. 11. 1996 – 2 AZR 357/95 –), sondern das allerletzte Mittel darstellt, zukünftige Vertragsverletzungen zu verhindern, muss der Arbeitgeber dem Arbeitnehmer regelmäßig die Gelegenheit geben, sein vertragswidriges Verhalten zu erkennen, um es zukünftig abstellen zu können. Diese Funktionen kommen der Abmahnung zu. Einmal wird der Arbeitnehmer auf seine begangenen Vertragsverletzungen konkret hingewiesen (*Hinweisfunktion*) und sodann werden ihm für die Zukunft im Wiederholungsfall arbeitsrechtliche Konsequenzen (Kündigung) aufgezeigt (*Warnfunktion*). Fehlt einer Abmahnung eine dieser Funktionen, werden insbesondere die vorgeworfenen Vertragsverletzungen nur ungenau beschrieben, so liegt keine wirksame Abmahnung vor, auf die sich der Arbeitgeber zum Zwecke der Kündigung berufen könnte (BAG vom 17.2.1994, DB 1994, 1477). Erforderlich ist auch, dass es sich um gleichartige Wiederholungsfälle handelt, will sich der Arbeitgeber zur Kündigung auf eine ausgesprochene Abmahnung berufen. Abmahnung und Kündigungsgrund müssen somit in einem engen inhaltlichen und zeitlichen Zusammenhang stehen. Hat sich der Arbeitnehmer über einen längeren Zeitraum hinweg vertragstreu verhalten, so kann sich der Arbeitgeber bei einer erneuten Verfehlung gleicher Art nicht auf die Abmahnung zur Kündigung berufen. Die Frage, wie lange eine Abmahnung nachwirkt und in der Personalakte aufbewahrt werden darf, ist immer auf den konkreten Einzelfall bezogen zu beantworten. Es gibt keine verbindliche Regelfrist (BAG vom 21.5.1987, DB 1987, 2367). Der Arbeitnehmer hat das Recht zur Gegendarstellung und kann nach einem gewissen Zeitablauf die Herausnahme der Abmahnung aus seiner Personalakte verlangen (auch gerichtlich im Wege der Klage). Dieses Recht steht ihm bei einer ungerechtfertigten Abmahnung sofort zu. Da die Abmahnung beteiligungsfrei ist, muss der Betriebsrat weder informiert noch angehört werden (BAG vom 17.10.1989, DB 1990, 483).

Nach Ansicht des Hess. LAG vom 26.4.1999 (– 16 Sa 1409/98 –, ARST 2000, 8) ist eine mit Leistungsmängeln des Arbeitnehmers begründete ordentliche Kündigung sozial ungerechtfertigt, wenn dem Arbeitnehmer im Anschluss auf eine diesbezügliche Abmahnung nicht genügend Zeit gegeben wird, sein Leistungsverhalten umzustellen und die Minderleistung abzustellen. Die Zeitdauer, die dem Arbeitnehmer vom Arbeitgeber zur »Bewährung« gewährt werden muss, ist von den Gegebenheiten des Einzelfalles (Lebensalter, Betriebszugehörigkeit, Ausmaß der Leistungsstörung etc.) abhängig.

Abmahnungsfrei sind personenbedingte Gründe, die zu Kündigung führen sollen, da der Arbeitnehmer diese Gründe nicht beeinflussen kann (LAG Düsseldorf vom 6.3.1986, NZA 1986, 431). Abmahnungsfrei ist grundsätzlich auch die Leistungsstörung im Vertrauensbereich bei verhaltensbedingten Kündigungen (BAG vom 10.11.1988, DB 1989,

1427). Dagegen ist ausnahmsweise eine Abmahnung auch bei Störungen im Verhaltensbereich erforderlich, wenn der Arbeitnehmer sein Verhalten steuern und eine Wiederherstellung des Vertrauens erwartet werden kann (BAG vom 4. 6. 1997 – 2 AZR 526/96 –, AuA 1998, 249 ff.). Bei einer Kündigung aus verhaltensbedingten Gründen ist eine Abmahnung aber dann entbehrlich, wenn es um eine schwere Pflichtverletzung geht, deren Rechtswidrigkeit dem Arbeitnehmer ohne weiteres erkennbar ist und bei denen die Hinnahme des Verhaltens durch den Arbeitgeber offensichtlich ausgeschlossen ist. Dies gilt auch bei Störungen im Vertrauensbereich (BAG vom 10. 2. 1999 – 2 ABR 31/98 –, ARST 1999, 169).

Die Darlegungs- und Beweislast zur Rechtfertigung der Abmahnung trifft im arbeitsgerichtlichen Verfahren den Arbeitgeber. Auch wenn der Arbeitnehmer die Berechtigung der Abmahnung nicht gerichtlich überprüfen lässt, kann er deren Richtigkeit in einem nachfolgenden Kündigungsschutzverfahren bestreiten (BAG vom 13. 7. 1987, DB 1987, 1495). Eine erfolgte Gegendarstellung hilft dem Arbeitnehmer insoweit.

3. Schritt: Interessenabwägung

Unabhängig von der Schwere der Pflichtverletzung ist immer abzuwägen, ob das Interesse des Arbeitnehmers am Erhalt seines Arbeitsplatzes nicht doch das Interesse des Arbeitgebers an der Beendigung des Arbeitsverhältnisses überwiegt (BAG vom 16. 8. 1991, DB 1992, 1479). Dabei sind auf Seiten des Arbeitnehmers Art, Schwere und Häufigkeit des Fehlverhaltens, früheres Verhalten, Mitverschulden des Arbeitgebers, Dauer der Betriebszugehörigkeit, Lebensalter, Unterhaltpflichten, Arbeitsmarktsituation und auf Seiten des Arbeitgebers Betriebsablaufstörungen, Arbeits- und Betriebsdisziplin, Vermögensschaden, Wiederholungsgefahr, Ansehensschaden, Schutz der Belegschaft zu berücksichtigen und zueinander in ein Verhältnis zu setzen (LAG Hamm vom 30. 5. 1996, NZA 1997, 1056).

4. Schritt: Verhältnismäßigkeitsgrundsatz

Hier ist zu prüfen, ob die Kündigung nicht doch durch mildere Mittel zu vermeiden ist. Deshalb muss der Arbeitgeber die Möglichkeiten der Versetzung oder der Weiterbeschäftigung auch zu schlechteren Bedingungen auf einem anderen, freien Arbeitsplatz prüfen. Diese Prüfung macht aber nur dann Sinn, wenn sich das Fehlverhalten auf einem anderen Arbeitsplatz nicht mehr auswirkt (so etwa bei Streitigkeiten mit Arbeitsplatzkollegen, nicht aber bei ständigem Zuspätkommen).

Zur Verdeutlichung der Problematik noch einige Beispielsfälle aus der Praxis:

Mehrfache Verstöße gegen ein Alkohol-(Drogen-)Verbot im Betrieb kann eine Kündigung nach erfolgter Abmahnung rechtfertigen (BAG, DB 1983, 180). Davon zu unterscheiden ist die krankheits-(personen-)- bedingte Kündigung bei Abhängigkeit (BAG, DB 1987, 2156).

Beharrliche Arbeitsverweigerung kann eine Kündigung nach Abmahnung rechtfertigen, wenn der Arbeitgeber sich selbst vertragstreu verhält (kein Überschreiten des Direktionsrechts) oder in der Person des Arbeitnehmers bzw. in seinem Umfeld kein Rechtfertigungsgrund besteht (BAG, DB 1985, 2689; BAG vom 21.5.1992, AP Nr. 29 zu § 1 KSchG 1969 Verhaltensbedingte Kündigung zur Pflichtenkollision bei Betreuung eines kranken Kindes).

Die Störung des Betriebsfriedens durch bewusste Provokation der Kollegen (BAG, DB 1983, 2578 für politische Provokation) kann nach vorangegangener Abmahnung eine Kündigung rechtfertigen.

Die Selbstbeurlaubung (auch eigenmächtige Verlängerung etwa nach Arbeitsunfähigkeit) kann neben der ordentlichen Kündigung sogar eine außerordentliche Kündigung rechtfertigen (BAG vom 31.1.1996, EzA § 1 KSchG Verhaltensbedingte Kündigung).

Die sexuelle Belästigung von Kollegen stellt regelmäßig einen Grund für eine ordentliche Kündigung dar. Dies um so mehr, als ein besonderer Schutz durch das BeschäftigtenschutzG in diesem Bereich geschaffen wurde (dazu ausführlich unter *Besondere Schutzgesetze* ab Seite 198).

4. Die Beteiligung des Betriebsrats bei Kündigungen

Nach § 102 BetrVG ist der Betriebsrat **vor jeder Kündigung**, also bei einer ordentlichen, außerordentlichen, bei einer Änderungskündigung und auch bei einer Kündigung in der Probezeit (BAG vom 8.9.1988, 11.7.1991, 18.5.1994, AP Nrn. 49, 57, 64 zu

§ 102 BetrVG 1972), zu hören. Der Arbeitgeber hat dem Betriebsrat mitzuteilen, wem, aus welchem Grund zu welchem Zeitpunkt gekündigt werden soll. Zu den Angaben bei einer betriebsbedingten Kündigung (dazu ausführlich unter *Die Kündigung nach dem KSchG* ab Seite 227) zählen auch die Angaben zur erforderlichen Sozialauswahl. Bei einer personenbedingten Kündigung (dazu ebenfalls ausführlich unter *Die Kündigung nach dem KSchG* ab Seite 235) zählen die Angaben zu den konkreten, die beabsichtigte Kündigung rechtfertigenden Gründe. Soll krankheitsbedingt gekündigt werden, sind dies neben den Fehlzeiten auch die Auswirkungen auf den Betrieb. Auch bei der verhaltensbedingten Kündigung (ebenfalls ausführlicher unter *Die Kündigung nach dem KSchG* ab Seite 241) ist darzulegen, worin die Pflichtverletzungen des Arbeitnehmers liegen. Die Mitteilung der Gründe ist allerdings nicht erforderlich, wenn sie dem Betriebsrat bereits bekannt sind (BAG, DB 1986, 332). Gleiches gilt, wenn der Betriebsrat selbst nach § 104 BetrVG die Kündigung verlangt hat und der Arbeitgeber diesem Verlangen alsbald folgt (LAG München, DB 1975, 1180).

Eine **ohne oder bei nicht ordnungsgemäßer Anhörung erfolgte Kündigung ist** (allein schon aus diesem Grund) **unwirksam** (§ 102 Abs. 1 Satz 3 BetrVG).

Hat der Betriebsrat **gegen eine ordentliche Kündigung Bedenken,** so hat er diese binnen einer Frist von einer Woche nach Mitteilung durch den Arbeitgeber schriftlich mitzuteilen. Nach § 102 Abs. 3 BetrVG kann der Betriebsrat nur nach Maßgabe der dort vorgesehenen Gründe der Kündigung widersprechen. Äußert sich der Betriebsrat innerhalb dieser Frist nicht, gilt seine Zustimmung als erteilt (§ 102 Abs. 2 Satz 1 und 2 BetrVG). Aber auch im Falle des Widerspruchs kann der Arbeitgeber die Kündigung aussprechen (§ 102 Abs. 4 BetrVG). Erhebt der Arbeitnehmer in diesem Fall Kündigungsschutzklage nach dem KSchG (dazu ausführlich unter *Die Kündigung nach dem KSchG* ab Seite 248), so hat der Arbeitnehmer einen Anspruch auf **Weiterbeschäftigung** bis zur rechtskräftigen Entscheidung der Kündigungsschutzklage (§ 102 Abs. 5 Satz 1 BetrVG). Diese kann u. U. erst nach Jahren durch ein Urteil des BAG eintreten (zum arbeitsgerichtlichen Verfahren ausführlicher unter *Überblick über das ArbGG* ab Seite 280). Gegen diesen Weiterbeschäftigungsanspruch kann sich der Arbeitgeber im Wege der einstweiligen Verfügung zur Wehr setzen, wenn ihm die Beschäftigung aus wirtschaftlichen Gründen unzumutbar ist, die Kündigungsschutzklage offensichtlich ohne Erfolgsaussichten ist oder der Widerspruch des Betriebsrats offensichtlich unbegründet war (§ 102 Abs. 5 Satz 2 BetrVG).

Hat der Betriebsrat **gegen eine außerordentliche Kündigung Bedenken,** so muss er diese spätestens binnen einer Frist von drei Tagen dem Arbeitgeber schriftlich mitteilen. Versäumt er diese Frist, tritt nicht wie bei der ordentlichen Kündigung die Fiktion der Zustimmung ein. Auch löst die Erhebung einer Kündigungsschutzklage nach dem KSchG keinen Weiterbeschäftigungsanspruch aus.

Besonderheiten bestehen nach § 103 BetrVG in dem Fall, dass einem Mitglied des Betriebsrats, der Jugend- und Auszubildendenvertretung, einem Mitglied des Wahlvorstandes oder einem Wahlbewerber fristlos gekündigt werden soll. Zu dieser Kündigung bedarf der Arbeitgeber der ausdrücklichen Zustimmung des Betriebsrats (§ 103 Abs. 1 BetrVG). Erteilt der Betriebsrat seine Zustimmung nicht, so muss der Arbeitgeber vor Ausspruch der Kündigung diese durch das Arbeitsgericht ersetzen lassen. In diesem Verfahren ist der betroffene Arbeitnehmer Beteiligter (§ 103 Abs. 2 BetrVG).

5. Der Kündigungsschutzprozess

a) Die Ausschlussfrist nach § 4 KSchG

Nach § 4 Satz 1 KSchG muss der Arbeitnehmer, der geltend machen will, dass die Kündigung wegen Verstoßes gegen § 1 Abs. 2 und 3 KSchG sozial ungerechtfertigt ist, **innerhalb von drei Wochen nach Zugang der Kündigung** (dazu ausführlich unter *Zugang der Kündigung* ab Seite 217) **Klage beim Arbeitsgericht erheben.** Diese Frist ist **auch** einzuhalten, wenn die Unwirksamkeit einer **außerordentlichen Kündigung nach § 626 BGB** geltend gemacht wird (§ 13 Abs. 1 Satz 2 KSchG) **oder** wenn die soziale Rechtfertigung einer **Änderungs-kündigung** überprüft werden soll (§ 4 Satz 2 KSchG). **Versäumt** der Arbeitnehmer diese Frist, so gilt die Kündigung als von Anfang an rechtswirksam, wenn sie nicht aus anderen Gründen (etwa wegen Verstoßes gegen § 102 BetrVG oder gegen die Frist des § 626 BGB) rechtsunwirksam ist (§§ 7, 2. HS., 13 Abs. 1 Satz 2 KSchG). Nach Fristversäumnis erlischt der gegenüber einer Änderungskündigung ausgesprochene Vorbehalt (§ 7, 2. HS. KSchG), und die Änderungs-kündigung wandelt sich um in eine Beendigungskündigung.

Diese Rechtsfolgen kann der Arbeitnehmer nur im Wege des **Antrags auf Zulassung einer verspäteten Klage** ausschließen. Nach § 5 Abs. 1 KSchG kann dieser Antrag nur zugelassen werden, wenn der Arbeitnehmer trotz Anwendung aller ihm nach Lage der Umstände zumutbaren Sorgfalt die Klage nicht fristgerecht erheben konnte. Die Unkenntnis der Klagefrist des § 4 KSchG rechtfertigt auch für ausländische Arbeitnehmer keine nachträgliche Zulassung. Dagegen können falsche Auskünfte von zuverlässigen Stellen (z. B. Rechtssekretäre einer Gewerkschaft, Rechtsantragstelle des Arbeitsgerichts, Rechtsberatungsstellen von Arbeitnehmerkammern im Saarland und Bremen) die Zulassung rechtfertigen. Dagegen sind dem Arbeitnehmer falsche Auskünfte eines Rechtsanwalts zuzurechnen (Hueck/v. Hoyningen-Huene, Kommentar zum KSchG, 12. A., § 5 Rdnr. 15). Der Antrag ist nur binnen zwei Wochen nach

Wegfall des Hindernisses zulässig und muss die Tatsachen der Verhinderung glaubhaft machen. Des Weiteren muss mit dem Antrag auch die Klageschrift eingereicht werden bzw. auf eine bereits eingereichte Klageschrift Bezug genommen werden. Spätestens nach sechs Monaten, beginnend mit dem Ende der Frist von drei Wochen i. S. d. § 4 KSchG ist der Antrag aber nicht mehr zulässig.

Hat ein Arbeitnehmer **innerhalb von drei Wochen nach Zugang der Kündigung aus anderen als den Gründen der sozial ungerechtfertigten Kündigung** im Sinne des § 1 Abs. 2 und 3 KSchG **Klage eingereicht**, so kann er bis zum Schluss der mündlichen Verhandlung vor dem Arbeitsgericht die Gründe nach § 1 Abs. 2 und Abs. 3 KSchG noch geltend machen (§ 6 KSchG).

Arbeitnehmer, die **keinen allgemeinen Kündigungsschutz** haben (dazu ausführlich unter *Die Kündigung nach dem KSchG* ab Seite 221), sind **nicht an diese Frist gebunden**. Auch gilt diese Frist nach § 13 Abs. 3 KSchG nicht, wenn die Kündigung aus anderen Gründen unwirksam ist, so etwa bei treuwidriger Kündigung, bei sittenwidriger Kündigung (dazu ausführlich unter *Die Kündigung nach dem KSchG* ab Seite 222) oder bei Kündigung ohne Zustimmung nach § 15 SchwbG, § 9 MuSchG (dazu ausführlich unter *Besonderer Kündigungsschutz* ab Seite 256). Eine Besonderheit gilt für die sittenwidrige Kündigung nach § 13 Abs. 2 KSchG. Erhebt der Arbeitnehmer gegen eine sittenwidrige Kündigung innerhalb der Frist von drei Wochen Klage, so finden die Vorschriften über die Auflösung des Arbeitsverhältnisses auf Antrag des Arbeitnehmers und über die Gewährung einer Abfindung nach §§ 9 bis 12 KSchG Anwendung (dazu ausführlich unter *Der Auflösungs- und Abfindungsanspruch nach dem KSchG* ab Seite 252).

Entscheidend ist, dass die Klage innerhalb der Frist beim zuständigen Arbeitsgericht (Wohnort des Arbeitgebers bzw. Sitz des Unternehmens, §§ 12, 13, 17 ZPO) eingegangen ist. Die Zustellung der Klageschrift beim Arbeitgeber kann zeitlich später liegen. Die Frist gilt aber auch dann als gewahrt, wenn die Klage innerhalb der Frist bei einem örtlich unzuständigen Arbeitsgericht oder sogar bei einem sachlich unzuständigen Gericht (z. B. bei einem Amts- statt Arbeitsgericht) eingereicht wird.

b) Der Klageantrag

Zum einen muss mit dem Klageantrag die Feststellung der Unwirksamkeit der konkreten Kündigung begehrt werden, zum anderen ist es wichtig darauf zu achten, dass auch mögliche weitere Kündigungen, die zeitgleich oder im laufenden Kündigungsschutzverfahren ausgesprochen werden, gerichtlich überprüft werden. Es empfiehlt sich daher folgende Formulierung:

> [!] »Es wird festgestellt, dass das zwischen den Parteien bestehende Arbeitsverhältnis nicht durch die Kündigung vom ... zugegangen am ... beendet worden ist, sondern darüber hinaus fortbesteht.«

Sind dem Arbeitnehmer zum Zeitpunkt des Einreichens der Klage bereits weitere Kündigungserklärungen zugegangen, so ist zu formulieren:

> [!] »Es wird festgestellt, dass das zwischen den Parteien bestehende Arbeitsverhältnis weder durch die Kündigung vom ... zugegangen am ..., noch durch die Kündigung vom ... zugegangen am ..., beendet worden ist, sondern darüber hinaus fortbesteht.«

In beiden Fällen ist es für die Begründung des weitergehenden Feststellungsinteresses (»*sondern darüber hinaus fortbesteht*«) erforderlich, dass zumindest zu der Möglichkeit weiterer Kündigungen vorgetragen wird, da ansonsten der weitergehende Antrag als unzulässig abgewiesen wird (BAG vom 13. 3. 1997 – 2 AZR 512/96 –).

Mit dem Feststellungsantrag werden keine anderen Ansprüche des Arbeitnehmers wie Lohn- oder Urlaubsabgeltungsansprüche erfasst. Wird das Arbeitsverhältnis durch die angegriffene Kündigung nicht aufgelöst, obsiegt also der Arbeitnehmer, so hat er zwar durch die Kündigungsschutzklage den Arbeitgeber für Zeiten, in denen er den Arbeitnehmer vertragswidrig nicht beschäftigt hat, nach § 615 BGB in Verzug gebracht, allerdings verhindert die Kündigungsschutzklage grundsätzlich nicht, dass bestehende tarifliche Ausschlussfristen greifen. Dies gilt immer dann, wenn die gerichtliche Geltendmachung von Ansprüchen innerhalb bestimmter Fristen durch Tarifvertrag gefordert wird. Wird dagegen lediglich die schriftliche Geltendmachung gefordert, so erfasst die innerhalb der tariflichen Ausschlussfrist erhobene Kündigungsschutzklage auch den Lohnanspruch (BAG vom 16.6.1976, EzA § 4 TVG Ausschlussfristen Nr. 27). Will der Arbeitnehmer den Verfall von Urlaubs- bzw. Urlaubsabgeltungsansprüchen durch Zeitablauf verhindern, muss er in jedem Fall den Arbeitgeber fristgerecht in Verzug setzen.

c) Der Verfahrensverlauf

Das Kündigungsschutzverfahren wird mit einer sog. Güteverhandlung, einer Besonderheit im Zivilprozess, eröffnet (§ 54 ArbGG). Diese Güteverhandlung findet vor dem Vorsitzenden (Berufs-) Richter alleine, d.h. nicht vor der sog. Kammer (ein Berufsrichter, ein Laienrichter als Vertreter der Arbeitgeber und ein Laienrichter als Vertreter der Arbeitnehmer) statt. Ziel dieser Güteverhandlung ist es, den Versuch einer gütlichen Einigung zu unternehmen. In der Praxis wird der Richter zumindest grob zu erkennen geben, wie er derzeit die Erfolgsaussichten der Klage bewertet. So kommt es häufig schon in diesem Verfahrensstand zum Abschluss von Vergleichen. Da diese Vergleiche in der Regel eine sog. allgemeine Erledigungsklausel etwa mit dem Wortlaut, »*mit dem vorstehenden*

Vergleich sind alle gegenseitigen Ansprüche aus dem Arbeitsverhältnis erledigt« enthalten, muss sorgfältig geprüft werden, welche Ansprüche (etwa Urlaubsabgeltungsansprüche) noch bestehen. Kommt es nicht zur gütlichen Einigung, die auch in der Rücknahme der Klage gesehen werden kann, wird Termin zur mündlichen Verhandlung vor der Kammer bestimmt. Nach §§ 54 Abs. 4, 61a Abs. 3 ArbGG kann sich diese bei entsprechendem Hinweis in der Ladung sofort an die Güteverhandlung anschließen. Die Letztentscheidung ergeht dann durch Urteil.

d) Der Auflösungs- und Abfindungsanspruch nach dem KSchG

In den Fällen, in denen zwar die Kündigung unwirksam ist, somit das Arbeitsverhältnis nicht beendet ist, das weitere Zusammenarbeiten aber weder der einen oder der anderen Partei zumutbar ist, kann gem. § 9 KSchG auf Antrag die Auflösung des Arbeitsverhältnisses durch das Gericht festgestellt werden. Die Anträge können bis zum Schluss der mündlichen Verhandlung gestellt werden. Dabei ist zu unterscheiden:

Stellt der **Arbeitnehmer** nach § 9 Abs. 1 Satz 1 KSchG den **Antrag**, so ist dieser nur zulässig, wenn er die Sozialwidrigkeit einer Kündigung mit Erfolg geltend gemacht hat. Hat er dagegen Kündigungsschutzklage ausschließlich aus anderen Gründen geltend gemacht, scheitert der Auflösungsantrag. Eine Ausnahme gilt nur, wenn gem. § 13 Abs. 2 KSchG die Sittenwidrigkeit einer Kündigung festgestellt wird. Mit der Auflösung wird der Arbeitgeber gleichzeitig zur Zahlung einer nach §§ 10, 11 KSchG zu bemessenden **Abfindung** verurteilt. Die Höhe der Abfindung bemisst sich nach dem Lebensalter und der Beschäftigungszeit. Grundsätzlich beträgt sie bis zu zwölf (Brutto-)Monatsverdienste (§ 10 Abs. 1 KSchG). Hat der Arbeitnehmer das 55. Lebensjahr vollendet und hat das Arbeitsverhältnis mindestens 15 Jahre bestanden, so erhöht sie sich auf bis zu 15

(Brutto-)Monatsverdienste. Hat der Arbeitnehmer das 55. Lebensjahr vollendet und hat das Beschäftigungsverhältnis mindestens 20 Jahre bestanden, so ist eine Abfindung in Höhe bis zu 18 (Brutto-)-Monatsverdiensten zu zahlen. Einen eventuell in der Zwischenzeit erhaltenen Zwischenverdienst aus tatsächlicher anderweitiger oder böswillig unterlassener Tätigkeit muss der Arbeitnehmer sich ebenso anrechnen lassen (§ 11 KSchG) wie Leistungen aus der Sozial- und Arbeitslosenversicherung (Arbeitslosengeld, Arbeitslosenhilfe, Sozialhilfe). Hat der Arbeitnehmer in der Zwischenzeit ein anderes Arbeitsverhältnis begründet, so muss er binnen einer Woche nach Rechtskraft des Urteils erklären, welches Arbeitsverhältnis er fortsetzen möchte (§ 12 KSchG).

Stellt der **Arbeitgeber** nach § 9 Abs. 1 Satz 2 KSchG den **Auflösungsantrag**, weil keine im Interesse einer den Betriebszwecken dienliche weitere Zusammenarbeit erwartet werden kann (nachhaltige Störung der zwischenmenschlichen Beziehung etwa), so ist dieser Antrag auch bei Kündigungsschutzklagen aus anderen, als aus sozialwidrigen Gründen zulässig. Auch in diesem Fall ist eine Abfindung zu zahlen.

Im Falle der sozial ungerechtfertigten Kündigung wird das Arbeitsverhältnis zu dem Zeitpunkt aufgelöst, in dem es bei sozial gerechtfertigter Kündigung geendet hätte (§ 9 Abs. 2 KSchG).

Die Abfindungen nach §§ 9, 10 KSchG unterliegen nicht der Sozial- und Arbeitslosenversicherungspflicht. Zur Frage der steuer- und sozialversicherungsrechtlichen Folgen wird auf den siebten Abschnitt *Die einvernehmliche Beendigung und die Abfindung* (ab Seite 261) Bezug genommen.

e) Die Wirkungen des Urteils

Mit der rechtskräftigen Feststellung der Unwirksamkeit der Kündigung besteht das Arbeitsverhältnis seit dem Zugang der Kündigung unverändert fort (Schaub, NZA 1990, 85). Wurde der Arbeitnehmer in der Zwischenzeit nicht beschäftigt, hat er einen Lohnanspruch aus § 615 BGB (Annahmeverzug des Arbeitgebers). Kündigt der Arbeitgeber jetzt erneut, muss der Arbeitnehmer fristgerecht erneut Kündigungsschutzklage einreichen. Wird im Rahmen einer Änderungskündigungsschutzklage die Unwirksamkeit der Änderung der Arbeitsbedingungen festgestellt, so gelten die bisherigen Bedingungen weiter. Obsiegt dagegen der Arbeitgeber, so gilt das Arbeitsverhältnis nach Ablauf der Kündigungsfrist mit geändertem Inhalt.

f) Der Weiterbeschäftigungsanspruch

Während des Bestandes des Arbeitsverhältnisses hat der Arbeitnehmer grundsätzlich einen Anspruch auf tatsächliche Beschäftigung, der gegen den Willen des Arbeitnehmers durch Suspendierung nur bei unzumutbarer Weiterbeschäftigung für den Arbeitgeber entfallen kann (dazu ausführlicher unter *Das Recht und die Pflicht zur Arbeitsleistung* ab Seite 116). Dieser Anspruch besteht allerdings nur, solange das Arbeitsverhältnis nicht beendet ist. Mithin kommt es zu einem Schwebezustand, wenn das Arbeitsverhältnis durch ordentliche oder außerordentliche Kündigung beendet werden soll und über die Rechtmäßigkeit der Kündigung erst später durch rechtskräftiges Urteil entschieden wird. Gleiches gilt für den Fall, dass die Wirksamkeit des Befristungsgrundes gerichtlich überprüft wird. Bei der Frage, ob der gekündigte Arbeitnehmer einen Weiterbeschäftigungsanspruch bis zur rechtskräftigen Entscheidung geltend machen kann oder nicht, **ist zu unterscheiden** zwischen dem **gesetzlichen Anspruch aus § 102 Abs. 5 BetrVG** (dazu ausführlich unter *Die Beteiligung des Betriebsrats bei Kündigungen* ab Seite 246) und dem sog. **allgemeinen Weiterbeschäftigungsanspruch,** den die Rechtsprechung entwickelt hat (GS des BAG vom 27. 5. 1985, DB 1985, 2197). Danach begründet bis zu einem erstinstanzlichen Urteil über die Rechtmäßigkeit der Kündigung die Ungewissheit über den Ausgang des Verfahrens keinen Weiterbeschäftigungsanspruch. Vielmehr ist das Interesse des Arbeitgebers an der Nichtbeschäftigung höher zu bewerten. Hiervon bestehen zwei Ausnahmen. Einmal kann ein schutzwertes Interesse des Arbeitgebers an der Nichtbeschäftigung des Arbeitnehmers dann nicht anerkannt werden, wenn die Kündigung offensichtlich unwirksam ist (etwa wegen fehlender Zustimmung nach §§ 9 MuSchG, 15 SchwbG). Sodann überwiegt das Interesse des Arbeitnehmers an der Weiterbeschäftigung, wenn durch die Nichtbeschäftigung eine ernsthafte Gefährdung der beruflichen Qualifikation zu bejahen ist (BAG, NZA 1988, 741). Nach einem der Kündigungsschutzklage stattgebenden Urteil, gegen das der Arbeitgeber Rechtsmittel eingelegt hat (dazu ausführlicher unter *Überblick über das ArbGG* ab Seite 280), muss der Arbeitgeber Gründe für die Nichtbeschäftigung vortragen, die eine einseitige Suspendierung des Arbeitnehmers rechtfertigen (so etwa die Gefährdung von Betriebsgeheimnissen etc.). Im Falle der Änderungskündigung besteht ein Anspruch auf Weiterbeschäftigung nach diesen Grundsätzen nur bei vorbehaltloser Ablehnung der Änderung. Wird dagegen (nur) die Rechtmäßigkeit der Änderung gerichtlich überprüft, muss der Arbeitnehmer bis zur rechtskräftigen Entscheidung nach Ablauf der Kündigungsfristen zu den geänderten Bedingungen weiterarbeiten, es sei denn, der Betriebsrat hat der Änderungskündigung nach § 102 BetrVG nicht zugestimmt (dazu unter *Die Beteiligung des Betriebsrats bei Kündigungen* ab Seite 246). Vereinbaren Arbeitgeber und Arbeitnehmer einvernehmlich die Weiterbeschäftigung bis zur rechtskräftigen Entscheidung, so gelten die ursprünglichen Vertragsbedingungen weiter. Beschäftigt dagegen der Arbeitgeber den Arbeitnehmer nur zur Abwendung der zwangsweisen Vollstreckung eines noch nicht rechtskräftigen, d. h. für vorläufig vollstreckbar erklärten Urteils, so erfolgt die Abwicklung des Arbeitsverhältnisses nach den Grundsätzen des Bereicherungsrechts nach §§ 812 ff. BGB, wenn die Wirksamkeit der Kündigung rechtskräftig festgestellt wird. Dies hat z. B. zur Folge, dass der Arbeitgeber lediglich Wertersatz für die geleistete Arbeitsvergütung nach üblichem Tariflohn (einschließlich Sonderzahlungen) zu leisten hat (BAG, DB 1987, 1045; BAG, DB 1992, 2298). Dagegen hat der Arbeitnehmer bei Arbeitsverhinderungen keinen Vergütungsanspruch, da er insoweit nicht leistet und mithin der Arbeitgeber nach Bereicherungsrecht auch keine ungerechtfertigte Leistung erhalten hat. Leistet der Arbeitgeber in diesen Fällen dennoch Entgeltfortzahlung, kann er diese zurückfordern.

6. Besonderer Kündigungsschutz

a) Der besondere Kündigungsschutz nach § 15 KSchG

Mitglieder des Betriebsrats und der Jugend- und Auszubildendenvertretung sind während ihrer Amtszeit und bis zu einem Jahr nach Beendigung ihrer Amtszeit nur außerordentlich kündbar. Soll die außerordentliche Kündigung während der Amtszeit ausgesprochen werden, bedarf sie der ausdrücklichen Zustimmung des Betriebsrats oder im Falle der Nichterteilung der Ersetzung der Zustimmung durch das Arbeitsgericht (§ 103 BetrVG i. V. m. § 15 Abs. 1 KSchG). Allerdings kommen nur schwerwiegende Pflichtverletzungen aus dem Arbeitsverhältnis zum Tragen. Will der Arbeitgeber dem Arbeitnehmer die Verletzung von Pflichten aus seiner Tätigkeit als Betriebsratsmitglied vorwerfen, kommt nicht § 626 BGB, sondern lediglich § 23 BetrVG (Ausschluss aus dem Betriebsrat) in Betracht. Denselben Kündigungsschutz haben die Mitglieder der Personalvertretungen im öffentlichen Dienst (§ 15 Abs. 2 KSchG). Mitglieder von Wahlvorständen, denen die Aufgabe der Vorbereitung und Durchführung der Betriebsrats- oder Personalratswahlen zukommt, sind von der Bestellung zum Wahlvorstand bis zur Bekanntgabe ebenfalls nur außerordentlich und nach Maßgabe des § 103 BetrVG kündbar. Bis zu sechs Monaten nach

Bekanntgabe des Wahlergebnisses sind sie weiterhin nur außerordentlich kündbar. Den gleichen Kündigungsschutz haben Wahlbewerber vom Zeitpunkt der Aufstellung des Wahlvorschlags bis zur Bekanntgabe des Wahlergebnisses und innerhalb von sechs Monaten seit der Bekanntgabe des Ergebnisses (§ 15 Abs. 3 KSchG).

Kommt es zu betriebsbedingten Kündigungen infolge von Betriebs- oder Betriebsteilstilllegungen, so scheiden die geschützten Arbeitnehmer grundsätzlich erst zum Zeitpunkt der Stilllegung aus bzw. sind in andere Betriebsabteilungen zu versetzen (§ 15 Abs. 4 und Abs. 5 KSchG). Eine Ausnahme besteht nur dann, wenn die Weiterbeschäftigung aus betrieblichen Gründen (keine anderweitige Einsatzmöglichkeit) ausscheidet (dazu unter *Der vertragliche Ausschluss der ordentlichen Kündigungsfrist – soziale Auslauffrist* ab Seite 290).

b) Der besondere Kündigungsschutz nach dem SchwbG

Nach § 16 SchwbG beträgt die Kündigungsfrist eines schwerbehinderten Mitarbeiters mindestens vier Wochen. Bevor der Arbeitgeber die Kündigung aussprechen kann, bedarf es der Zustimmung der Hauptfürsorgestelle zur beabsichtigten Kündigung (§ 15 SchwbG). Solange diese nicht vorliegt, kann ein schwerbehinderter Arbeitnehmer auch nicht in die Sozialauswahl anlässlich einer betriebsbedingten Kündigung (dazu ausführlich unter *Die Kündigung nach dem KSchG* ab Seite 232) miteinbezogen werden. Die Hauptfürsorgestelle erteilt die Zustimmung, wenn die beabsichtigte Kündigung ihren Grund nicht in der Schwerbehinderung des Arbeitnehmers hat. Das Zustimmungserfordernis besteht sowohl bei der ordentlichen als auch bei der außerordentlichen Kündigung (§ 21 SchwbG). Gem. § 26 Abs. 3 SchwbG kommt den besonderen Vertretern schwerbehinderter Arbeitnehmer (Vertrauensmann/-frau) der besondere Kündigungsschutz des § 15 KSchG zugute.

c) Der besondere Kündigungsschutz nach dem MuSchG

Gem. § 9 Abs. 1 MuSchG ist die Kündigung einer schwangeren Mitarbeiterin während der Schwangerschaft und bis zu vier Monaten nach der Entbindung unzulässig, wenn dem Arbeitgeber zur Zeit der Kündigung die Schwangerschaft oder Entbindung bekannt war oder sie ihm binnen zwei Wochen nach Zugang der Kündigung mitgeteilt wird. Nur in Ausnahmefällen kann der Mitarbeiterin mit Zustimmung der zuständigen Behörde gekündigt werden. Allerdings darf weder die Schwangerschaft noch der Zustand nach der Entbindung Anlass für die Kündigung sein (§ 9 Abs. 3 MuSchG). Die Mitarbeiterin selbst kann während der Schwangerschaft und während der Schutzfrist nach der Entbindung (acht Wochen gem. § 6 MuSchG) das Arbeitsverhältnis ohne Einhaltung einer Frist zum Ende der Schutzfrist nach der Entbindung kündigen (§ 10 Abs. 1 MuSchG).

d) Der besondere Kündigungsschutz nach dem BErzGG

Nach § 18 BErzGG ist die Kündigung eines Arbeitnehmers, der Erziehungsurlaub beantragt hat, längstens bis zu sechs Wochen vor Beginn des Erziehungsurlaubs und während des Erziehungsurlaubs nur ausnahmsweise mit Zustimmung der zuständigen Behörde zulässig. Der Arbeitnehmer selbst kann das Arbeitsverhältnis unter Einhaltung einer Frist von drei Monaten zum Ende des Erziehungsurlaubs kündigen. Der besondere Kündigungsschutz besteht trotz Beendigung des Erziehungsurlaubs im Rahmen eines ersten Beschäftigungsverhältnisses für dieses weiter, wenn ein aufgrund eines weiteren Beschäftigungsverhältnisses bestehender Erziehungsurlaub noch nicht abgelaufen ist (BAG vom 11. 3. 1999 – 2 AZR 19/98 –, PERSONAL 1999, 577).

e) Der Kündigungsschutz in der Insolvenz des Arbeitgebers

Im laufenden Insolvenzverfahren (dazu auch unter *Der Schutz des Arbeitseinkommens* ab Seite 178, 182) besteht eine Höchstkündigungsfrist von drei Monaten zum Monatsende (§ 113 Abs. 1 Satz 2 InsO). Das bedeutet, dass der Insolvenzverwalter bestehende Arbeitsverhältnisse unter Einhaltung längstens dieser Frist ordentlich kündigen kann. Gelten (gesetzliche, tarif- oder einzelvertragliche) kürzere Fristen, so gelangen diese auch im Insolvenzverfahren zur Anwendung. Nach dem eindeutigen Wortlaut des § 113 Abs. 1 Satz 1 InsO bezieht sich diese Kündigungsfrist auch auf befristete Verträge, so dass auch diese unter Einhaltung der Frist von drei Monaten zum Monatsende ordentlich kündbar sind. Das gilt auch und gerade dann, wenn die Möglichkeit der ordentlichen Kündigung – wie außerhalb der Insolvenz erforderlich (BAG vom 19.6.1980, EzA § 620 BGB Nr. 47) – nicht ausdrücklich vereinbart worden ist. Dagegen ist der besondere Kündigungsschutz nach § 15 KSchG insolvenzfest, d.h. dieser Kündigungsschutz wird nicht von § 113 InsO erfasst. Die dort genannten Mitarbeiter (dazu ausführlich unter *Der besondere Kündigungsschutz nach § 15 KSchG* ab Seite 256) verlieren ihren besonderen Kündigungsschutz nicht. Allerdings sind die Möglichkeiten der außerordentlichen Kündigung unter Einhaltung der sozialen Auslauffrist auch hier einschlägig (dazu unter *Der vertragliche Ausschluss einer ordentlichen Kündigung* ab Seite 260).

f) Der Kündigungsschutz bei Massenentlassungen

Das KSchG stellt in den §§ 17 bis 22 hohe Hürden auf für den Fall, dass ein Arbeitgeber »auf einen Schlag« eine Vielzahl von Arbeitnehmern entlassen will. Der Arbeitsverwaltung (Arbeitsamt) soll Gelegenheit gegeben werden, Mittel zur Vermeidung oder zur Minderung von Massenarbeitslosigkeit zu ergreifen. Deswegen muss der Arbeitgeber die geplanten Entlassungen vorher dem Arbeitsamt anzeigen. Die Anzeigepflicht ist gekoppelt an bestimmte Betriebsgrößen und an die beabsichtigte Anzahl der betroffenen Arbeitnehmer. So müssen etwa in Betrieben mit in der Regel mehr als 20 und weniger als 60 Arbeitnehmern mindestens sechs Arbeitnehmer von der Maßnahme betroffen sein. Betriebe, die 20 oder weniger Arbeitnehmer beschäftigen, fallen nicht unter die Anzeigepflicht. Mit der Anzeige beginnt eine Kündigungssperrfrist von einem Monat zu laufen. In dieser Zeit sind Kündigungen – außer der außerordentlichen Kündigung – nur mit ausdrücklicher Zustimmung des Arbeitsamtes wirksam. Davon unberührt bleiben die Beteiligungsrechte des Betriebsrats nach §§ 102, 111 ff. BetrVG (dazu ausführlicher unter *Überblick über das BetrVG* ab Seite 268).

g) Der vertragliche Ausschluss einer ordentlichen Kündigung

Ist die ordentliche Kündigung durch Einzel- oder Tarifvertrag (so etwa in § 53 BAT für den öffentlichen Dienst nach einer Beschäftigungszeit von 15 Jahren) ausgeschlossen, so kann das Arbeitsverhältnis grundsätzlich nur außerordentlich gekündigt werden. Dies führt bei Betriebs- oder Betriebsteilstilllegungen in der Praxis häufig zu Problemen, denn die Betriebs- oder Betriebsteilstilllegung fällt unter das Betriebsrisiko des Arbeitgebers (dazu ausführlich unter *Die Folgen der Arbeitsverhinderung* ab Seite 143, 169) und rechtfertigt grundsätzlich keine außerordentliche Kündigung nach § 626 BGB. Um dieses praktische Problem zu lösen, lässt die Rechtsprechung eine außerordentliche betriebsbedingte Kündigung unter Einhaltung der – mangels Ausschluss einschlägigen – ordentlichen Kündigungsfrist unter dem Schlagwort **soziale Auslauffrist** unter bestimmten Voraussetzungen zu. Dies ist dann der Fall, wenn der Arbeitsplatz des betroffenen Arbeitnehmers weggefallen ist, und der Arbeitgeber den Arbeitnehmer auch unter Einsatz aller zumutbaren Mittel, wie etwa der Umorganisation des Betriebes, nicht weiterbeschäftigen kann. In diesen Fällen ist die außerordentliche Kündigung im Sinne des KSchG und auch des BetrVG wie eine ordentliche Kündigung zu behandeln (BAG vom 5. 2. 1998 – 2 AZR 227/97 –, EzA § 626 BGB n. F. Unkündbarkeit Nr. 2). Im Ergebnis gilt dies auch im Falle von auf Grund gesetzlicher Bestimmung ordentlich unkündbaren Arbeitnehmern, wie etwa für Betriebsratsmitglieder (BAG vom 18. 9. 1997 – 2 ABR 15/97 –, EzA § 15 KSchG n. F. Nr. 46). Aber auch eine außerordentliche, verhaltens- bzw. personenbedingte Kündigung ist ggf. unter Einhaltung der sozialen Auslauffrist zulässig (BAG vom 16. 9. 1999 – 2 AZR 123/99 –, FA 2000, 87).

h) Der besondere Kündigungsschutz bei Wehr- und Ersatzdienst

Die Ausübung des Wehr- oder Ersatzdienstes führt zum Ruhen und nicht zur Beendigung des Arbeitsverhältnisses. Vom Zeitpunkt der Einberufung an bis zur Beendigung des Dienstes ist die ordentliche Kündigung ausgeschlossen (gilt auch für die Wehrübung).

7. Die einvernehmliche Beendigung eines Arbeitsverhältnisses und die Abfindung

Während die Kündigung eine einseitige Willenserklärung darstellt, die mit dem Zugang beim Empfänger wirksam wird, ohne dass diesen eine Verpflichtung zu irgendeiner Mitwirkung trifft, gibt es auch die Möglichkeit, dass Arbeitgeber und Arbeitnehmer bei der Beendigung des Arbeitsverhältnisses zusammenwirken. In diesen Fällen spricht man von Aufhebungsverträgen, Abwicklungsverträgen oder Vergleichen. Solche einvernehmlichen Vereinbarungen stellen Verträge dar, die gemäß dem Grundsatz der Vertragsfreiheit zulässig sind. Probleme bereiten diese Verträge weniger im Bereich des Arbeitsrechts, so etwa wenn es zur Anfechtung wegen Drohung nach § 123 BGB kommt (dazu ausführlich unter *Das Ende des Arbeitsverhältnisses – vor dem Beginn* ab Seite 70), als vielmehr unter steuer- und sozialrechtlichen Gesichtspunkten.

a) Die Vertragsarten

Von einem **Aufhebungsvertrag** spricht man, wenn Arbeitgeber und Arbeitnehmer das Arbeitsverhältnis zu einem bestimmten Zeitpunkt, auch ab sofort, einvernehmlich beenden. Nach Inkrafttreten des Arbeitsgerichtsbeschleunigungsgesetzes zum 1.5.2000 ist gem. § 623 BGB zur Rechtswirksamkeit des Aufhebungsvertrages zwingend Schriftform erforderlich (vgl. auch *Die Form der Kündigungserklärung* ab Seite 215).

Von einem **Abwicklungsvertrag** spricht man, wenn eine einseitige Kündigung das Arbeitsverhältnis beendet und die Parteien lediglich noch die Modalitäten der Abwicklung (Freistellung, Abfindung) vertraglich regeln (dazu ausführlich: Hümmerich, BB 1999, 1868). Obwohl der Abwicklungsvertrag nicht in § 623 BGB erwähnt ist, müsste auch dieser von der zwingenden Schriftform erfasst werden (vgl. auch Düwell, FA 2000, 82 f.).

Der Vergleich kommt in der Praxis häufig in Form eines **Prozessvergleichs** vor und ist im Ergebnis nichts anderes als ein gerichtlich protokollierter Aufhebungsvertrag.

Vorsicht ist bei der sog. **Ausgleichsklausel** geboten. Mit ihr wird erklärt, dass mit dem Abschluss des Vertrages (Vergleichs) alle gegenseitigen Ansprüche aus dem Arbeitsverhältnis erledigt sind. Wird – wie meistens in der Praxis – der Vertragsabschluss mit der sofortigen Freistellung von der Verpflichtung zur Erbringung der Arbeitsleistung verbunden, so ist damit nicht zwingend die Gewährung von Urlaub nach § 7 Abs. 1, 2 BUrlG verbunden. Erklären die Vertragsparteien nicht ausdrücklich, dass mit der Freistellung die Gewährung von (Rest-)Urlaub verbunden ist, so besteht mit Beendigung des Arbeitsverhältnisses ein Abgeltungsanspruch nach § 7 Abs. 4 BUrlG (BAG vom 9. 6. 1998, FA 1999, 16).

b) Die sozialrechtlichen Folgen der unterschiedlichen Verträge

Die Sperrfrist nach § 144 SGB III

Nach § 144 Abs. 1, 1. HS Nr. 1 SGB III ruht der Anspruch auf Arbeitslosengeld u. a. dann, wenn das Arbeitsamt eine Sperrzeit bis zu zwölf Wochen gegen den Arbeitslosen verhängt, weil dieser, ohne einen wichtigen Grund gehabt zu haben (§ 144 Abs. 1, 2. HS SGB III), das Beschäftigungsverhältnis gelöst hat. Eine Lösung des Arbeitsverhältnisses durch den Arbeitnehmer stellt zweifelsfrei die von ihm selbst ausgesprochene Kündigung (**Eigenkündigung**) dar. Aber auch der sog. **Aufhebungsvertrag** wird von der (sozialgerichtlichen) Rechtsprechung und der Arbeitsverwaltung als Lösen im Sinne des § 144 SGB III gewertet. In der arbeitsrechtlichen Praxis hat sich aus diesem Grund der sog. **Abwicklungsvertrag** entwickelt. Man glaubt, die Rechtsfolgen des § 144 SGB III dadurch umgehen zu können, dass der Arbeitnehmer gegen eine arbeitgeberseitige Kündigung keine Kündigungsschutzklage erhebt und im Ausgleich dafür durch den Arbeitnehmer eine Abfindung gezahlt wird. Aber auch auf diese Konstellation haben die Rechtsprechung und die Arbeitsverwaltung reagiert. Nimmt der Arbeitnehmer eine offensichtlich unwirksame Kündigung hin, und erhält er aus Anlass der Beendigung eine Abfindung, so unterstellt die Arbeitsverwaltung regelmäßig eine entsprechende Verabredung zwischen Arbeitgeber und Arbeitnehmer, die dann den Tatbestand des § 144 Abs. 1, 1. HS Nr. 1 SGB III erfüllt. Angesichts der strengen Überprüfung durch die Arbeitsverwaltung ist fast immer mit der Verhängung einer Sperrfrist zu rechnen. Dies gilt nur dann nicht, wenn der Arbeitnehmer eine rechtmäßige Kündigung hinnimmt oder es im Rahmen eines Kündigungsschutzverfahrens zum Abschluss eines Prozessvergleichs (auf Anraten des Gerichts) kommt. Im Ergebnis gilt dies auch für den Auflösungsantrag nach § 9 KSchG und einer darauf beruhenden Abfindung, da dem Arbeitnehmer die weitere Zusammenarbeit nicht zumutbar ist und somit ein wichtiger Grund im Sinne des § 144 Abs. 1, 2. HS SGB III gegeben ist. Bevor Sie sich für den Abschluss eines Aufhebungsvertrages oder eines Abwicklungsvertrages entschließen, sollten Sie sich auch in Bezug auf die sozialversicherungsrechtlichen Folgen beraten lassen.

Da der Anspruch für die Dauer der Sperrfrist ruht, lebt er nach Ablauf der Sperrfrist in vollem Umfang (Höhe) und für die volle Anspruchsdauer auf. Es tritt also keine Kürzung um zwölf Wochen bezogen auf die gesamte Anspruchsdauer ein.

Die Anrechnung von Abfindungen auf das Arbeitslosengeld
Nachdem die neue Bundesregierung § 140 SGB III ersatzlos gestrichen hat, gibt es keine generelle Anrechnung von Abfindungen auf das Arbeitslosengeld mehr. Statt dessen findet eine Anrechnung nur noch nach Maßgabe des **§ 143a SGB III** statt. So ruht der Anspruch auf Arbeitslosengeld nur dann, wenn aus Anlass der Beendigung eines Arbeitsverhältnisses eine Entlassungsentschädigung gezahlt wird und bei der Beendigung des Arbeitsverhältnisses nicht die jeweils geltende Kündigungsfrist eingehalten worden ist. Die Dauer der Ruhenszeit richtet sich nach der jeweils einschlägigen ordentlichen Kündigungsfrist. Ist eine ordentliche Kündigung durch den Arbeitgeber ausgeschlossen, so gilt statt dessen die Frist, die bei Nichtausschluss der ordentlichen Kündigung gelten würde, längstens jedoch eine Frist von 18 Monaten. Der Anspruch ruht längstens ein Jahr seit Beendigung des Arbeitsverhältnisses.

Die Steuerbefreiung nach § 3 Nr. 9 EStG und die Milderung der Progression gem. §§ 34, 24 EStG
Der **Grundsteuerfreibetrag** beläuft sich gem. § 3 Nr. 9 EStG auf 16 000 DM. Arbeitnehmer, die das 50. Lebensjahr vollendet haben

und bei denen das Arbeitsverhältnis mindestens 15 Jahre bestanden hat, können einen Freibetrag in Höhe von 20 000 DM in Anspruch nehmen. Bei Arbeitnehmern, die das 55. Lebensjahr vollendet haben und bei denen das Arbeitsverhältnis mindestens 20 Jahre bestanden hat, beträgt der Freibetrag 24 000 DM.

Nach §§ 34, 24 EStG sind Abfindungen darüber hinaus noch in ermäßigtem Umfang zu versteuern. Damit soll verhindert werden, dass infolge der steuerlichen Progression von einer gezahlten Abfindung netto kaum noch etwas übrig bleibt. Um die **Zusammenballung von Einkünften** zu mildern, wird das zu versteuernde zusätzliche Einkommen (Abfindungsbetrag abzüglich Freibetrag) fiktiv auf fünf Jahre verteilt und der damit ermittelte Einjahresbetrag dem sonstigen zu versteuernden Einkommen hinzugerechnet. Beträgt Ihr zu versteuerndes Einkommen (ohne Abfindung) im Jahre 2000 110 000 DM, so wird eine Abfindung in Höhe von 200 000 DM nicht abzüglich des Freibetrages in Höhe von 16 000 DM dem Jahreseinkommen 2000 insgesamt in Höhe von 184 000 DM zugeschlagen, sondern lediglich ein Betrag in Höhe von $^1/_5$, mithin in Höhe von 36 000 DM. Ihr zu versteuerndes Jahreseinkommen 2000 beträgt somit in unserem Beispiel 110 000 DM plus 36 000 DM und nicht 110 000 DM plus 184 000 DM. Bis einschließlich im Jahr 2004 wird ihrem zu versteuernden Jahreseinkommen mithin ein Betrag in Höhe von 36 000 DM zugeschlagen.

Abgabenfreiheit in der Sozial- und Arbeitslosenversicherung
(Echte) Abfindungen zählen nicht zu dem nach § 14 Abs. 1 SGB IV für die Sozialversicherung und die Arbeitslosenversicherung einschlägigen Arbeitsentgelt, bleiben mithin insoweit abgabenfrei. Werden dagegen echte Entgeltansprüche (ausstehender Lohn, Urlaubsabgeltung) als Abfindung getarnt, so unterliegen sie der Abgabenpflicht.

XII. Überblick über das Betriebsverfassungsgesetz (BetrVG)

Das BetrVG verkörpert den Grundgedanken der vertrauensvollen Zusammenarbeit zwischen Arbeitgeber und den Interessenvertretern der Arbeitnehmer im Betrieb, dem Betriebsrat. Beide sollen zum Wohle des Betriebs und der dort Beschäftigten zusammenarbeiten (§§ 2 Abs. 1, 74 BetrVG). Dieser Grundsatz durchzieht das gesamte Mitbestimmungsrecht im Bereich der Privatwirtschaft (und gilt im Bereich des öffentlichen Dienstes entsprechend den dort einschlägigen Mitbestimmungsrechten). Einen besonderen Ausdruck erfährt dieser Grundsatz auch durch die Geheimhaltungspflicht der Betriebsratsmitglieder nach § 79 BetrVG. Dabei hält das BetrVG streng die Trennung zwischen der Freiheit der unternehmerischen Entscheidung (Art. 12 und Art. 14 GG) und der Frage der sozialen Abfederung bestimmter Entscheidungen des Betriebsinhabers als Folge der Sozialbindung des Eigentums und etwa des Persönlichkeitsschutzes des Arbeitnehmers aus Art. 14 Abs. 1 Satz 1 und Abs. 2 bzw. aus Art. 1 und Art. 2 GG ein. Kurz gesagt: Der Betriebsrat kann grundsätzlich keine unternehmerische Entscheidung wie etwa eine Rationalisierung oder eine Organisationsänderung oder eine Einstellung oder Entlassung verhindern, er kann sie lediglich gemäß seiner ihm zustehenden Rechte begleiten. Die Frage, **ob** ein Unternehmer eine Entscheidung trifft, ist beteiligungsfrei, dagegen ist die Frage, **wie** die Maßnahme umgesetzt wird, in vielen Fällen beteiligungspflichtig. Ausdruck der kooperativen Zusammenarbeit ist u. a. auch das Verbot von Mitteln des Arbeitskampfes nach § 74 Abs. 2 BetrVG (dazu ausführlicher unter *Arbeitskampfrisiko* ab Seite 171). Im ersten Abschnitt werden die grundsätzlichen Voraussetzungen der Anwendbarkeit des BetrVG dargestellt. Im zweiten Abschnitt wird dann auf die Grundzüge der

Beteiligungsrechte des Betriebsrats und im dritten Abschnitt kurz auf die besondere Jugend- und Auszubildendenvertretung eingegangen. Im vierten Abschnitt wird der Betätigungsschutz von Betriebsratsmitgliedern erläutert, bevor die Arten der Konfliktlösung im fünften Abschnitt dargestellt werden.

1. Die Anwendbarkeit des BetrVG

Nach § 1 BetrVG werden in Betrieben, in denen in der Regel (= nicht kurzfristige Aushilfskräfte) mindestens fünf Arbeitnehmer beschäftigt sind, die das 18. Lebensjahr vollendet haben (§ 7 BetrVG) und von denen mindestens drei Arbeitnehmer wenigstens sechs Monate dem Betrieb angehören (§ 8 Abs. 1 BetrVG), Betriebsräte gewählt. Damit besteht kein gesetzlicher Zwang zur Wahl eines Betriebsrats, es ist den Arbeitnehmern frei gestellt, ob sie von diesem Recht Gebrauch machen oder nicht. Besteht ein Betrieb noch keine sechs Monate (Neugründung), so müssen lediglich fünf Arbeitnehmer das 18. Lebensjahr vollendet haben, damit ein Betriebsrat gebildet werden kann. Keine Anwendung findet das BetrVG auf Religionsgemeinschaften und deren karitative und erzieherische Einrichtungen (§ 118 Abs. 2 BetrVG). Dagegen findet das BetrVG grundsätzlich Anwendung auf sog. **Tendenzbetriebe.** Das sind Betriebe, deren Zweck überwiegend auf politische (Geschäftsstellen von Parteien, Bundesverband der Deutschen Industrie, Wirtschaftsverbände etc.), koalitionspolitische (Fortbildungs- und Schulungseinrichtungen von Gewerkschaften und Arbeitgeberverbänden, nicht aber deren wirtschaftliche Unternehmen), konfessionelle (Bildungseinrichtungen der Kirchen), karitative (DRK, Arbeiterwohlfahrt, Werkstatt für Behinderte), erzieherische (Volkshochschulen), wissenschaftliche (universitäre Forschungseinrichtungen, selbständige Bibliotheken) oder künstlerische (Theater, Kleinkunstbühnen, Musikverlage) Betätigungen ausgerichtet ist, bzw. Betriebe, die der Berichterstattung oder Meinungsäußerung im Sinne der Pressefreiheit des Art. 5 Abs. 1 Satz 2 GG (Rundfunk, Fernsehen, Presse, Buch- und Zeitschriftenverlage) dienen (§ 118 Abs. 1 BetrVG). Bei Tendenzbetrieben ist die Beteiligung des Betriebsrats zwar nicht ausgeschlossen, aber wesentlich eingeschränkt, etwa bei der Einstellung und Entlassung von sog. Tendenzträgern (bei einer Tageszeitung etwa der Redakteur, nicht dagegen der Hausmeister oder die Telefonistin). Eine weitere Einschränkung folgt aus § 5 Abs. 2, 3 und 4 BetrVG. Danach findet das BetrVG auch keine Anwendung auf Organmitglieder, vertretungsberechtigte Gesellschafter, Arbeitnehmer, die zur Wiedereingliederung aus erzieherischen Gründen eingestellt werden, und vor allem auf sog. **leitende Angestellte**, denen wesentliche Arbeitgeberfunktionen wie selbständige Einstellung und Entlassung zukommen.

2. Die Beteiligungsrechte des Betriebsrats

Die Beteiligungsrechte des Betriebsrats lassen sich grob in die **Bereiche allgemeine Aufgaben und soziale und personelle Angelegenheiten** unterscheiden. Innerhalb dieser Bereiche ist wiederum danach zu unterscheiden, ob dem Betriebsrat lediglich ein **Mitwirkungsrecht,** welches sich in der rechtzeitigen und umfassenden Information durch den Arbeitgeber (§ 80 Abs. 2 BetrVG) erschöpft, oder ob dem Betriebsrat eine echte **Mitbestimmung** zusteht mit der Folge, dass der Arbeitgeber zur Durchsetzung der beabsichtigten Maßnahme die Zustimmung des Betriebsrats benötigt. Eine besondere Form der Zusammenarbeit von Arbeitgeber und Arbeitnehmer stellt die **Betriebsvereinbarung** als Vertrag nach den Vorschriften des BetrVG (§§ 77, 88) dar.

Zu den **allgemeinen Aufgaben** des Betriebsrats zählt gem. § 80 Abs. 1 BetrVG u. a. die Aufgabe des Betriebsrats darüber zu wachen, dass die geltenden Gesetze, Verordnungen, Unfallverhütungsvorschriften, Tarifverträge und Betriebsvereinbarungen im

Betrieb beachtet und umgesetzt werden (Nr. 1). Weiterhin hat der Betriebsrat die Aufgabe, die Gleichberechtigung von Frauen und Männern (Nr. 2a) und die Eingliederung ausländischer Arbeitnehmer im Betrieb zu fördern (Nr. 7). Zur Erfüllung seiner Aufgaben hat der Betriebsrat insgesamt das Recht, nach Absprache mit dem Arbeitgeber (nur dann erfolgt grundsätzlich Kostentragung durch den Arbeitgeber!) externe Sachverständige zu hören (§ 80 Abs. 3 BetrVG).

Der Betriebsrat hat **mitzuwirken im personellen Bereich** bei beabsichtigten Planungen des Arbeitgebers bezüglich Neu-, Um- und Erweiterungsbauten von Fabrikations-, Verwaltungs- und sonstigen betrieblichen Räumen, weiterhin bezüglich technischer Anlagen, Arbeitsverfahren, Arbeitsabläufe oder Arbeitsplätze. Dabei ist er rechtzeitig und umfassend zu den Plänen und möglichen Auswirkungen auf die Beschäftigten zu informieren (§ 90 BetrVG). Weiterhin besteht ein Mitwirkungsrecht im genannten Umfang bezüglich der Personalplanung des Arbeitgebers. Damit wird es dem Betriebsrat möglich gemacht, sich frühzeitig über mögliche Auswirkungen (Entlassungen, Einstellungen, Versetzungen) Gedanken zu machen (§ 92 BetrVG). Ausfluss dieser Mitwirkung ist auch die Beteiligung des Betriebsrats bei der Förderung der Berufsbildung im Betrieb (§§ 96, 97 BetrVG). Aus dem **sozialen Bereich** ist als **Mitwirkungsrecht** insbesondere § 89 BetrVG zu nennen. Danach besteht ein Recht auf Zusammenarbeit des Betriebsrats mit dem Arbeitgeber und den zuständigen externen (Berufsgenossenschaft, Gewerbeaufsicht) und internen (Sicherheitsbeauftragter) Stellen zu Fragen des Arbeitsschutzes.

Die stärksten Rechte und Pflichten hat der Betriebsrat im Bereich der **Mitbestimmung**. So hat der Betriebsrat nach § 99 **Abs. 1 BetrVG** in Betrieben, in denen in der Regel mehr als 20 volljährige Arbeitnehmer beschäftigt sind, bei personellen Einzelmaßnahmen wie bei Einstellungen, Entlassungen, Versetzungen (§ 95 Abs. 3), Eingruppierungen (erstmalige) und Umgruppierungen (Veränderungen der Eingruppierung) ein Mitspracherecht in der Form, dass der Arbeitgeber zur Durchführung der Maßnahme die Zustimmung des Betriebsrats benötigt. Nach Ansicht des BAG (vom 15. 12.1998 – 1 ABR 9/98 –, SAE 1999, 297) hat der Betriebsrat nach § 80 Abs. 1 BetrVG einen Anspruch auf Unterrichtung auch hinsichtlich der Beschäftigung von freien Mitarbeitern. Nur so könne der Betriebsrat überprüfen, ob entgegen der Ansicht des Arbeitgebers ein Fall der mitbestimmungspflichtigen Einstellung im Sinne des § 99 BetrVG vorliege. Verweigert der Betriebsrat zu Recht nach dem abschließenden Versagungskatalog des § 99 Abs. 2 BetrVG seine Zustimmung, etwa weil die beabsichtigte Maßnahme gegen Gesetze oder Tarifverträge verstößt oder durch die Maßnahme eine Benachteiligung beschäftigter Arbeitnehmer droht, so kann der Arbeitgeber die Maßnahme nur durchführen, wenn er die Zustimmung im arbeitsgerichtlichen Beschlussverfahren (dazu ausführlicher unter *Überblick über das ArbGG* ab Seite 280) ersetzen lässt. Eine wesentliche Mitbestimmung in personellen Angelegenheiten kennen Sie schon. Nach § 102 **BetrVG** ist der Betriebsrat vor jeder Kündigung zu hören. Die Folgen des Widerspruchs zur beabsichtigten Kündigung haben Sie auch bereits kennen gelernt (dazu ausführlich unter *Die Beteiligung des Betriebsrats bei Kündigungen* ab Seite 246). Ein wesentliches Mitbestimmungsrecht kommt dem Betriebsrat nach § 95 BetrVG auch bei der Aufstellung von sog. **Auswahlrichtlinien**, die dann z. B. der Auswahl bei Einstellungen oder Kündigungen dienen, zu. Verlangt der Betriebsrat gem. § 93 BetrVG, dass freie und wieder zu besetzende Stellen intern ausgeschrieben werden müssen und verletzt der Arbeitgeber diese Pflicht, so ist damit bereits ein Zustimmungsverweigerungsrecht zu einer beabsichtigten Einstellung nach § 99 Abs. 2 Nr. 1 BetrVG gegeben. Ein wesentliches Mitbestimmungsrecht in personellen Angelegenheiten formuliert noch § 91 BetrVG. Danach kommt dem Betriebsrat ein entscheidendes Beteiligungsrecht bei der Frage der Gestaltung des Arbeitsplatzes unter gesicherten arbeitswissenschaftlichen Gesichtspunkten (»Humanitärer Arbeitsplatz«) zu. Besondere Regelungen zur Mitbestimmung in personellen Angelegenheiten enthalten die §§ 111 ff. BetrVG im Falle der Betriebsänderung mit der Folge von **Interessenausgleich und Sozialplan**. Beabsichtigt ein Arbeitgeber in Betrieben, in denen regelmäßig mehr als 20 volljährige Arbeitnehmer beschäftigt sind, eine Einschränkung oder Stilllegung des ganzen Betriebs oder von wesentlichen Teilen des Betriebs, will er den ganzen oder wesentliche Teile des Betriebs an einen anderen Standort verlegen, will er seinen Betrieb oder wesentliche Teile davon abspalten und/oder mit anderen Betrieben zusammenlegen oder beabsichtigt er die Einführung grundlegend neuer Arbeitsmethoden und Fertigungsverfahren, so liegt eine Betriebsänderung im Sinne des § 111 BetrVG vor. In diesem Fall hat der Arbeitgeber den Betriebsrat, bevor er seinen endgültigen Entschluss gefasst hat, (rechtzeitig) über seine Pläne und die diesen zu Grunde liegenden Erkenntnisse (Gutachten, Bilanz etc.) umfassend zu unterrichten, sowie auf die wahrscheinlichen wesentlichen Nachteile für die Belegschaft hinzuweisen. In der sich anschließenden Beratung (Interessenausgleich) haben Arbeitgeber und Betriebsrat zu versuchen, die geplanten Änderungen durch mögliche mildere Mittel abzuwenden (z. B. Kurzarbeit statt Entlassung). Kommt ein schriftlicher Interessenausgleich zustande, so sind in einem Sozialplan nach § 112 BetrVG die sozialen Folgen der Auswirkungen auf die Beschäftigten zu mildern (Abfindungsregelungen, Punktesystem für die Sozialauswahl etc.). Dem Sozialplan kommt die Funktion einer Betriebsvereinbarung zu. Sofern sich Arbeitgeber und Betriebsrat über einen Sozialplan nicht einigen können, entscheidet wiederum die Einigungsstelle (§ 112 Abs. 2, 3 und 4 BetrVG). Besteht die *Betriebsänderung* im Sinne des § 111 BetrVG *allein in der Entlassung von Arbeitnehmern*, so kann ein Sozialplan nur dann über das Einigungsstellenverfahren erzwungen werden, wenn abhängig von der Betriebsgröße jeweils eine bestimmte Mindestanzahl von Arbeitnehmern von der Betriebsänderung nachteilig betroffen ist (§ 112a BetrVG). So müssen in einem Betrieb mit mehr als 20 aber weniger als 60 Arbeitnehmern mindestens sechs Arbeitnehmer von einer Entlassung betroffen sein

und in Betrieben mit mindestens 250 und weniger als 500 Arbeitnehmern mindestens 60 Arbeitnehmer. In Betrieben, in denen regelmäßig bis zu 20 Arbeitnehmer beschäftigt sind, besteht keine
Verpflichtung zum Interessenausgleich und es kann auch kein Sozialplan erzwungen werden. Eine besondere Form der gesetzlich zulässigen Betriebsänderung hat das seit dem 28. 10. 1994 geltende
Umwandlungsgesetz gebracht. In diesem Gesetz sind eigene Beteil-
ligungsregelungen im Interesse der Arbeitnehmer formuliert.

Zu einer umfassenden Rechtsprechung hat das **Mitbestimmungsrecht** des Betriebsrats zu **sozialen Angelegenheiten** im Sinne des
§ 87 Abs. 1 BetrVG geführt. Zu den wesentlichen Regelungen zählen die Ordnung und das Verhalten der Arbeitnehmer im Betrieb
nach Nr. 1 (Alkohol- und Rauchverbote, Dienstkleidung), die Festlegung des Beginns und des Endes der täglichen Arbeitszeit einschließlich der Pausen (Gleitzeit, flexible Arbeitszeiten; nicht dagegen die Festlegung der den Tarifvertragsparteien vorbehaltenen
Festlegung der Höhe der wöchentlichen Arbeitszeit!) und der Verteilung der wöchentlichen Arbeitszeit auf die einzelnen Wochenta-
ge (damit ist auch der Sonntag gemeint!) nach Nr. 2, die Anordnung von vorübergehender (kurzzeitiger) Mehr- und Kurzarbeit
nach Nr. 3, die Inhalte der Urlaubsgrundsätze (Sozialkriterien) und
die Festlegung des Urlaubsplans (Betriebsferien) nach Nr. 5, die
Einführung und Anwendung von technischen Einrichtungen, die
die Leistungs- und Verhaltenskontrolle der Mitarbeiter ermöglichen (unabhängig davon, ob das auch gewollt ist) nach Nr. 6 und
alle Fragen der betrieblichen Lohngestaltung einschließlich der
Prämiensysteme (wichtig für die Frage, wie freiwillige soziale Leistungen an die Mitarbeiter zu verteilen sind: dazu ausführlicher unter dem Schlagwort *Topftheorie* ab Seite 133) nach Nr. 10 und 11.
Kommt es in diesen Fragen nicht zu einer Einigung zwischen Betriebsrat und Arbeitgeber, so entscheidet die sog. **Einigungsstelle**
nach § 87 Abs. 2 BetrVG endgültig (dazu ausführlicher unter *Streitigkeiten aus dem BetrVG* ab Seite 275), wobei der Entscheidung
(dem Spruch) der Einigungsstelle nach § 77 Abs. 1 BetrVG die Wir-

kung einer Betriebsvereinbarung (dazu unter *Betriebsvereinbarung* ab Seite 81 und unter *Streitigkeiten aus dem BetrVG* ab Seite 275) zukommt.

Soweit ein Mitbestimmungsrecht des Betriebsrats besteht, d. h. keine abschließende gesetzliche und/oder tarifvertragliche Regelung oder eine sog. Öffnungsklausel im Tarifvertrag existiert, können Arbeitgeber und Betriebsrat mit Ausnahme der Regelung von Arbeitsentgelten und sonstigen Arbeitsbedingungen (§ 77 Abs. 3 BetrVG) Vereinbarungen zur Regelung der Zusammenarbeit treffen. Diese Regelung nennt man (zwingende) **Betriebsvereinbarung.** Ihr kommt die gleiche Wirkung wie Gesetzen und Tarifverträgen zu, d. h. sie wirkt im Betrieb unmittelbar und zwingend. Damit greift sie direkt in die Arbeitsverträge ein und von ihr kann nur zugunsten der Arbeitnehmer abgewichen werden (dazu ausführlich unter *Die Rechtsgrundlagen des Arbeitsvertrages* ab Seite 81). Von den zwingenden Betriebsvereinbarungen sind die freiwilligen Betriebsvereinbarungen nach § 88 BetrVG zu unterscheiden. Während etwa mangels einer Einigung zur Regelung der Gleitzeit im Betrieb notfalls die Einigungsstelle per Beschluss und damit per erzwungener Betriebsvereinbarung entscheidet, kann der Betriebsrat Vereinbarungen zu nicht nach § 87 BetrVG mitbestimmungspflichtigen Fragen nicht erzwingen. Zugänglich sind alle, d. h. über die in § 88 BetrVG hinaus genannten Fragen, die das Verhältnis zwischen Arbeitgeber einerseits und Betriebsrat und Arbeitnehmer andererseits betreffen können.

3. Die Jugend- und Auszubildendenvertretung

In Betrieben, in denen mindestens fünf Jugendliche (keine Vollendung des 18. Lebensjahres) oder Auszubildende, die das 25. Lebensjahr noch nicht vollendet haben, beschäftigt sind, können Jugend- und Auszubildendenvertretungen gewählt werden. Aufgabe dieser Vertretung ist es, die besonderen Belange der jugendlichen

Arbeitnehmer und der Auszubildenden im Betriebsrat und über diesen gegenüber dem Arbeitgeber zu vertreten (§§ 60, 70 BetrVG). Die Jugend- und Auszubildendenvertretung kann zu allen Betriebsratssitzungen einen Vertreter entsenden (§ 67 Abs. 1 BetrVG). Fällt der Betriebsrat einen Beschluss, der nach Ansicht der Mehrheit der Jugend- und Auszubildendenvertretung die Belange der Jugendlichen oder Auszubildenden erheblich beeinträchtigt, so muss der Betriebsrat diesen Beschluss für die Dauer von einer Woche aussetzen und erneut darüber befinden (§ 66 Abs. 1 BetrVG).

4. Der Schutz des Betriebsrats bei der Wahrnehmung seiner Aufgaben

Die Mitglieder des Betriebsrats führen ihr Amt ehrenamtlich aus (§ 37 Abs. 1 BetrVG). Das bedeutet, dass sie für die Tätigkeit als Betriebsrat keine Vergütung erhalten. Allerdings haben Sie gegenüber dem Arbeitgeber einen Anspruch auf Freistellung von ihrer arbeitsvertraglichen Verpflichtung, soweit dies die Wahrnehmung der gesetzlichen Aufgaben erfordert. Für diese Zeit steht ihnen nach § 37 Abs. 3 BetrVG ein Anspruch auf Entgeltfortzahlung zu (Sonderfall des Grundsatzes *Lohn ohne Arbeit,* dazu ausführlich ab Seite 146). Des Weiteren haben sie einen Anspruch auf Freistellung zur Teilnahme an erforderlichen (§ 37 Abs. 6 BetrVG) bzw. geeigneten (§ 37 Abs. 7 BetrVG) Schulungs- und Bildungsmaßnahmen unter Entgeltfortzahlung. Mitglieder des Betriebsrats dürfen in ihrer Tätigkeit als Betriebsrat nicht gestört und behindert werden (§ 78 BetrVG). Zu diesem **Benachteiligungsverbot** zählt auch das Verbot, sie wegen der Tätigkeit in ihrer beruflichen Entwicklung zu benachteiligen bzw. sie schlechter zu entlohnen als vergleichbare Arbeitnehmer unter Zugrundelegung einer betriebsüblichen beruflichen Entwicklung (betriebsübliche Höhergruppierung). Allerdings dürfen Betriebsratsmitglieder wegen ihrer Tätigkeit auch nicht bevorteilt (»eingekauft«) werden (§ 78 Satz 2, 2. HS

BetrVG). Den besonderen Kündigungsschutz für Betriebsräte kennen Sie bereits (dazu ausführlich unter *Besonderer Kündigungsschutz* ab Seite 256 und *Die Beteiligung des Betriebsrats* bei Kündigungen ab Seite 246).

5. Streitigkeiten aus dem BetrVG

Kommt es zwischen Arbeitgeber und Betriebsrat wegen der Wahrnehmung der Rechte und Pflichten aus dem BetrVG zum Streit, so ist grob zu unterscheiden, ob der Streit die Frage zum Inhalt hat, **ob** der Betriebsrat überhaupt **Rechte** (oder dem Arbeitgeber Pflichten) **aus dem BetrVG zustehen** (bzw. auferlegt sind), und der Frage, ob der Streit die Frage zum Inhalt hat, **wie** der Betriebsrat die dem Grunde nach nicht streitigen Rechte erfüllt. Streiten also Arbeitgeber und Betriebsrat darüber, ob der Betriebsrat bei der Einführung einer neuen Kommunikationsanlage überhaupt ein Mitbestimmungsrecht nach § 87 Abs. 1 Nr. 6 BetrVG hat, so ist diese Frage im Wege des Beschlussverfahrens vor dem Arbeitsgericht zu klären (§ 2a Abs. 1 Nr. 1 ArbGG). Bestreitet der Arbeitgeber dem Grunde nach nicht das Beteiligungsrecht des Betriebsrats bei der Festlegung der Gleitzeit, einigen sich beide aber nicht über den Inhalt der Vereinbarung, so entscheidet darüber nach § 76 BetrVG die Einigungsstelle. Verweigert der Betriebsrat im Rahmen einer unstreitigen Mitbestimmungsangelegenheit nach § 99 Abs. 1 BetrVG seine Zustimmung zu einer Versetzung, so muss der Arbeitgeber in dem Fall, dass er die Meinung der unzulässigen Rechtsausübung durch den Betriebsrat geltend machen will, die Zustimmung im Wege des arbeitsgerichtlichen Beschlussverfahrens (dazu ausführlicher unter *Überblick über das ArbGG* ab Seite 280) ersetzen lassen.

Das Einigungsstellenverfahren nach § 76 BetrVG
Im Falle der **zwingenden Mitbestimmung**, also immer dann, wenn der Spruch der Einigungsstelle die fehlende Einigung zwischen Ar-

beitgeber und Betriebsrat ersetzt (§ 87 Abs. 2 BetrVG), kann jede Seite unabhängig voneinander das Einigungstellenverfahren anrufen. Die Einigungsstelle setzt sich aus einer gleichen Anzahl von Beisitzern der Arbeitgeberseite und der Arbeitnehmerseite zusammen. Das Einigungsstellenverfahren wird von einem unparteiischen Vorsitzenden, auf den sich Arbeitgeber und Betriebsrat einigen müssen, geleitet. Dessen Stimme entscheidet notfalls über den Verfahrensausgang. Die Entscheidung der Einigungsstelle (Beschluss) ist verbindlich (wirkt wie eine Betriebsvereinbarung, § 77 Abs. 1 BetrVG) und kann nur auf grobe Rechtsverletzung (Überschreiten der Kompetenzen) binnen zwei Wochen nach Zustellung des Beschlusses vor dem Arbeitsgericht angegriffen werden (§ 76 Abs. 5 Satz 4 BetrVG). In den Fällen, in denen der Spruch der Einigungsstelle die fehlende Einigung zwischen Arbeitgeber und Betriebsrat nicht ersetzen kann (Mitwirkung, freiwillige Regelungen), kann die Einigungsstelle nur tätig werden, wenn beide Seiten sie zur Vermittlung anrufen. Der Beschluss hat in diesen Fällen nur dann die Wirkung einer Betriebsvereinbarung, wenn sich beide dem Spruch im Voraus unterwerfen oder ihn nachträglich als verbindlich akzeptieren; ansonsten kommt ihm lediglich empfehlender Charakter zu (§ 76 Abs. 6 BetrVG).

XIII. Überblick über das Tarifvertragsgesetz (TVG)

Das Tarifvertragsgesetz regelt die Rechte und Pflichten der Tarifvertragsparteien und enthält Regeln, die den Inhalt, den Abschluss und die Beendigung von Arbeitsverhältnissen sowie betriebliche und betriebsverfassungsrechtliche Fragen ordnen können. Damit konkretisiert das Gesetz die aus Art. 9 Abs. 3 GG folgende sog. Koalitionsfreiheit. In einem ersten Abschnitt werden daher die Partner eines Tarifvertrages vorgestellt. Aus der Formulierung des § 1 TVG folgt weiter, dass aber auch Dritte, die an den Vertragsverhandlungen nicht teilnehmen, von Tarifverträgen erfasst werden können. Deshalb werden in einem zweiten Abschnitt die Folgen eines Tarifvertrages auf Arbeitnehmer und Betriebsräte erläutert.

1. Der Begriff der Tarifvertragspartei

Nach § 2 TVG sind lediglich Gewerkschaften, einzelne Arbeitgeber oder Vereinigungen von Arbeitgebern mögliche Partner eines Tarifvertrages. Darüber hinaus sind aber auch sog. Spitzenverbände (Dachorganisationen von Gewerkschaften und Arbeitgeberverbänden) grundsätzlich tarifvertragsfähig. Während die Begriffe Arbeitgeber und Arbeitgeberverband ohne große Probleme zu umschreiben sind, macht die Definition des im Gesetz nicht näher beschriebenen Begriffs Gewerkschaft schon eher Probleme. Soll jede (kleine) Vereinigung von Arbeitnehmern als Vertragspartei im Sinne des TVG gelten? Soll es möglich sein, dass ein Sportverein mit 1000 Mitgliedern, dem Sie angehören, Ihren Arbeitgeber zu Tarifverhandlungen über die Erhöhung Ihres Stundenlohns auffordern und notfalls zum Streik aufrufen kann? Soll gleiches für den

Fall gelten, dass sich spontan zwölf von 1000 Mitarbeitern zu einer Vereinigung zusammenschließen? Die Rechtsprechung hat im Wege der Rechtsfortbildung den Begriff konkretisiert. Danach handelt es sich bei Vereinigungen von Arbeitnehmern nur dann um Gewerkschaften im gesetzlichen Sinne, wenn diese Vereinigungen die Interessenvertretung von Arbeitnehmern in ihrer Eigenschaft als abhängige Beschäftigte gegenüber dem Arbeitgeber als Satzungszweck definieren. Das wäre bei den zwölf Kollegen, nicht aber bei dem Sportverein zu bejahen. Weiterhin ist aber erforderlich, dass die Vereinigung so stark ist, dass sie den Arbeitgeber notfalls durch Arbeitskampfmaßnahmen zum Verhandlungstisch zwingen kann (sog. Mächtigkeit). Dies wäre zahlenmäßig beim Sportverein, nicht aber bei den zwölf Kollegen der Fall, allerdings fehlt dem Sportverein ja der erforderliche Satzungsauftrag.

2. Der wesentliche Inhalt eines Tarifvertrages und dessen Adressaten

Einmal beinhaltet der Tarifvertrag natürlich Rechte und Pflichten der beiden Vertragspartner, so etwa die sog. Friedenspflicht. Diese Pflicht verbietet es den Tarifvertragsparteien, für einen bestimmten Zeitraum (Laufzeit eines Tarifvertrages plus gewisse Verhandlungszeit) Arbeitskampfmaßnahmen zu ergreifen. Daneben sagt aber das TVG auch, dass Regelungen, die der Tarifvertrag zum Inhalt (Wochenarbeitszeit, Lohnhöhe, Gratifikationen etc.), zum Abschluss (Schriftform) oder zur Beendigung (Schriftform und Fristen) eines Arbeitsverhältnisses trifft, unmittelbar für alle tarifgebundenen Arbeitgeber, Arbeitgeber im Arbeitgeberverband und Arbeitnehmer gelten (dazu ausführlich unter *Die Rechtsgrundlagen eines Arbeitsvertrages* ab Seite 78, 79). Verhandelt ein einzelner Arbeitgeber mit einer Gewerkschaft einen Tarifvertrag, spricht man von einem Haustarifvertrag. Verhandelt ein Arbeitgeberverband mit einer Branchengewerkschaft einen Tarifvertrag, spricht man vom Verbands- oder Flächentarifvertrag. In einem Tarifvertrag können aber auch entsprechend § 3 BetrVG weitergehende Regelungen etwa zu betriebsratsfähigen Betriebseinheiten etc. getroffen werden. Damit kann auch ein Betriebsrat Adressat eines Tarifvertrages werden.

XIV. Überblick über das Arbeitsgerichtsgesetz (ArbGG)

Dass für Streitigkeiten zwischen Arbeitgeber und Arbeitnehmer (ausschließlich) der besondere Rechtsweg zu den Arbeitsgerichten eröffnet ist, wissen Sie bereits. Im ersten Abschnitt werden daher noch einmal kurz die einzelnen Gründe für ein arbeitsrechtliches Gerichtsverfahren vorgestellt. Im zweiten Abschnitt erfolgt dann ein kurzer Abriss über den Verfahrensverlauf vor dem Arbeitsgericht.

1. Die Zuständigkeiten des Arbeitsgerichts

§ 2 Abs. 1 Nr. 3 ArbGG bestimmt, dass bürgerliche Rechtsstreitigkeiten zwischen Arbeitgeber und Arbeitnehmer wegen vertraglicher Pflichtverletzungen (Schlechtleistung, Nichtleistung), wegen Kündigung, wegen Ansprüchen aus Vorverhandlungen (Bewerbungen), wegen Schadensersatz aus unerlaubter Handlung und wegen Streitigkeiten um Arbeitspapiere (Zeugnisse) durch Urteil vom Arbeitsgericht entschieden werden. Aber auch für Ansprüche von Hinterbliebenen gegenüber dem Arbeitgeber des verstorbenen Arbeitnehmers ist das Arbeitsgericht zuständig (§ 2 Abs. 1 Nr. 4 ArbGG). Daneben gibt es noch weitere Zuständigkeiten des Arbeitsgerichts im Urteilsverfahren, wie etwa bei Rechtsstreitigkeiten zwischen Tarifvertragsparteien (§ 2 Abs. 1 Nr. 1 ArbGG). Dagegen werden alle Rechtsstreitigkeiten zwischen Arbeitgeber und Betriebsrat, die ihren Grund im BetrVG haben und für die nicht die Einigungsstelle zuständig ist, im sog. Beschlussverfahren entschieden (§ 2a ArbGG).

Das arbeitsgerichtliche Verfahren besteht aus insgesamt drei Instanzen. Jeder Streit zwischen Arbeitgeber und Arbeitnehmer beginnt vor dem Arbeitsgericht als der sog. ersten Instanz. Legt keiner der Parteien vor dem Landesarbeitsgericht, der zweiten Instanz, Rechtsmittel (Berufung) nach Maßgabe des §§ 64 bis 66 ArbGG innerhalb eines Monats seit Zustellung des Urteils ein, so wird das Urteil rechtskräftig und damit verbindlich. Gegen die Entscheidung des Landesarbeitsgerichts ist nur unter den strengen Voraussetzungen des § 72 ArbGG der Weg zur dritten Instanz, dem Bundesarbeitsgericht, mittels sog. Revision zulässig. Dabei unterstellt das Bundesarbeitsgericht den in zwei Instanzen als festgestellt geltenden Sachverhalt und prüft lediglich noch, ob den unteren Gerichten Fehler bei der Anwendung von geltenden Gesetzen oder offenkundige Denkfehler unterlaufen sind.

Eine Besonderheit stellen im Zusammenhang mit der Zuständigkeit der Arbeitsgerichte die sog. »sic-non-Fälle« dar. Darunter versteht man die Rechtsstreitigkeiten, in denen der Erfolg des Klagebegehrens vom Vorliegen der Arbeitnehmereigenschaft des Klägers abhängt (dazu ausführlich unter *Arbeitsrecht – Schutzgesetze für Arbeitnehmer* ab Seite 38). Für die Zuständigkeit des Arbeitsgerichts reicht es in diesen Fällen aus, dass der Kläger die Rechtsmeinung vertritt, er sei Arbeitnehmer und dass er einen vermeintlichen arbeitsrechtlichen Anspruch mit der Klage verfolgt (BAG vom 1.6. 1999 – 5 AZB 34/98 – und vom 24.4.1996 – 5 AZB 25/95 –, AP Nr. 1 zu § 2 ArbGG 1979 Zuständigkeitsprüfung). Diese Fälle liegen etwa vor, wenn zwischen den Parteien des Rechtsstreits streitig ist, ob sich der Kläger auf den allgemeinen Kündigungsschutz des KSchG berufen kann, weil der vermeintliche Arbeitgeber die Rechtsmeinung vertritt, der vermeintliche Arbeitnehmer sei rechtlich als freier Handelsvertreter anzusehen. Im Rahmen des Kündigungsschutzprozesses prüft nunmehr das Arbeitsgericht zunächst die streitige Arbeitnehmerschaft und dann die Voraussetzungen der Begründetheit (Verstoß gegen das KSchG) der Klage. Eine andere Möglichkeit, die Arbeitnehmereigenschaft gerichtlich feststellen zu lassen, ermöglicht die sog. (Status-)Feststellungsklage.

2. Das Güteverfahren

Bevor der Rechtsstreit zwischen Arbeitgeber und Arbeitnehmer durch Urteil entschieden werden kann, sieht das ArbGG in § 54 die zwingende Durchführung eines sog. Güteverfahrens vor dem Vorsitzenden (Berufsrichter) mit dem Ziel der gütlichen Einigung vor. Erst wenn dieser Einigungsversuch fehlgeschlagen ist, findet die mündliche Verhandlung vor der Kammer mit einem vorsitzenden Richter und zwei ehrenamtlichen Richtern als Vertreter der Arbeitgeber und der Arbeitnehmer statt. Diese Verhandlung endet, evtl. nach erfolgter Vernehmung von Zeugen oder der Erhebung von Gutachten, mit dem Urteil.

Stichwortverzeichnis

Arbeitsrecht verständlich

Wolfgang Däubler

Arbeitsrecht
Ratgeber für Beruf, Praxis und Studium
2. Auflage 1999. 349 Seiten, kartoniert

Leicht verständlich vermittelt der Ratgeber Informationen zu arbeitsrechtlichen Problemen. Er gibt Antworten auf viele wichtige Fragen, wie z.B.:

• Wo findet man die „einschlägigen" Gesetze?
• Welche Befugnisse hat ein Betriebsrat?
• Wann gilt das Kündigungsschutzgesetz?
• Welche Rechte gibt ein Tarifvertrag?

Das Buch ist für Nichtjuristen geschrieben. Seine Sprache ist verständlich, die Gliederung übersichtlich – bei deutschen Professoren nicht eben eine Selbstverständlichkeit. Wegen des eingehenden Stichwortregisters kann es auch als Nachschlagewerk benutzt werden.

Bitte besuchen Sie uns im Internet: www.bund-verlag.de

Bund-Verlag

Recht aktuell

Joachim Schwede

Arbeitsunfall · Wegeunfall · Berufskrankheit

Der Ratgeber zur gesetzlichen Unfallversicherung
2., überarbeitete Auflage
1999. 144 Seiten, kartoniert

Was ist ein Arbeitsunfall? Was ist ein Wegeunfall?
Wann ist eine Krankheit eine Berufskrankheit? Diese
und andere Fragen erläutert die zweite Auflage des
Ratgebers mit Blick auf die neue Gesetzgebung und
Rechtsprechung. Anhand verständlicher Erklärungen
und einer Vielzahl von Beispielen werden die Aufgaben
der Berufsgenossenschaften dargestellt, und welche
Leistungen aus der gesetzlichen Unfallversicherung zu
erwarten sind. Ein eigenes Kapitel beschäftigt sich mit
den Rechten und Pflichten von Betriebsratsgremien,
die sich in diesem Zusammenhang ergeben.

Bitte besuchen Sie uns im Internet: www.bund-verlag.de

Bund-Verlag